BRASIL

História, textos e contextos

FUNDAÇÃO EDITORA DA UNESP

Presidente do Conselho Curador
Mário Sérgio Vasconcelos

Diretor-Presidente
Jézio Hernani Bomfim Gutierre

Editor-Executivo
Tulio Y. Kawata

Superintendente Administrativo e Financeiro
William de Souza Agostinho

Conselho Editorial Acadêmico
Áureo Busetto
Carlos Magno Castelo Branco Fortaleza
Elisabete Maniglia
Henrique Nunes de Oliveira
João Francisco Galera Monico
José Leonardo do Nascimento
Lourenço Chacon Jurado Filho
Maria de Lourdes Ortiz Gandini Baldan
Paula da Cruz Landim
Rogério Rosenfeld

Editores-Assistentes
Anderson Nobara
Jorge Pereira Filho
Leandro Rodrigues

EMÍLIA VIOTTI DA COSTA

BRASIL

História, textos e contextos

editora
unesp

© 2015 Editora Unesp

Andrews, George Reid, Emília Viotti da Costa and Franklin W. Knight.
"Blacks and Whites in Sao Paulo, Brazil, 1888-1988",
Luso-Brazilian Review, n.29.2, 1992, p.141-58. © 1992 Conselho de Regentes
da Universidade de Wisconsin System. Publicado com permissão da
Universidade de Wisconsin Press.

Direitos de publicação reservados à:
Fundação Editora da Unesp (FEU)

Praça da Sé, 108
01001-900 – São Paulo – SP
Tel.: (0xx11) 3242-7171
Fax: (0xx11) 3242-7172
www.editoraunesp.com.br
www.livrariaunesp.com.br
feu@editora.unesp.br

CIP-Brasil. Catalogação na publicação
Sindicato Nacional dos Editores de Livros, RJ

C87f
Costa, Emília Viotti da
    Brasil: história, textos e contextos / Emília Viotti da Costa. –
1.ed. – São Paulo: Editora Unesp, 2015.

  ISBN 978-85-393-0607-7

  1. Brasil – Historiografia.   I. Título.

15-25916   CDD: 981
                                                   CDU: 94(81)

Editora afiliada:

SUMÁRIO

7 Apresentação

9 A política e a sociedade na Independência do Brasil

25 José Bonifácio: homem e mito

81 O legado do Império: governo oligárquico e aspirações democráticas

89 Concepção do amor e idealização da mulher no Romantismo: considerações a propósito de uma obra de Michelet

115 Liberalismo e democracia

141 *Da senzala à colônia*: quarenta anos depois

155 O movimento republicano em Itu. Os fazendeiros do Oeste Paulista e os pródromos do movimento republicano (notas prévias)

187 1932: imagens contraditórias

193 Brancos e pretos em São Paulo

203 Sérgio Buarque de Holanda e *Raízes do Brasil*

223 Globalização e reforma universitária: a sobrevivência do MEC-Usaid

239 Sucessos e fracassos do Mercado Comum Centro--Americano: dilemas do neoliberalismo

261 Reflexões sobre a crise mundial

269 Conversa com a autora

309 Entrevista

321 Discurso proferido quando da entrega do título de professor emérito

333 Referências bibliográficas

APRESENTAÇÃO

Neste livro, reunimos textos sobre a história do Brasil escritos em vários momentos, desde os primeiros passos em busca do passado até os mais recentes, que datam da última década. A maioria foi publicada em livros ou revistas que hoje são de difícil acesso. Os artigos aqui reproduzidos cobrem uma grande variedade de temas essenciais para a compreensão do presente, desde a Independência até a Proclamação da República, da escravidão à Abolição, ao legado do Império, ao governo das oligarquias, passando pelo estudo da concepção do amor e da mulher no Romantismo, pela consciência da crise no pensamento ocidental. São abordados os dilemas do neoliberalismo, sucessos e fracassos do mercado centro-americano, a globalização e a reforma universitária, a sobrevivência do MEC-Usaid, a urbanização, as imagens contraditórias de 1932, chegando às reflexões sobre a crise mundial. O livro conta ainda com os seguintes ensaios: "Sérgio Buarque de Holanda e *Raízes do Brasil*", "José Bonifácio: homem e mito", "*Da senzala à colônia*: quarenta anos depois" e "Liberalismo e democracia".

Emília Viotti da Costa

A POLÍTICA E A SOCIEDADE NA INDEPENDÊNCIA DO BRASIL*

O fator econômico por si só constitui uma categoria histórica por demais restrita para explicar o pano de fundo e o processo da transição brasileira de colônia a império. Emília Viotti da Costa, professora de História na Universidade de Yale, recoloca a política em seu lugar no padrão de causalidade, aproxima o foco dos grupos sociais e revela também o papel das ideias. As elites que tomaram o poder no Brasil em 1822 – os proprietários de terras, os mercadores e os burocratas – tinham fortes raízes na colônia. Dela herdaram uma estrutura agrária baseada no trabalho escravo e no sistema primário de exportações remanescente do século XVIII. Elas também apropriaram as ideias do século do Iluminismo, reduzindo-as a uma forma de liberalismo compatível com a sociedade brasileira, proporcionando uma análise racional para a independência e uma ideologia para seu subsequente domínio. Isso tornou possíveis a liberdade para os escravos e a igualdade para negros e mulatos, e serviu para preservar formas e valores coloniais no Brasil independente.

---

* Publicado em Lynch (org.), *Latin American Revolutions, 1806-1826: Old and New World*. Reproduzido de Costa, *The Brazilian Empire: Myths and Histories*, p.4-20, com permissão da autora e do editor. Tradução de Sonia Midori Yamamoto.

O fato de o sistema colonial tradicional ter se tornado obsoleto foi algo que nem a Coroa nem os colonos perceberam de imediato. A Coroa estava a par somente de contrabando de ouro e outros, evasões fiscais, perdas do Tesouro Real e a incessante transgressão à lei por parte dos colonos. Estes, por sua vez, rebelavam-se contra certas instituições ou medidas tomadas pela Coroa – aumento de impostos, restrições à livre comunicação entre as províncias, o caráter explorador de certos monopólios, a ineficiência dos tribunais, a corrupção e a arbitrariedade das autoridades da Coroa e a discriminação contra os nascidos na colônia.

Aos poucos, contudo, as insurreições coloniais e a violenta repressão que se lhes seguia revelaram o antagonismo fundamental existente entre os interesses da colônia e os da metrópole. Os colonos, que no início se consideravam os portugueses do Brasil, passaram a perceber com cada vez mais clareza que seus interesses estavam associados ao Brasil e não a Portugal. E suas lutas, que a princípio pareciam ser conflitos entre súditos do mesmo rei, começaram a ser percebidas como lutas entre os colonos e a metrópole. Visto que os colonos identificavam os interesses da Coroa com os da metrópole, seu anticolonialismo levou-os a criticar o poder indiscriminado do rei e a exaltar a soberania do povo. Foi por essas razões e nesse contexto que os colonos tornaram-se receptivos às ideias liberais.

No Brasil do século XVIII, Rousseau, Montesquieu, Raynal e autores ainda mais radicais, como Mably, eram lidos avidamente pela elite intelectual, apesar da censura. Entretanto, mais importantes do que essas obras para a disseminação das ideias revolucionárias foram as revoluções norte-americana e francesa.

Ressentindo-se do domínio colonial e do absolutismo real, os colonos encontraram nessas duas revoluções um modelo a seguir. Nas duas últimas décadas do século XVIII, as tensões que solapavam o sistema colonial foram expressas em uma série de conspirações inspiradas pela nova ideologia revolucionária.

Entre os livros confiscados de Luis Vieira, um padre envolvido na conspiração de 1789 em Minas (a Inconfidência Mineira), estavam exemplares de Montesquieu, D'Alembert, Turgot, Raynal e Mably. Tiradentes, um dos líderes da mesma conspiração, foi acusado pelas autoridades portuguesas de tentar traduzir uma

A POLÍTICA E A SOCIEDADE NA INDEPENDÊNCIA DO BRASIL

edição francesa da Constituição dos Estados Unidos. Outros que foram presos e julgados em 1789 foram acusados de exaltar a Revolução Americana ou de seguir o "partido francês". Alguns anos depois, em 1792, quando uma conspiração foi descoberta no Rio de Janeiro, os prisioneiros foram acusados de tramar uma rebelião para estabelecer um "governo democrático, livre e independente". Eles estavam sob clara influência do que era conhecido à época como os "abomináveis princípios franceses". Quando outro grupo foi preso por conspiração na Bahia em 1798, um dos líderes foi acusado de incitar outros a "tornarem-se franceses" para que pudessem viver com igualdade e abundância. "Tornar-se francês" significava adotar as ideias revolucionárias que a França exportava ao mundo.

O inquérito instaurado pelo conde de Rezende, então vice--rei, para investigar a conspiração de 1792 revelou alguns dos "pensamentos pecaminosos" que circulavam tanto em locais públicos quanto em casas particulares, onde alguns indivíduos injuriavam a religião e o poder divino dos reis com "discursos escandalosos e ímpios". De acordo com o inquérito, esses homens negavam a existência de milagres e declaravam que os reis haviam recebido poder dos homens e não de Deus. Eles afirmavam abertamente que, se a Bíblia concedera poder aos reis para punir seus vassalos, também concedera poder aos vassalos para punir seus reis. Os suspeitos diziam que os homens nasciam livres e poderiam reivindicar sua liberdade a qualquer momento, argumentando também que as leis na França eram justas e deveriam ser adotadas no Brasil. Alguns chegaram ao ponto de esperar que os franceses conquistariam o Rio de Janeiro. Na opinião das autoridades responsáveis pela investigação, os revolucionários deveriam ser punidos severamente por tentar "seduzir o povo rústico e ignorante e aliená-lo de sua legítima e natural soberania".

Mas nem as prisões nem as ameaças de exílio ou morte poderiam deter o processo revolucionário. A censura provou--se uma vã tentativa de restringir a disseminação de ideias que desafiavam a ordem estabelecida, e igualmente inúteis foram as duras punições impostas aos rebeldes. Livros continuavam a chegar ao país, e estudantes que viajavam ao exterior para estudar em Portugal ou na França voltavam para casa com novas ideias. Eles se reuniam em residências ou nas esquinas das ruas, em academias literárias e científicas ou em sociedades secretas para discutir sobre os livros que haviam lido, comentar o que tinham visto e falar sobre seus sonhos. Ideias revolucionárias passavam de boca em boca e, apesar da violenta repressão, os "abomináveis princípios franceses" continuavam a inspirar novas revoltas. Já era 1817, e um grupo de rebeldes em Pernambuco ainda considerava as constituições francesas de 1791, 1793 e 1795 como modelos a seguir. E um dos líderes da rebelião, Cruz Cabugá, decorava as paredes de casa com fotografias de heróis revolucionários franceses e norte-americanos. Num gesto simbólico, os revolucionários de 1817 abandonaram o protocolo tradicional – em vez de usar as formas de tratamento "Vossa Mercê" e "senhor", eles seguiram o exemplo dos revolucionários franceses e passaram a adotar as expressões "vós" e "patriota".

Nessa época, porém, a Revolução Francesa fazia parte do passado e o ambiente na Europa mudara. Após a Restauração, os governos europeus interessados em abolir os efeitos da Revolução Francesa haviam adotado políticas contrarrevolucionárias. A Santa Aliança zelava pela Europa com cautela, pronta para suprimir qualquer revolta. Crimes cometidos durante a revolução haviam colocado muitas pessoas contra as ideais revolucionárias, inclinando-as a programas reformistas e conservadores. Mas alguns que viviam no Brasil no início do século XIX continuavam a ser obstinadamente leais às ideias da Revolução Francesa. Embora mais conservadores e temerosos dos movimentos de massa, não haviam desistido de seus sonhos de independência.

Imbuídas de ideias revolucionárias, as elites brasileiras que conspiraram por independência no final do século XVIII haviam criado uma série de sociedades secretas. A Conjuração Baiana, uma conspiração descoberta em 1798 na Bahia, seguiu--se à criação em 1797 de uma loja maçônica: Os Cavaleiros da Luz. Alguns dos homens presos em Pernambuco em 1817 eram membros de sociedades secretas e, em 1818, d. João VI informou que muitas pessoas importantes do Rio de Janeiro – funcionários da Corte, mercadores, agricultores, advogados, professores e padres – mantinham conexões com a maçonaria. Constituíam

A POLÍTICA E A SOCIEDADE NA INDEPENDÊNCIA DO BRASIL 13

um grupo poderoso e resistiram estoicamente às tentativas do rei de fechar suas lojas. Em 1821, desempenharam um papel importante na política e estavam prontos para liderar o movimento pela independência.

Embora seja inegável a influência das sociedades secretas e das ideias liberais sobre as conspirações revolucionárias, não se deve superestimar sua importância. Elas parecem ter desempenhando um papel importante somente no período entre 1821 e 1822 e, mesmo então, somente uma minoria pertencia a sociedades secretas. E apenas alguns membros da elite estavam familiarizados com os autores europeus, a quem liam com mais entusiasmo do que propriamente discernimento. O homem comum permanecia intocado pela especulação teórica, embora pudesse ser incitado por referências a "princípios franceses", "pátria" e "liberdade", expressões que pareciam exercer um efeito mágico sobre as massas urbanas.

Além de analfabetismo, indiferença política e sistema de comunicação deficiente – todos os quais criavam obstáculos à disseminação de ideias entre a população –, a própria natureza dessas ideias impunha limites à sua propagação no Brasil. Na Europa, o liberalismo havia se originado da ideologia burguesa, um instrumento na luta contra o poder absoluto dos reis, os privilégios da nobreza e as instituições feudais que inibiam o desenvolvimento econômico. Mas, no Brasil, o liberalismo tornou-se a ideologia das oligarquias rurais, que encontraram nas novas ideias argumentos que podiam usar contra a metrópole. Esses homens estavam preocupados primordialmente com a eliminação das instituições coloniais que restringiam os proprietários de terras e mercadores – os dois grupos mais poderosos da sociedade colonial. Quando lutavam por liberdade e igualdade, estavam na realidade lutando para acabar com monopólios e privilégios que beneficiavam a metrópole e liberar-se das restrições comerciais que obrigavam os brasileiros a comprar e vender produtos por intermédio de Portugal. Assim, nesse período, o liberalismo no Brasil expressava o desejo das oligarquias por independência das imposições da Coroa portuguesa. As oligarquias, contudo, não estavam dispostas a abandonar seu tradicional controle sobre terras e mão de obra, nem queriam mudar o tradicional sistema de produção. Isso os levou a purgar o liberalismo de suas tendências mais radicais.

O comprometimento das elites com a escravidão constituía um grande obstáculo a sua plena aceitação e implementação das ideias liberais. Desde o século XVIII, aqueles que acalentavam sonhos de independência e conspiravam contra o governo português haviam confrontado o problema da escravidão. Comumente, discussões sérias sobre a revolução eram interrompidas pelo temor de uma rebelião escravagista. Os líderes revolucionários eram, com poucas exceções, elitistas e racistas. Mas onde encontrariam apoio para uma conspiração por independência se não entre os negros e mulatos que formavam a maior parcela da população brasileira? Como controlariam as massas de escravos e alforriados em uma situação insurgente? Aos escravos deveria ser concedida alforria? Todas essas questões foram levantadas pelos líderes da Inconfidência Mineira em 1798 e, novamente no mesmo ano, por alguns participantes da Conjuração Baiana. A inquietação dos líderes brancos em face das massas é mais visível na Conjuração Baiana. Embora os conspiradores presos na Bahia fossem, em sua maioria, mulatos e negros – alguns livres, outros ainda escravizados –, Cipriano Barata, um branco de classe média e um dos cabeças da conspiração, escreveu uma carta a um amigo alertando-o: "tome cuidado com essa turba de negros e mulatos". Mais tarde, os líderes da Revolução Pernambucana de 1817, ansiosos por conquistar o apoio dos donos de escravos, emitiram uma proclamação para tranquilizá-los quanto a seus escravos. "Patriotas", dizia a proclamação, "seus direitos à propriedade, mesmo aqueles que ofendem o ideal de justiça, são sagrados. O governo encontrará meios para reduzir o mal [a escravidão], mas não o fará pela força."

Sua desconfiança em relação às massas, seu temor de uma rebelião de escravos e seu desejo de preservar o sistema escravocrata levaram as elites a repudiar condutas democráticas e evitar a mobilização em massa. Em 1821, aqueles que lutavam por independência buscaram o apoio do regente, na esperança de conquistar a independência sem turbulência social. Considerando-se o comprometimento dos revolucionários com a escravidão e sua intenção de excluir a maioria da população do processo eleitoral, seus manifestos em favor de um governo representativo, seus discursos sobre a soberania do povo e sua denominação de liberdade e igualdade como direitos humanos inalienáveis só poderiam soar falsos e vazios a ouvidos modernos. Outra peculiaridade dos liberais brasileiros desse período foi sua atitude conciliadora em relação à Igreja e à religião. Em 1817, cartazes foram afixados em Recife exibindo *slogans* como "Vida longa ao país", "Vida longa à Virgem", "Vida longa à religião católica" e "Morte aos aristocratas". Isso e os vivas à revolução e à religião que podiam ser ouvidos nas ruas sugerem o compromisso dos revolucionários com a Igreja e o catolicismo. A participação de inúmeros padres na conspiração reforça essa impressão. Tantos foram os clérigos que se juntaram à Revolução Pernambucana de 1817 que a insurreição passou a ser conhecida como a Revolução dos Padres. Quando levados a julgamento, alguns deles foram acusados de usar as igrejas para propagar ideias subversivas. Outros foram acusados de ser maçons e de cooperar ativamente com os rebeldes. E certos religiosos, como o famoso frei Caneca, constaram dos registros do tribunal como líderes guerrilheiros.

À primeira vista, pode parecer difícil explicar a tendência revolucionária do clero brasileiro e sua atitude simpática à maçonaria, que na Europa foi o baluarte da luta contra a Igreja. Uma análise mais aprofundada da relação entre a Igreja e o Estado no Brasil revela que o direito ao clientelismo concedido pelo papa aos reis portugueses era a fonte da hostilidade do clero em relação ao sistema e explica seu compromisso com as ideias liberais. Como consequência disso, o anticlericalismo e as tendências seculares típicas do liberalismo europeu não seriam encontrados no Brasil nesse período. Igualmente atípico era o papel que as ideias nacionalistas desempenhavam no país. Embora na maioria das revoluções europeias do século XIX as ideias liberais e nacionalistas fossem intimamente associadas, no Brasil os ideais nacionalistas encontravam um terreno bem menos propício. Nada na estrutura econômica do país fomentava o contrato entre as províncias. O mercado interno era insignificante, uma vez que a maioria dos bens era embarcada para o exterior e a rede de comunicações que ligava as províncias era precária e subdesenvolvida. Assim, as condições que levaram à integração

16 BRASIL: HISTÓRIA, TEXTOS E CONTEXTOS

nacional e inspiraram as ideias nacionalistas na Europa não existiam no Brasil. Não surpreende, portanto, que a maioria dos movimentos revolucionários antes de 1822 tivesse um caráter regional e se abstivesse de desenvolver metas nacionais. Os inconfidentes de 1789 falavam em unir Minas Gerais e São Paulo. As conspirações de 1792 no Rio de Janeiro e de 1798 na Bahia nunca ultrapassaram as fronteiras desses dois centros urbanos. A revolução de 1817 em Pernambuco, que seguiu um plano mais ambicioso, todavia recrutou apoiadores somente em algumas províncias da região Nordeste. E, mesmo em 1821, um ano antes da Proclamação da Independência, os representantes brasileiros nas Cortes portuguesas ainda faziam questão de se apresentar como delegados de suas províncias em vez de da colônia. Por causa dessas tendências centrípetas, muitos líderes do movimento de 1822 temiam que o Brasil seguisse o exemplo das colônias espanholas e se subdividissem em estados após a independência. Tão generalizada era essa opinião que na Portugal de 1822 os planos para recolonizar o Brasil contavam com a falta de unidade do país. A manutenção da integridade territorial brasileira após a independência, portanto, não pode ser atribuída a uma forte ideologia nacionalista; as elites brasileiras simplesmente reconheceram que o único meio de garantir o status de independência da nação era renegar a sucessão.

Se não havia ideias nacionalistas poderosas o suficiente para promover a integração nacional, havia tendências antilusitanas bem definidas e unificadoras no Brasil do final do período colonial. Apesar do fato de muitos portugueses participarem das conspirações e lutarem pela independência, os revolucionários eram em grande parte brasileiros nativos. E a hostilidade contra a metrópole frequentemente se expressava como hostilidade contra os portugueses. Ainda mais curioso, considerando-se o "racismo" subjacente dos grupos de elite, é o fato de os ataques contra os portugueses serem às vezes expressados como antagonismo racial entre negros e brancos; nas palavras de um revolucionário em 1789: "Logo expulsaremos do Brasil esses pequenos brancos da metrópole que querem tomar posse de nossas terras". Em uma autobiografia escrita em 1817, um notório monarquista observou que a "turba" de mulatos, negros e afins seduzidos pela palavra liberdade não era monarquista e deveria estar sob constante

A POLÍTICA E A SOCIEDADE NA INDEPENDÊNCIA DO BRASIL   17

vigilância. Essa impressão não era infundada; negros e mulatos haviam manifestado por várias vezes sua animosidade em relação aos portugueses e brasileiros brancos, demonstrando disposição em apoiar as revoluções...

Os negros e mulatos de baixa classe viam a independência como um passo rumo à eliminação da discriminação racial que os impedia de se candidatar a cargos administrativos, barrava seu acesso à Universidade de Coimbra e tornava-lhes inacessíveis as posições mais elevadas na Igreja. Igualdade de oportunidade a todos, independentemente de raça ou cor, era sua principal aspiração. Também esperavam abolir as diferenças de classe que separavam os ricos dos pobres. E, no liberalismo, eles encontraram os argumentos de que necessitavam para justificar suas esperanças. Para essas pessoas, a luta pela independência era, acima de tudo, uma batalha contra os brancos e seus privilégios. Como um deles declarou, todos seriam ricos quando os privilégios fossem abolidos e o mérito fosse o único critério de promoção.

Enquanto as massas manifestavam sua hostilidade contra os portugueses em termos raciais, a elite branca de modo geral expressava seu temor de negros e mulatos e teria endossado as palavras de Carneiro de Campos, um alto oficial da administração, que escreveu que "escravos e homens livres de cor eram inimigos congênitos do homem branco".

Apesar da desconfiança mútua e de objetivos diferentes, eles se juntaram em suas conspirações e lutaram lado a lado por independência em nome dos ideais liberais.

A maioria dos inconfidentes de 1789, por exemplo, era composta por proprietários de terras ou altos burocratas. Mas, entre eles, havia outros de origem modesta, como funcionários de baixo escalão, soldados, muleteiros, artesãos e criados. E dois grupos completamente diferentes participaram da conspiração baiana de 1798. O primeiro consistia em "homens de posse e posição", educados segundo a tradição do Iluminismo. O segundo grupo abrangia escravos, alforriados, negros e mulatos recrutados entre a população urbana, alfaiates, sapateiros, marceneiros, barbeiros, soldados e vendedores ambulantes.

A mesma combinação de pessoas das classes alta e baixa caracteriza a Revolução Pernambucana de 1817. Novamente, os líderes eram mercadores, proprietários de terras e funcionários da Corte provenientes de famílias importantes. No julgamento, esses homens defenderam-se alegando que não poderiam ter conspirado contra o governo, pois pertenciam "à primeira e mais alta nobreza de Pernambuco e haviam sido criados para respeitar a hierarquia de classes e ordens". Seus advogados argumentaram que esses membros da elite haviam sido forçados a aquiescer à irreprimível pressão das massas. Apresentar as elites como vítimas da rebelião das massas era um mero expediente da defesa, mas não há dúvida de que em 1817, assim como nas conspirações anteriores, as pessoas comuns haviam se unido de bom grado à elite revolucionária. O entusiasmo por "essa maldita liberdade" – como era chamada nos documentos contrarrevolucionários – havia se alastrado entre as massas urbanas de negros e mulatos, embora eles parecessem sempre mais entusiasmados pelo ideal de igualdade.

O comportamento das massas urbanas durante a revolução de 1817 escandalizou os membros da elite que não haviam se deixado levar pelas ideias revolucionárias. Um deles, Cardoso, escreveu a um amigo que os "mestiços, mulatos e crioulos haviam se tornado tão ousados que declaravam todos os homens iguais e vangloriavam-se de que eles mesmos só se casariam com mulheres brancas de alta estirpe". Farmacêuticos, cirurgiões e sangradores deram-se ares de superioridade, e os barbeiros recusaram-se a fazer a barba de Cardoso, alegando que estavam ocupados a serviço de seu país. Pior ainda, os mestiços eram pretensiosos e desrespeitosos nos modos. Como ele escreveu a um amigo, "Vossa Graça não permitiria que um mestiço se aproximasse, chapéu na cabeça, e lhe batesse no ombro para cumprimentá-lo: 'Prazer em encontrá-lo, patriota, como vai? Que tal me dar um cigarro, ou fumar um pouco do meu?'. Essa foi a oferta que um dos escravos dos Brederodes fez ao juiz da Coroa Afonso! Felizmente", Cardoso concluiu com evidente satisfação, "o mestiço recebeu sua merecida punição. Já foi açoitado com quinhentas chicotadas". Como muitos outros conservadores, Cardoso ficou horrorizado ao ver Domingos José Martins, um homem bem estabelecido e líder da Revolução de 1817, caminhando de braço dado com membros de classes inferiores.

A POLÍTICA E A SOCIEDADE NA INDEPENDÊNCIA DO BRASIL   19

Antes da independência, o conflito de classes e raça latente na sociedade brasileira podia, com frequência, imiscuir-se nas fileiras revolucionárias. Todos lutavam pela mesma causa – emancipar a colônia da metrópole. As fórmulas liberais nesse estágio eram suficientemente vagas e abstratas para abranger diferentes aspirações e criar um ilusório senso de unidade. Além disso, havia outros mecanismos aplacando as tensões de classe e de raça. As pessoas que pertenciam às classes mais baixas – brancos, negros e mulatos – eram constantemente ligadas a membros das elites por meio do sistema de clientelismo e patronato. E, se não eliminou de fato as divisões de cor e classe, o patronato criou uma aparência de camaradagem e reciprocidade que turvou as distinções sociais.

Apesar dos mecanismos que contribuíram para a solidariedade entre os revolucionários, seus objetivos, como já vimos, costumavam ser distintos, se não contraditórios. Os escravos visavam à emancipação; negros e mulatos livres esperavam abolir a discriminação racial e conquistar a igualdade; fazendeiros e mercadores brancos de classe alta queriam, acima de tudo, libertar-se das restrições impostas pela metrópole, mas não estavam dispostos a libertar seus escravos ou fazer concessões significativas aos pobres. Esses interesses contraditórios desencadearam um conflito aberto após a independência, quando, antes, grupos diferentes lutavam lado a lado contra o governo português.

Até o início do século XIX, toda conspiração fracassou. As de Minas (1789), Rio de Janeiro (1792) e Bahia (1798) nunca passaram do estágio de complôs e intrigas. Os rebeldes foram severamente punidos e os líderes condenados à morte ou ao exílio, ao passo que a maioria da população permanecia indiferente aos acontecimentos. Apesar do crescente descontentamento, nada parecia indicar que o controle português sobre o Brasil chegaria ao fim em breve. Um incidente, porém, acelerou esse processo histórico – a invasão da Península Ibérica pelas tropas francesas e a subsequente transferência da Corte portuguesa para o Brasil.

A instalação do centro de governo na colônia impôs mudanças significativas às políticas coloniais. Os portos brasileiros foram abertos a todas as nações em 1808; o Brasil tornou-se um reino unido a Portugal em 1815; e novas instituições foram criadas para atender às necessidades do governo imperial. Todas essas medidas beneficiaram a colônia e prejudicaram a metrópole. E a medida mais danosa de todas, do ponto de vista de Portugal, foi a adoção de políticas de livre-comércio e a extinção dos monopólios comerciais de que os portugueses haviam desfrutado formalmente. Até 1808, o grosso do comércio português era conduzido com o Brasil. Portugal era o distribuidor dos produtos da colônia na Europa e dos fabricantes europeus na colônia. Armadores, marinheiros, funcionários da Corte e mercadores beneficiaram-se, todos, do comércio colonial. Mas esse lucrativo sistema ruiu com a abertura dos portos brasileiros. Pior ainda, uma vez no Brasil, d. João VI concedeu tarifas preferenciais à Inglaterra como uma forma de compensação à ajuda inglesa contra os franceses. E o rei de Portugal tentou reverter os efeitos impopulares de suas políticas concedendo diversos privilégios a seus súditos portugueses e favorecendo produtos transportados em navios portugueses, bem como produtos originários de Portugal ou do império português. Entretanto, isso foi de pouca serventia porque os produtores e mercadores portugueses não tinham condições de competir em um livre mercado; conseguiriam sobreviver somente enquanto o sistema de monopólios e privilégios fosse mantido. Sem solucionar os problemas dos portugueses, as medidas protetoras tomadas pelo rei suscitaram insatisfação entre os mercadores estrangeiros e os brasileiros. No intuito de satisfazer aos interesses de grupos conflitantes, o rei incorreu no maior ressentimento de todos...

No Brasil, a expansão econômica após 1808 evidenciou ainda mais a obsolescência de instituições tradicionais. E, apesar da censura, publicações denunciando a ineficiência dessas instituições surgiam uma após a outra. Seu principal argumento pode ser resumido nas palavras de Hipólito da Costa. Em 1817, ele escreveu no *Correio Brasiliense*, um jornal publicado em Londres, que um país rumo a se tornar uma grande e civilizada nação não poderia continuar a se sujeitar a um governo militar e a instituições coloniais que haviam sido estabelecidas quando as colônias brasileiras eram meros postos de guarnição. A opinião de Costa foi corroborada por muitos viajantes que visitaram o país nas duas primeiras décadas do século XIX. Era evidente que os colonos estavam descontentes com o governo. E, quanto mais reclamavam, mais insatisfeitos ficavam. Eles se sentiam mais

A POLÍTICA E A SOCIEDADE NA INDEPENDÊNCIA DO BRASIL 21

alienados das mudanças na administração da situação e desejosos de introduzi-las. É verdade que d. João VI havia tomado medidas restritivas nessa direção, mas ele não avançara tanto quanto queriam os brasileiros. A Revolução Pernambucana de 1817 foi um sintoma dessas tensões. A repressão poderia cessá-la, mas não conseguiria remover as causas da insatisfação. A qualquer momento, o descontentamento insurgente poderia voltar a emergir, como ocorreu em 1820, quando a maré revolucionária que varrera a Europa atingiu o Brasil.

Em janeiro daquele ano, a Espanha foi sacudida por uma revolução liberal, e d. João VI aprovou às pressas várias novas leis que visavam a favorecer os mercadores portugueses. Com essas medidas, ele esperava assegurar o apoio deles e evitar repetir em Portugal o ocorrido na Espanha. Entretanto, em agosto de 1820, houve uma revolta na cidade do Porto. Os revolucionários exigiam uma constituição e o imediato retorno do rei a Portugal.

Esses acontecimentos geraram grandes repercussões no Brasil. Muitos manifestaram simpatia pela revolução constitucionalista: portugueses e brasileiros, mercadores e fazendeiros, funcionários da Corte e militares – todos apoiavam a revolução por uma variedade de razões, via de regra contraditórias e com objetivos previsivelmente incompatíveis. Os mercadores portugueses, que se identificavam com os interesses da metrópole, apoiaram a revolução constitucionalista na esperança de que o rei fosse forçado pelas Cortes a restabelecer o pacto colonial. Eles tinham o apoio da maioria dos militares e funcionários da Corte, ávidos por retornar a Portugal. Fazendeiros, mercadores estrangeiros e todos os outros, portugueses e brasileiros, que haviam se beneficiado do livre-comércio, bem como os funcionários da Corte e os militares que haviam investido recursos no Brasil ou estabelecido conexões com famílias brasileiras, viam a revolução como um movimento liberal que colocaria um fim ao absolutismo e extinguiria monopólios e privilégios remanescentes. Eles acreditavam que um governo constitucional lhes daria a oportunidade de expressar seus próprios interesses nas Cortes. E esperavam consolidar os privilégios que haviam conquistado desde a chegada da Corte portuguesa ao Brasil.

22 BRASIL: HISTÓRIA, TEXTOS E CONTEXTOS

Inicialmente, a contradição entre os dois grupos passou despercebida. Mas logo ficou claro que a revolução, que começara em Portugal como uma revolução liberal, agora tinha como principal objetivo a anulação das concessões liberais feitas por d. João VI ao Brasil. Sua concretização, porém, levaria meses para ocorrer. Enquanto isso, uma série de juntas revolucionárias foi formada. Em 20 de fevereiro de 1821, um pronunciamento militar foi seguido por manifestações nas ruas do Rio de Janeiro. O principal propósito dos protestos era forçar o rei a aceitar as demandas das Cortes portuguesas. D. João VI concordou em jurar lealdade a uma constituição ainda por ser escrita e ordenou que os conselhos municipais no Brasil fizessem o mesmo. Convocou a eleição de representantes brasileiros às Cortes e decidiu, muito a contragosto, retornar a Portugal, onde era aguardado por uma convenção hostil e repleta de demandas. Em abril, ele partiu do Brasil, deixando o filho Pedro como regente...

Embora a maioria da população não se preocupasse com política, uma minoria estava determinada a se beneficiar da crise política, que lhes dera a oportunidade de ser ouvida nas Cortes portuguesas. Mas a decepção veio rapidamente. As medidas tomadas pelas Cortes logo revelaram que os portugueses pretendiam não só restringir o livre-comércio e restabelecer antigos monopólios e privilégios, mas também limitar a autonomia administrativa da colônia. Também ficou claro que as Cortes não estavam dispostas a fazer qualquer concessão. Os delegados brasileiros eram minoria perante os portugueses; somente 50 dos 75 designados haviam chegado a Portugal, de um total de 205 delegados. Eles nada podiam fazer para proteger os interesses da colônia. Dadas as circunstâncias, a única resposta sensata era a rebelião.

Panfletos denunciando as intenções de "recolonização" das Cortes e encorajando as pessoas a apoiar a causa da independência foram distribuídos pela cidade do Rio de Janeiro. De muitas partes do país vinham petições exigindo que o regente desobedecesse às Cortes... Era evidente que as medidas adotadas pelas Cortes – a última das quais era uma ordem para que o príncipe retornasse a Portugal – haviam impossibilitado as elites brasileiras de alcançar o consenso pelo qual esperavam inicialmente. Elas haviam sonhado em criar uma Monarquia dualista, um sistema

A POLÍTICA E A SOCIEDADE NA INDEPENDÊNCIA DO BRASIL   23

que respeitaria a autonomia brasileira, mas manteria os dois países unidos. No entanto, os decretos que aboliam a autonomia administrativa e limitavam o livre-comércio inviabilizaram essa solução. Não havia outra alternativa para as elites brasileiras a não ser resistir às ordens. E a melhor maneira de minimizar o efeito de tal desobediência a Portugal era contar com o regente de seu lado. Ainda mais importante do que isso, com o apoio do príncipe, elas poderiam ter esperança de atingir a autonomia política sem a mobilização das massas...

Em junho de 1822, o Conselho de Procuradores, criado pelo príncipe, recomendou que ele convocasse uma convenção nacional. A sugestão foi aceita prontamente. Uma norma de 19 de junho de 1822 estabeleceu as condições de elegibilidade para o eleitorado. Concedeu o direito de votar a qualquer cidadão do sexo masculino, casado ou solteiro, com mais de 20 anos de idade e que não vivesse com os pais. Mas excluiu do sufrágio aqueles cuja renda fosse proveniente de trabalho assalariado, com a exceção de funcionários de empresas comerciais, funcionários de alto escalão da Corte e administradores de fazendas e fábricas. Também foi negado voto a membros de ordens religiosas, estrangeiros não naturalizados e criminosos. Tal legislação privou as massas do direito de escolher seus representantes e concedeu todo poder político às elites.

Em 2 de setembro de 1822, Leopoldina, esposa do príncipe, presidiu uma reunião do Conselho de Estado no Rio de Janeiro durante uma viagem dele a São Paulo. Ela informou aos conselheiros que as Cortes pretendiam enviar tropas ao Brasil por considerarem o regente e seus conselheiros traidores e inimigos da Coroa. Ficou claro, então, que ao príncipe restavam apenas duas opções: obedecer às Cortes e retornar a Portugal em desgraça ou formalizar a independência do Brasil e permanecer no país como rei. José Bonifácio [seu principal conselheiro político] escreveu-lhe: "De Portugal não temos a esperar senão escravidão e horrores. Venha V. A. quanto antes e decida-se, porque irresoluções e medidas d'água morna, à vista desse contrário que não nos poupa, para nada servem e um momento perdido é uma desgraça". Admitindo o inevitável, d. Pedro proclamou a independência do Brasil em 7 de setembro de 1822, enquanto ainda em São Paulo.

Uma vez formalmente proclamada a independência, era tarde demais para recuar. Todos os esforços do governo português para reverter a situação foram inócuos. Uma após outra, frustraram-se as tentativas portuguesas de obter apoio europeu para seu projeto de recolonização. A posição do governo britânico foi um fator decisivo para a consolidação da independência do Brasil. Canning, o primeiro-ministro inglês, deixou claro em sua primeira reunião com o ministro das Relações Exteriores de Portugal que a Inglaterra não toleraria intervenção militar europeia no Novo Mundo. Qualquer ação nesse sentido forçaria Sua Majestade a reconhecer a independência da colônia em questão. A posição firme da Grã-Bretanha desencorajou os planos de Portugal de reconquistar o Brasil. Mais tarde, a Inglaterra serviria como mediadora dos esforços diplomáticos brasileiros para obter o reconhecimento formal da independência do Brasil.

JOSÉ BONIFÁCIO: HOMEM E MITO*

Cada classe, casta ou estamento tem seus mitos e heróis valorizando no passado acontecimentos e personagens que, transformados em símbolos, expressam os valores dominantes. Os mitos e heróis criados em função de determinada realidade perdem o significado quando esta muda, desqualificando as imagens anteriores, tornando-as inadequadas às novas situações. Quando a tensão social aumenta e há luta aberta entre as classes, surgem os iconoclastas interessados em destruir mitos e heróis tradicionais ou em reinterpretá-los em função da nova situação. Aparecem simultaneamente símbolos novos, sínteses das aspirações novas, instrumentos dos novos grupos que ascendem ao poder.

Os heróis míticos que povoaram a imaginação do homem primitivo, os santos, os cavaleiros medievais, os reis e os nobres, personagens das baladas e das crônicas medievais ou do "Antigo Regime" foram substituídos, nos tempos modernos, pelos heróis nacionais. O Estado Nacional criou mitos e heróis em torno dos quais procurou polarizar a nação. Na América, os "forjadores de nacionalidade" que lutaram pela independência de seus países, procurando libertá-los do domínio colonial – Bolívar, Miranda, Washington, San Martín –, passaram a ser vistos como "heróis

---

* Publicado originalmente em 1972 em Mota (org.), *1822: dimensões*.

nacionais". O que fora crime, punido com a morte no período colonial – a devoção à Pátria, a participação nos movimentos de emancipação –, tornou-se no país independente ação digna de memória. Tiradentes, o "pérfido" acusado de "crime horrendo", condenado à morte por sua participação na Inconfidência Mineira, transformou-se em herói nacional. Os gritos de "Viva a Pátria", "Viva a Liberdade" com que os rebeldes da revolução pernambucana saíram à rua em 1817, tachados de altamente subversivos pelas autoridades de então, que consideravam a fidelidade à Pátria sinônimo de infidelidade ao rei, foram mais tarde vistos pelos historiadores que os interpretaram à luz da ótica nacionalista como afirmações de "nativismo" e "patriotismo".

José Bonifácio de Andrada e Silva, visto em 1822 com maus olhos pelas autoridades portuguesas, por sua participação nos sucessos que culminaram na Independência; considerado pelos adeptos do Partido Português, juntamente com seus irmãos, "infames conselheiros", "pérfidos sátrapas da família dos Bonifácios", passou à História do Brasil como herói nacional.[1]

Personagem histórico e herói nacional, homem e mito confundem-se na figura do Patriarca, de onde a dificuldade de se proceder à análise objetiva de sua participação nos acontecimentos da Independência. O processo mitificador magnifica a essência do fato acontecido. José Bonifácio – convertido em herói nos manuais de ensino fundamental nos quais as crianças aprendem a prestigiá-lo antes mesmo de ter qualquer ideia de pátria ou de história. Em contrapartida, existe uma "lenda negra" de José Bonifácio, registrada em livros e artigos que procuraram através do tempo minimizar sua atuação política com o intuito de desmoralizar o herói e colocar outro em seu lugar: d. Pedro, Gonçalves Ledo etc.

A História, no entanto, se escreve além das balizas das lendas andradinas e antiandradinas. Seu domínio é outro: louvar ou denegrir o personagem histórico não são pontos de partida do historiador, a quem compete explicar as relações entre persona-

---

1 *Reforço patriótico ao censor lusitano na interessante tarefa que se propôs de combater os periódicos.*

JOSÉ BONIFÁCIO: HOMEM E MITO   27

gens e estruturas que os determinam e são por eles determinadas.
Reduzir o mito e o herói à proporção de personagem histórico é
função do historiador.

Origens da "lenda heroica" e da "lenda negra" de José Bonifácio

A imagem de José Bonifácio "Patriarca" forjou-se no calor
das lutas políticas por ocasião da Independência. A necessidade
de defender pontos de vista, de consolidar sua posição à frente do
governo, levou seus partidários a apresentarem-no ao público
como o "Pai da Pátria", o "timoneiro da Independência", o
"Patriarca", expressões que começaram a circular já em 1822,
quando José Bonifácio ocupava o cargo de ministro de d. Pedro.
Pouco tempo depois da proclamação da Independência, quando,
por desentendimentos com o imperador, apresentou seu pedido de
demissão do cargo de ministro, apareceram várias representações e
panfletos pleiteando sua recondução ao ministério. Ao Senado da
Câmara Municipal foi levada, na ocasião, uma representação em
que os Andradas eram descritos como "a única âncora (junto ao
trono) do novo Império".[2] Parte da imprensa fazia coro às manifestações. Um eloquente panegírico de José Bonifácio aparecia
em 1823 no *Tamoio*,[3] jornal editado por Menezes de Drumond,
amigo pessoal dos Andradas e seu correligionário. A edição de 6
de agosto caracterizava José Bonifácio como "bom filho, bom pai,
bom marido, bom irmão, bom parente, bom amigo", consolidador
da Independência. Pouco tempo depois, os Andradas apareceram
retratados no mesmo jornal como brasileiros ilustres, "sábios"
que a Europa civilizada conhecia e respeitava, que haviam feito
a felicidade do Brasil, sua Independência, a quem cabia a glória
de se terem mantido unidas as províncias que uma força desin-
tegradora minava, libertadores da Pátria e fundadores do "vasto
e rico império do Brasil". Segundo o editorial, José Bonifácio

---

2 *Documentos para a história da Independência*, p.402.
3 *O Tamoio*, 26 ago. e 2 set. 1944.

tinha sido o primeiro a "trovejar" contra a perfídia das Cortes portuguesas, o primeiro a pregar a Independência e a liberdade do Brasil, enfrentando os representantes do Partido Lusitano e os democratas republicanos que se aliavam no intuito de mandar de volta a Portugal o príncipe regente.

A denominação de "Patriarca da Independência" conferida a José Bonifácio apareceria em várias outras publicações da época. Em 1832, quando José Bonifácio foi acusado pelo governo da regência de tramar a volta do imperador, sendo destituído do cargo de tutor dos filhos de d. Pedro, o conselheiro Cândido Ladislau Japiassu, incumbido de sua defesa, invocou a seu favor sua participação no movimento da Independência, qualificando-o de Pai da Pátria e de Patriarca da Independência. Com esse título ele passaria à história.

José da Silva Lisboa, visconde de Cairu, autor da *História dos principais sucessos políticos do Império do Brasil*, publicada em 1830, em um artigo do *Diário do Rio de Janeiro* a 18 de março de 1835, chamava José Bonifácio de Patriarca da Independência, para quem, dizia ele, "a história imparcial resguardará o título de Salvador do Brasil pelos conselhos dados a d. Pedro I, o Salvador do Império Constitucional da América". A Independência apareceria, assim, como fruto da ação deliberada de d. Pedro e José Bonifácio.[4]

Não faltaram, na época, versões opostas, nascidas de rivalidades políticas e inimizades pessoais, provindas das hostes adversárias que viam em José Bonifácio apenas um dos ministros do imperador, ministro dos menos liberais: arbitrário, vaidoso, discricionário.

Diatribes contra o ministro e sua política apareceram com frequência na imprensa oposicionista – *Correio do Rio de Janeiro*, *Revérbero Constitucional* e *Malagueta* – reprovando-lhe as atitudes "aristocráticas", sua aversão à representação popular e a oposição que fazia à convocação de uma Constituinte. Comentava-se que só diante da pressão dos demais cedera José Bonifácio à ideia de convocação de uma Assembleia Nacional. Dizia-se que fora

---

4 Lisboa, *História dos principais sucessos políticos do Império do Brasil*.

JOSÉ BONIFÁCIO: HOMEM E MITO   29

sempre avesso à ideia de Independência, pretendendo manter o Brasil unido a Portugal, perseguindo sem tréguas os elementos mais liberais desejosos de ampliar as liberdades civis. Os órgãos da oposição criticavam acerbamente as medidas tomadas por seu ministério, e o próprio príncipe, ao demiti-lo do Conselho de Ministros em 1823, lançou, quase simultaneamente, uma proclamação aos povos do Brasil afirmando sua aversão ao despotismo e às arbitrariedades, o que foi interpretado como crítica aos Andradas (proclamação de 15 de julho de 1823: "Detesta o despotismo e assegura os sagrados direitos dos cidadãos").[5]

As mais violentas críticas a José Bonifácio apareceram nos anos de 1832 e 1833, quando na Câmara dos Deputados, no Senado e através da imprensa seus inimigos políticos Feijó, Evaristo da Veiga, Bernardo de Vasconcelos, Araújo Viana e outros empenharam-se em denegrir-lhe a reputação, procurando destruir seu prestígio político. No *Correio Oficial* de 23 de dezembro de 1833, Araújo Viana, mais tarde visconde e marquês de Sapucaí, ministro da Fazenda da Regência, fez publicar uma *Refutação formal histórica sobre quem foi o verdadeiro autor da Independência*, procurando mostrar que José Bonifácio não tivera a menor iniciativa aos principais episódios – o Fico, a convocação da Constituinte, os sucessos do Sete de Setembro –, nada havendo feito para justificar o título de Patriarca da Independência que se lhe pretendia atribuir.

A versão antiandradina encontrou acolhida posteriormente em obras de historiadores que relegaram sua atuação ao segundo plano, ora ressaltando o papel de outros elementos, tais como Ledo, Januário da Cunha Barbosa, Joaquim José da Rocha, ora atribuindo a d. Pedro todo o mérito do movimento. Um historiador consagrado, Francisco Adolfo de Varnhagen, visconde de Porto Seguro, fundamentando-se em depoimentos testemunhais, apresentou José Bonifácio como personagem vingativo e arbitrário, minimizando sua participação na emancipação política do país. Houve quem insinuasse que o juízo pouco favorável de Varnhagen em relação a José Bonifácio se deveu a questões de

---

5 Graham, *Diário de uma viagem ao Brasil.*

família. Seu pai fora prejudicado por críticas dos Andradas às suas atividades na Fábrica de Ferro de Ipanema, e Varnhagen nunca lhes perdoara.

Dessa forma, as lendas andradinas e antiandradinas forjadas no calor dos acontecimentos, fruto das perspectivas contraditórias dos participantes, foram incorporadas à história, durante muito tempo limitada à análise psicológica, à descrição dos motivos e lutas pessoais de personagens atuantes na cena política, como se o processo histórico pudesse ser explicado apenas pelo arbítrio de um punhado de homens. Os cultores desse tipo de história tomaram partido, deixaram-se envolver por suas simpatias ou antipatias pessoais, endossando ora os juízos favoráveis a José Bonifácio, ora identificando-se com a versão que lhe retirava todo e qualquer significado. Forneceram dessa maneira uma imagem inteiramente subjetiva do processo histórico da Independência.

Só uma análise das condições estruturais permite ao historiador ultrapassar os limites da crônica subjetiva, entender as razões da Independência e redefinir em termos objetivos o papel real de José Bonifácio no movimento.

José Bonifácio – Formação

Nasceu José Bonifácio a 13 de junho de 1763. Fazia parte de uma das famílias mais ricas de Santos. O pai, funcionário da Coroa, figurava no recenseamento de 1765 como a segunda fortuna da cidade. Seria difícil dizer com exatidão de onde lhe provinham tantos recursos, mas podemos supor. Fora inicialmente coronel do Regimento dos Dragões Auxiliares da capitania de São Paulo e servira como fiscal da intendência das Minas de Paranapanema, almoxarife da Fazenda Real, escrivão da Junta da Real Fazenda da cidade de São Paulo. Por ocasião do recenseamento era, segundo consta, mercador em Santos. Vivendo no porto, beneficiara-se provavelmente do incremento do movimento comercial nos fins do século, motivado pela exportação de açúcar cuja produção se desenvolvia com sucesso, no interior de São Paulo, nas zonas de Itu, Mogi-Guaçu, Jundiaí. O dinheiro farto e as boas relações advindas de sua posição de funcionário da Coroa permi-

JOSÉ BONIFÁCIO: HOMEM E MITO 31

tiram-lhe propiciar aos filhos um *status* relativamente importante
na colônia. Três deles vieram a ocupar altos cargos no governo e
na administração: José Bonifácio, Martim Francisco e Antônio
Carlos; um outro foi padre e abastado proprietário em Santos. Os
três primeiros foram estudar em Coimbra, para onde partiu José
Bonifácio em 1783 com a idade de 21 anos, depois de ter feito os
preparatórios em Santos e em São Paulo, onde frequentara o curso
mantido por frei Manuel da Ressurreição, o que lhe possibilitou
os primeiros contatos com a cultura clássica. Lógica, Metafísica,
Retórica e Língua Francesa eram as matérias preparatórias para
quem desejava ingressar na universidade nessa época. Aos 16
anos, José Bonifácio, como tantos outros jovens de seu tempo, já
versejava, obediente às regras da poesia arcádica, das quais, anos
mais tarde, procuraria libertar-se.

Coimbra reunia grande número de brasileiros, representantes
das famílias mais ou menos ilustres da colônia ou membros de
sua clientela. Durante o século XVIII, cerca de 1.700 brasileiros
matricularam-se na Universidade, dos quais 68 pertenciam à capitania de São Vicente. Paulistas, como José Bonifácio e, como ele,
estudantes em Coimbra foram Bartolomeu Lourenço de Gusmão,
Alexandre de Gusmão, Pedro Taques d'Almeida, Matias Aires,
João Caldeira Brant, Tomás Antonio Pizarro e Araújo, Antonio
Rodrigues Veloso de Oliveira, Diogo de Toledo Lara, Francisco
José Lacerda de Almeida, José Arouche de Toledo Rendon e
tantos outros que, depois de formados, vieram a se destacar no
cenário político e cultural brasileiro, ocupando cargos administrativos ou políticos, publicando obras diversas, ingressando na
república das letras.[6] A primeira elite brasileira, a responsável pela
institucionalização do país depois da Independência, foi quase
toda ela formada na Universidade de Coimbra, o que é um dado
significativo para sua compreensão.

Alguns anos antes de José Bonifácio chegar a Coimbra, a
universidade passara por profunda transformação. Pombal, em
seu intento de reorganizar Portugal, segundo diretrizes que a
burguesia vinha preconizando nos vários países da Europa, procurou modernizar o ensino, ainda preso à retórica clássica. Intro-

---

6 Freitas, *Paulistas na Universidade de Coimbra*.

duziu na universidade os métodos mais modernos do empirismo. Abrir a universidade ao movimento das Luzes que empolgava o pensamento europeu, varrer o obscurantismo e a rotina em que estava mergulhado o ensino, combater a influência dos jesuítas, eram seus principais objetivos. Com a reforma remodelaram-se os cursos, dando-se maior importância aos estudos científicos. Condenou-se o ensino "meramente teórico e livresco", preconizando--se a observação direta da natureza. Na Faculdade de Filosofia, criada em substituição à antiga Faculdade das Artes, na qual José Bonifácio ingressaria alguns anos mais tarde, desenvolveram-se estudos de Filosofia e Ciências da Natureza.

Quando José Bonifácio chegou a Portugal, no entanto, o ministro Pombal já caíra em desgraça e a universidade estava longe de se pautar pelas normas do pensamento ilustrado. Atravessava--se um período de repressão às ideias que pareciam por demais avançadas para um Portugal arcaico e carola. O alvará de 5 de fevereiro de 1778 mandara apreender muitos livros "de perniciosa doutrina", não só capazes de corromper os bons costumes, como dizia o alvará, mas igualmente contrários "à santidade da religião católica e ao sossego público". Com a queda do ministro, a reação tomara conta de Portugal. Vários lentes foram submetidos a processo por lerem autores franceses, sobretudo Rousseau. No ano seguinte, o reitor Francisco de Lemos foi exonerado, sendo nomeado em seu lugar o principal da Santa Igreja de Lisboa, "com a missão de providenciar contra o ardor revolucionário com que os jovens se aplicavam à lição voluntária dos livros de errada doutrina".

No "Reino da Estupidez", poema satírico publicado em 1785[7] e atribuído a um estudante brasileiro, Francisco de Melo Franco, que na opinião de alguns contou com a colaboração de José Bonifácio, mestres e cursos são impiedosamente criticados.

A reforma trouxe à Universidade de Coimbra alguns professores "dignos de tal nome" – dizia-se no poema –, mas para distingui-los seria preciso "ter a vista bem perspicaz: tanto reina ainda aqui mesmo a Estupidez". Sobre os estudantes de Leis, e José Bonifácio era um deles, observava-se que o único fruto que

---

7 Franco, *No reino das estupidez: poema.*

levavam era a "pedantaria, a vaidade e a indisposição de jamais saberem, enfarinhados unicamente em quatro petas do Direito Romano", não sabendo "nem o Direito Pátrio, nem o Público, nem o das Gentes, nem Política nem Comércio", nada que fosse útil, enfim. O poema denunciava ainda o atraso de Portugal em relação ao progresso de outros países, as arbitrariedades cometidas pela fidalguia, a falta de compostura do clero, o fanatismo, a incredulidade e a ignorância do povo em geral, condenando a submissão de Portugal aos estrangeiros:

> *Miserável nação! Que fielmente*
> *Os tesouros franqueia aos Estrangeiros*
> *Por chitas, por fivelas, por volantes*
> *E por outras imensas ninharias!*

Relatava, enfim, como a Estupidez fora introduzida na Academia.

É nessa universidade, "Reino da Estupidez" de onde a reforma pombalina não conseguira varrer, de todo, os modelos tradicionais, que José Bonifácio inicia-se nos autores da Ilustração, ampliando, ao mesmo tempo, seus conhecimentos dos clássicos.

Leitor incansável, José Bonifácio não se contentaria com o que lhe era ensinado na universidade. Suas notas dispersas hoje em vários arquivos e suas poesias estão, assim como suas cartas, cheias de referências a Rousseau, Voltaire, Montesquieu, Locke, Pope, Virgílio, Horácio, Camões, denotando uma formação humanista ampla e familiaridade com os autores da Ilustração, o que irá explicar mais tarde suas teorias políticas.

Embora continuasse a versejar, as preocupações científicas passaram ao primeiro plano, fixando-se seu interesse nos estudos de Mineralogia. Contando com o apoio do duque de Lafões, conseguiu, depois de formado, uma viagem de estudos pela Europa, viagem que se prolongou por dez anos, durante os quais prosseguiu os estudos acompanhando cursos de Química de Fourcroy, Lavoisier, Jussieu, fazendo estágios em regiões mineiras da Europa (Tirol, Estíria, Caríntia), viajando pela França, Alemanha, Áustria, Hungria, Suécia, Noruega, Dinamarca. Quem o encontrasse naquela época veria nele o jovem cientista interessado em mineralogia e jamais suspeitaria que vinte anos mais tarde viria ele a desempenhar importante papel na emancipação da colônia portuguesa na América.

Não obstante se especializasse em Mineralogia, as preocupações de José Bonifácio ultrapassavam esses limites. A formação humanística despertara-lhe o gosto por temas de História, Filosofia, Literatura, evidenciado em suas numerosas notas e apontamentos reunidos hoje em parte no Instituto Histórico e Geográfico do Rio de Janeiro, no Museu Paulista e no Instituto Histórico e Geográfico de São Paulo.

Na França esteve em plena Revolução, nos primeiros meses de 1791, guardando uma penosa impressão dos movimentos revolucionários e da agitação das massas. Entre os autores da Ilustração, iria se alinhar melhor ao lado de Voltaire e Montesquieu do que de Rousseau. Sua irreverência em matéria religiosa, sua desconfiança em relação às massas, sua pouca simpatia pelos regimes democráticos lembram as críticas de Voltaire ao clero em geral e seu horror à *canaille*. Seria um liberal, mas nunca um democrata. Suas ideias, aliás, acompanhavam de perto as de Melo Franco, ele também discípulo de Locke, Condillac, Helvetius e Cabanis, para quem a "licença de uma grande liberdade" era tão nociva quanto os despotismos. De Voltaire provavelmente lhe vinha a convicção manifesta por Melo Franco em um *Discurso recitado como vice-secretário da Academia Real de Ciências de Lisboa*, em 24 de junho de 1816, em substituição a José Bonifácio, quando afirmava que as sociedades são necessariamente compostas de opulentos, abastados e pobres, ideia que José Bonifácio teria certamente subscrito sem hesitação.[8]

José Bonifácio: o administrador e o cientista

De volta a Portugal, casado com uma irlandesa, Narcisa Emília O'Leary, viu-se acumulado de vários cargos e obrigações: professor da cadeira de Metalurgia de Coimbra, intendente geral

---

8 *Revista da Academia Real de Ciências de Lisboa.*

JOSÉ BONIFÁCIO: HOMEM E MITO

das Minas e Metais do Reino, membro do Tribunal de Minas, administrador das antigas minas de carvão de Buarcos e das fundições de ferro de Figueiró dos Vinhos e Avelar, diretor do Real Laboratório da Casa da Moeda, superintendente das obras de reflorestamento nos areais das costas marítimas, desembargador da Relação e Casa do Porto, superintendente do Rio Mondego e Obras Públicas de Coimbra, diretor das obras de encanamento e serviços hidráulicos, provedor da Finta de Magalhães.

Suas relações com altas personagens do governo, tais como o conde de Linhares, ministro de d. João VI, explicam em parte a indicação para tantas funções. O "brasileiro" José Bonifácio parecia, até os 56 anos de idade, perfeitamente integrado na vida pública portuguesa, ocupando altos cargos na administração, exercendo incessante trabalho intelectual e científico, publicando vários artigos em revistas especializadas de diversos países da Europa.[9] Dotado de imensa curiosidade intelectual, estava sempre estudando e escrevendo sobre os mais variados assuntos: história, geografia, filosofia, economia, ciências naturais, literatura. Tudo lhe interessava.[10]

A preocupação intelectual e o apego à ciência não o impediam de participar ativamente na administração e na política; ao contrário, enriqueceram-no de temas e motivos.

Como homem público, não se recusava a enfrentar crises políticas nem a assumir funções de liderança. Em 1808, quando as tropas francesas invadiram Portugal, motivando a fuga de d. João VI para o Brasil, José Bonifácio não abandonaria seu posto. Participaria do Corpo Voluntário Acadêmico, com o fito de defender o território do ataque estrangeiro. Não satisfeito com essa atividade, poria em prática seus conhecimentos de Química, colaborando no fabrico de munições. Acompanhou em pessoa as ações militares, ocupando sucessivamente o posto de major, tenente-coronel e comandante; participou do Serviço Secreto e colaborou na construção de fortificações. Seu patriotismo, conhecimento e valor foram muito elogiados pelos setores

---

9 Falcão (org.), *Obras científicas, políticas e sociais de José Bonifácio de Andrada e Silva*.

10 Manuscritos existentes no Instituto Histórico e Geográfico Brasileiro.

governamentais. Era, aos olhos de todos, um bom português, fiel a Portugal e ao príncipe.

Em Portugal estaria ainda quando seu irmão, Antônio Carlos, ouvidor em Pernambuco, se viu envolvido na revolução que aí estourou em 1817, sendo preso como um dos conspiradores que, aos gritos de "Viva a Pátria" e "Viva a Liberdade", tentaram implantar um regime republicano no Brasil.

Em Portugal, José Bonifácio era testemunha dos descontentamentos crescentes resultantes da permanência de d. João VI no Brasil, agravados depois da derrota napoleônica. As progressivas vantagens oferecidas à colônia desde a abertura dos portos, em 1808, e os privilégios concedidos aos ingleses pelo Tratado de 1810, que prejudicara os negócios de Portugal, irritavam os portugueses que viam suas atividades comerciais decair rapidamente.

Até a vinda da Corte, o comércio internacional português realizara-se em sua maior parte com o Brasil. Portugal, além de consumidor, era o entreposto da distribuição de todo o comércio exterior da colônia. Não obstante o crescente contrabando, mantinha ainda até aquela data uma situação privilegiada, em virtude do sistema de monopólios. Lucravam os navios portugueses, com os fretes marítimos; as alfândegas, com as importações dos produtos coloniais e a exportação das manufaturas estrangeiras; os comissários portugueses, com o armazenamento e a revenda dos produtos. Todo esse esquema desmoronara com a abertura dos portos e os tratados de comércio. De pouco tinham valido aos portugueses as medidas tomadas por d. João VI, que tentava garantir seus privilégios quer favorecendo produtos transportados em barcos portugueses, quer oferecendo vantagens para importação de vinhos, azeite e outros artigos fabricados em Portugal ou em suas colônias. Sem resolver satisfatoriamente o problema dos portugueses, as medidas que tentavam salvaguardar seus privilégios provocavam o descontentamento dos brasileiros.

Em Portugal, a crise afetava não apenas os setores mercantis, mas toda a produção incapaz de fazer frente à concorrência da Inglaterra, onde a introdução da máquina revolucionava a produção, lançando as bases da grande indústria.

Para os portugueses, todos os males pareciam resultar da permanência da Corte portuguesa no Brasil e da autonomia

JOSÉ BONIFÁCIO: HOMEM E MITO   37

relativa concedida à colônia. Acreditava-se em Portugal que a volta de d. João acarretaria a anulação das regalias concedidas ao Brasil e o restabelecimento do pacto colonial rompido. Não se contava com a oposição dos coloniais e dos ingleses, eles próprios beneficiários da nova situação.

Enquanto em Portugal os descontentamentos se acumulavam, no Brasil as contradições da política de d. João VI, anulando monopólios e privilégios antigos, favorecendo a liberalização da economia ao mesmo tempo que criava novos privilégios na tentativa de garantir os interesses dos portugueses, provocavam descontentamentos. O predomínio dos reinóis nos quadros administrativos reforçava os ressentimentos.

O impulso dado à economia a partir da abertura dos portos contribuía para tornar mais aparente o caráter obsoleto das instituições coloniais remanescentes, multiplicando os pontos de atrito e aumentando os motivos de insatisfação. As restrições à livre circulação, criadas pelas barreiras antepostas ao tráfico interprovincial, a exploração das populações locais favorecida pelos numerosos estancos ainda remanescentes, a prepotência dos funcionários portugueses, as exações fiscais que alguns usufruíam, a venalidade e morosidade da justiça, tudo gerava tensão e desagrado.

As ideias liberais, que no Brasil tinham encontrado adeptos nos movimentos revolucionários dos fins do século XVIII, ganhavam novas adesões. A Revolução de 1817 em que se vira envolvido o irmão de José Bonifácio revelava a gravidade da situação. Realizada sob o influxo das reivindicações liberais, não ocultava o sentimento antiportuguês que a motivara. A repressão violenta não seria suficiente para conter as nascentes aspirações de autonomia.

O eco dos acontecimentos chegava a Portugal, onde José Bonifácio ainda permanecia. Em 1816, em uma longa petição em que enumerava os serviços prestados, solicitava ao príncipe permissão para voltar ao Brasil, o que só obteria em outubro de 1818.[11] A 24 de junho de 1819, despedindo-se de seus consortes

---

11 Souza, *José Bonifácio 1763-1838*, p.84 (2.ed., p.131 ss.).

na Academia de Ciências de Portugal, comunicava-lhes que partia para o "novo Portugal" onde nascera. A essa altura, visto de Portugal, o Brasil ainda lhe parecia uma extensão natural do reino. Mais tarde tentaria salvaguardar a integridade do Império português, diante da iminência de uma secessão, só renunciando à ideia quando os fatos demonstraram claramente a impossibilidade de resguardar a autonomia administrativa relativa que o Brasil conquistara, preservando-se a união Brasil e Portugal.

Voltava ao Brasil aos 56 anos, acompanhado de sua mulher, a irlandesa Narcisa Emília O'Leary, a quem no seu dizer a natureza não dera cabeça fria e nervos robustos, mas que os teria para aceitar uma filha natural do marido que recebeu recém-nascida, ajudando a criar e que levaria seu nome, Narcisa Cândida, certamente em homenagem à sua complacência. Fazia-se acompanhar ainda de outra filha, Gabriela Frederica, e de sua valiosa biblioteca, cerca de 6 mil volumes.[12] Chegando ao Brasil, preferiu localizar-se em Santos, sua terra natal, onde vivia ainda parte de sua família, a fixar-se na Corte, junto das intrigas palacianas. Instalado em Santos, prosseguiu nos estudos científicos, realizando em 1820, em companhia do irmão Martim Francisco, uma viagem pelo interior de São Paulo, anotando observações e redigindo uma *Memória econômica e metalúrgica*,[13] na qual fez duras críticas à direção da Fábrica de Ferro Ipanema, administrada na ocasião por Frederico Varnhagen, pai do futuro historiador visconde de Porto Seguro. A seguir, redigiu um relatório sobre a situação das salinas. Em 18 de agosto de 1820, recebeu o título de conselheiro da Coroa.

O ano de 1820 traria uma profunda mudança no panorama político. Em janeiro eclodia na Espanha a Revolução Liberal. D. João VI, alertado por seus conselheiros, apressou-se em decretar várias medidas beneficiando os comerciantes portugueses.[14] As medidas não foram suficientes para deter a revolução. Em

---

12 Ibid., p.131 ss.

13 Andrada e Silva; Francisco, *Viagem mineralógica na província de São Paulo*, p.217-36.

14 Costa, Introdução ao estudo da emancipação política do Brasil. In: *Brasil em perspectiva*, p.90.

agosto de 1820, ela estourava na cidade do Porto. Constituíram--se as Cortes, exigiu-se a promulgação de uma Constituição e a volta do príncipe.

Os acontecimentos repercutiram no Brasil, onde se multiplicaram as adesões à revolução constitucionalista do Porto. Portugueses e brasileiros, comerciantes, fazendeiros, funcionários da Coroa e militares portugueses aderiram à revolução pelos mais diversos, e por vezes contraditórios, motivos. Uns, identificados com os interesses metropolitanos, apoiavam a revolução na esperança de restabelecer o pacto colonial rompido, outros viam nela uma conquista liberal que poria por terra o absolutismo e garantiria a ampliação das liberdades conquistadas.

A despeito de ter se realizado em nome de princípios liberais, insurgindo-se contra o absolutismo real e pleiteando o estabelecimento de um governo constitucional, a revolução assumiu em Portugal um sentido antiliberal, na medida em que pretendia anular as concessões liberais feitas por d. João ao Brasil.

No Rio de Janeiro, a 26 de janeiro, diante da resistência de d. João em atender às solicitações das Cortes portuguesas, houve um pronunciamento militar acompanhado de manifestações de rua, culminando no compromisso assumido pelo regente de aceitar e fazer cumprir a constituição que as Cortes viessem a votar. As Câmaras de todo o país foram convidadas a proceder a igual juramento. Simultaneamente foram dadas instruções para a eleição de deputados brasileiros que deveriam representar o Brasil junto às Cortes de Lisboa.

D. João VI resolveu finalmente voltar a Portugal, deixando como regente o príncipe d. Pedro.

Enquanto esses episódios se sucediam no Rio de Janeiro e se organizavam por todo o país juntas governativas, procedendo--se ao juramento da Constituição, a maioria da população interiorana permanecia à margem do que se passava nos principais centros. As ideias liberais ou republicanas, como notara um viajante[15] que percorria o Brasil na época, não pareciam como-

---

15 Saint Hilaire, *Segunda viagem a São Paulo e quadro histórico da província de São Paulo*, p.110 ss.

ver as populações interioranas que continuavam fiéis ao rei. No interior, o que contava era a opinião política do chefe local[16] e não as ideias políticas, em geral mal assimiladas. As populações votavam a favor da Constituição ou contra ela segundo as simpatias ou antipatias dos poderosos. Apenas nos centros maiores havia participação do povo, constituído por artesãos e pequenos comerciantes, soldados, caixeiros e outros, em sua maioria negros e mulatos, livres ou alforriados.

O caráter agrário da economia, não permitindo que se constituíssem núcleos urbanos numerosos, coincidindo as aglomerações mais importantes com os portos exportadores, não dera margem ao desenvolvimento de uma camada urbana análoga à burguesia europeia. Daí a especificidade do liberalismo brasileiro, cultivado pelas classes agrárias que levantavam a bandeira do liberalismo contra a metrópole em defesa da autonomia da colônia, procurando, ao mesmo tempo, preservar intatas as antigas relações de produção, sobre as quais assentava seu poderio.

José Bonifácio e a Junta Governativa de São Paulo

Em São Paulo, a 12 de março de 1821, o governador e o capitão geral João Carlos de Oyenhausen anunciaram o advento do regime constitucional. A 23 de junho, o "povo" paulista era convocado a toque de sino para proceder à escolha dos membros da Junta Provisória. José Bonifácio, por sua importância política e relevo social, foi convidado a presidir ao ato, sugerindo que a eleição se fizesse por aclamação, à medida em que os nomes fossem propostos. Não era bem um procedimento democrático o que propunha. Entre os nomes apresentados, José Bonifácio incluiu o de Oyenhausen, vetado pelos elementos radicais mais empenhados em romper com o ex-representante da administração portuguesa. José Bonifácio manifestava assim a intenção

---

16 Queiroz, *O mandonismo local na vida política brasileira (da colônia à Primeira República)*, p.216.

JOSÉ BONIFÁCIO: HOMEM E MITO 41

conciliatória que norteava sua atuação. Teve seu nome indicado para composição da junta, entrando dessa maneira para a história política do Brasil, na qualidade de membro da Junta Governativa de São Paulo, ao lado de outros representantes das várias "classes", tal como se entendia então: a militar, a comercial, a literária, a pedagógica, a agrícola.

Empenhando-se com o ardor que lhe era característico, José Bonifácio passou à relação das instruções que orientariam a bancada paulista, composta de seis deputados que iriam a Lisboa defender os interesses da província, entre os quais se destacava seu irmão Antônio Carlos.

O texto *Lembranças e apontamentos*,[17] subscrito por todos os membros e vogais do Governo Provisório de São Paulo e que serviu de diretriz para os deputados paulistas, tem sido em geral atribuído a José Bonifácio, dada a coincidência da matéria com seus pontos de vista emitidos em outras ocasiões. Longe de revelar intenção separatista, aceitava o princípio da integridade e indissolubilidade do Reino Unido, assegurada a igualdade de representação nas Cortes Gerais e Ordinárias. Tratava de ressalvar princípios liberais, procurando preservar as vantagens conquistadas pelo Brasil desde 1808, em particular a autonomia administrativa. Visando a tal objetivo, sugeria a instalação de um governo geral executivo no Reino do Brasil ao qual ficariam submetidas todas as províncias. Recomendava a criação de uma universidade, a multiplicação de escolas, a fundação no interior do país de uma cidade destinada a ser a sede do governo, com o fito de estimular o povoamento do sertão. Fazia ainda sugestões sobre o desenvolvimento da mineração, a civilização dos índios, a colonização, a emancipação dos escravos. Preconizava uma política de terras capaz de fazer voltar às mãos do Estado as terras doadas por sesmarias, que não se achassem cultivadas, constituindo latifúndios improdutivos. Reivindicava, finalmente, a igualdade de direitos políticos e civis entre cidadãos de Portugal e do Brasil, "quanto o permitissem a diversidade dos costumes e território e as circunstâncias estatísticas".

---

17 Falcão, op. cit., p.93-102.

O entendimento com as Cortes, que na ocasião da redação do texto parecia tão promissor, não tardaria em se revelar impossível. As Cortes declararam os governos provinciais desligados do Rio de Janeiro e subordinados diretamente a elas. Antes mesmo da chegada dos deputados brasileiros, decretava-se a transferência para Portugal do Desembargo do Paço, da Mesa de Consciência e Ordens, do Conselho da Fazenda, da Junta de Comércio, da Casa de Suplicação e várias outras repartições criadas na época da instalação da Corte no Brasil. As medidas atingiam em cheio a autonomia conquistada pelos brasileiros. As disposições que se seguiam não deixaram dúvidas quanto aos propósitos recolonizadores das Cortes. Como consequência, cresceu a tensão entre colônia e metrópole, pondo em risco a solução de compromisso almejada não só por José Bonifácio, como também pelos grupos dominantes em geral: proprietários de terras, traficantes de escravos, "capitalistas", funcionários administrativos, que encaravam com simpatia a instituição de uma Monarquia dual que concedesse relativa independência à colônia, mas mantivesse a unidade do Império intata.

Decretos de setembro e outubro determinaram a volta do príncipe regente a Portugal, nomeando para cada província um governador de armas na qualidade de delegado do Poder Executivo, independente das respectivas juntas administrativas locais. A fim de garantir a execução das medidas e prevenir movimentos de protesto, destacaram-se novos contingentes de tropas para o Rio de Janeiro e Pernambuco.

As medidas provocaram tumultos e manifestações de desagrado no Brasil. Ficara claro que as Cortes intentavam reduzir o país à situação colonial existente antes da transferência da Corte portuguesa para o Brasil.

Em Portugal, os deputados brasileiros, em minoria nas Cortes, não conseguiam fazer valer suas reivindicações, apresentadas sob a zoada das vaias dos portugueses, que não perdiam ocasião de manifestar antipatia pelos "mulatos brasileiros".

O Partido da Independência ganhou novas adesões. O temor das agitações populares e principalmente o receio de que qualquer situação revolucionária propiciasse revolta de escravos levariam os representantes dos grupos dominantes a acercarem-se do príncipe regente, na esperança de que este enfrentasse as Cortes portuguesas fazendo valer seus direitos, permanecendo no Brasil como garantia da ordem interna e da autonomia ameaçada. Favoráveis à Independência também se manifestariam os comerciantes estrangeiros, cujos privilégios se viam ameaçados com a perspectiva da recolonização e eventual restabelecimento dos monopólios.

Motivos diversos, por vezes contraditórios, radicalizados pela política levada a efeito pelas Cortes, contribuíram para reforçar o movimento em favor da Independência: velhos ódios raciais entre a população mestiça que se vira discriminada pela legislação e os "branquinhos do reino"; irritação dos contribuintes diante das exações fiscais da metrópole; descontentamento em face da justiça venal e morosa; repulsa à arbitrariedade dos administradores assim como às restrições, impostas por dispositivos coloniais caducos, ao livre funcionamento da economia; aspirações dos escravos e dos despossuídos de toda sorte à emancipação e à participação em termos mais equânimes na sociedade, os motivos mais diversos confundiam-se nas aspirações da Independência.

Desde outubro de 1821 começaram a aparecer pelas ruas do Rio de Janeiro panfletos denunciando as intenções recolonizadoras das Cortes e concitando o príncipe a assumir a direção do movimento em defesa da autonomia do país. Algumas juntas manifestaram-se no mesmo sentido. Entre elas a de São Paulo, que endereçou ao príncipe, em dezembro, uma carta fazendo críticas às decisões das Cortes e acusando-as de tentar escravizar o país e reduzi-lo à situação de colônia.[18] O movimento culminaria a 9 de janeiro, quando o príncipe decidiu desobedecer às ordens de Lisboa e permanecer no país.

Não se tratava de uma ruptura verdadeira, pois o gesto de desobediência foi saudado com gritos de "Viva as Cortes", "Viva a Religião", "Viva a Constituição", "Viva El-Rei Constitucional", "Viva o Príncipe Constitucional", "Viva a União de Portugal com o Brasil". Tentava-se ainda nesse momento salvaguardar a unidade.

A partir do Fico, a tensão entre metrópole e colônia agravou-se. O príncipe procurou apoio entre os homens de prestígio e

---

18 Ibid., p.221 ss.

de reconhecida fidelidade à Monarquia. José Bonifácio, por sua posição social, pelos serviços prestados à Coroa, experiência administrativa, conhecimentos e prestígio internacional, parecia o homem indicado para assessorá-lo. Fora ao Rio de Janeiro em companhia de três companheiros de São Paulo para entregar ao príncipe uma representação manifestando mais uma vez a repulsa de São Paulo às medidas decretadas pelas Cortes. Chegado ao Rio, tomou conhecimento do convite do príncipe, passando a partir de então a exercer as funções de ministro de Estado.

José Bonifácio no Ministério (primeira fase)

Assumia o cargo em um momento crítico. Três grupos disputavam a liderança dos acontecimentos: um deles, composto em sua maioria de comerciantes portugueses, ansiosos por restabelecer antigos privilégios e concentrados, quase todos, no Rio de Janeiro e em cidades portuárias do Norte e Nordeste do país, aos quais se juntavam militares e alguns funcionários da Coroa, decididos a apoiar a política das Cortes; um outro grupo, composto de brasileiros e portugueses recrutados entre os elementos mais poderosos em posses e empregos de representação: altos funcionários, fazendeiros, comerciantes ligados ao comércio internacional, principalmente inglês e francês, que almejavam a autonomia, embora encarassem com simpatia a fórmula da Monarquia dual, mas que, diante da impossibilidade dessa solução, aceitariam a ruptura definitiva com Portugal; finalmente, um terceiro grupo, visando à independência, composto de elementos mais radicais e democratas, na maioria ligados a atividades urbanas e setores médios da sociedade: farmacêuticos, jornalistas, ourives, médicos, professores, pequenos comerciantes, escalões inferiores do Exército, padres, que sonhavam com um regime republicano à semelhança dos países da América. Este último grupo viu-se enfraquecido a partir do momento em que se ofereceu a possibilidade de realização da independência sob a direção do príncipe. Não foram poucos os que, como Antônio Carlos, irmão de José Bonifácio e ex-revolucionário de 1817, se sentiram à vontade para adotar em 1822 a solução monárquica,

JOSÉ BONIFÁCIO: HOMEM E MITO

que oferecia a garantia de uma revolução de cima para baixo, dispensando grande mobilização popular.

Aliança de José Bonifácio com os grupos conservadores

Em meio às tendências antagônicas, José Bonifácio se colocaria ao lado do Partido Monarquista, aliando-se aos grandes proprietários de terras, senhores de escravos, altos funcionários. Essa aproximação se explica tendo em vista o horror que votava às revoluções de massa, ao que considerava excessos de liberdade, sua antipatia invencível pelas soluções democráticas que o levariam a escrever, em certa ocasião, com a veemência que o caracterizava:

> Nunca fui nem serei realista puro, mas nem por isso me alistarei jamais debaixo das esfarrapadas bandeiras da suja e caótica Democracia. [...] Minha constituição não é a sua e serei sempre o que quiserem, contanto que não seja o que eles são: nem corcunda nem descamisado.[19]

A aliança de José Bonifácio com os elementos mais conservadores, cujos interesses interpretava ao propor a solução monárquica, ao sugerir eleições indiretas, ao tentar reprimir as agitações através de um esquema rígido de segurança, era uma aliança precária, tendo em vista suas opiniões favoráveis à emancipação gradual dos escravos e contrárias à posse improdutiva da terra, assim como sua antipatia pelos títulos de nobreza tão almejados pela maioria dos proprietários de terra e prestigiosos comerciantes. Nos primeiros tempos, no entanto, diante da atitude ameaçadora do Partido Português e das Cortes, as divergências foram minimizadas e todos se uniram em torno de José Bonifácio e do príncipe contra o inimigo comum.

---

19 Neiva, *Resumo biográfico de José Bonifácio de Andrada e Silva, o Patriarca da Independência do Brasil*, p.249.

José Bonifácio e a convocação da Constituinte

A 16 de fevereiro convocava-se um Conselho e procuradores gerais das províncias do Brasil, com o fito de analisar as decisões das Cortes e examinar sua aplicabilidade ao Brasil, bem como promover, dentro dos limites impostos pelo Poder Executivo, as reformas e melhoramentos necessários à prosperidade e ao desenvolvimento do território brasileiro. A seguir, um decreto proibiu o desembarque de tropas provenientes de Portugal e, diante da agitação das tropas sediadas no Rio de Janeiro, determinou-se sua saída para Portugal. Em maio baixaram-se ordens para que não se desse execução a nenhum decreto das Cortes portuguesas sem a autorização prévia do príncipe. A 13 de maio, este recebia do Senado da Câmara do Rio de Janeiro o título de defensor perpétuo do Brasil.

Enquanto a adesão do Rio de Janeiro à causa do príncipe parecia inquestionável, as resistências apareciam em outros pontos do país, principalmente nas províncias do Norte, onde se concentravam comerciantes e tropas portuguesas; José Bonifácio, consciente das resistências, procuraria, de todas as maneiras, ganhar o apoio dessas províncias, enviando emissários com a incumbência de aliciar entre as categorias dominantes elementos que oferecessem o apoio necessário.

Para enfrentar as tropas do general Madeira sediadas na Bahia, que se recusavam a obedecer às ordens do príncipe, José Bonifácio contratou os serviços do general francês Pedro Labatut, que servira na guerra peninsular e se alistara nos exércitos revolucionários da América, colaborando na campanha da Colômbia com Bolívar, com quem acabou se desentendendo, indo para as Antilhas, depois para a Guiana Francesa e, finalmente, para o Rio de Janeiro. No Brasil, Labatut chefiaria o chamado exército pacificador, assumindo o posto de brigadeiro, a 3 de julho de 1822.

Nas províncias de São Paulo e Minas também se manifestavam algumas resistências. Na primeira, elas se concentravam em torno do antigo capitão geral: Oyenhausen. Um levante em Santos, conhecido como a Bernarda de Francisco Inácio, até hoje pouco esclarecido, mas visando, ao que parece, a fazer oposição aos Andradas, foi violentamente reprimido por José Bonifácio.

JOSÉ BONIFÁCIO: HOMEM E MITO 47

As agitações no Rio foram igualmente reprimidas com rigor, acarretando várias prisões de elementos portugueses e de indivíduos conhecidos por suas ideias radicais. No Rio de Janeiro trabalhava-se pela convocação de uma Constituinte. O Senado da Câmara, a 23 de maio de 1822, fazia uma representação ao príncipe, pedindo a convocação da Assembleia Geral das Províncias com o objetivo, entre outros, de verificar a viabilidade de aplicação ao Brasil da Constituição elaborada pelas Cortes de Lisboa, estabelecer as emendas, reformas ou alterações necessárias e deliberar sobre as justas condições com que o Brasil deveria permanecer unido a Portugal. Aproveitava-se a ocasião para mais uma vez protestar contra as Cortes, referindo-se ao

devastador projeto de se tornar a fazer de Lisboa o empório exclusivo do comércio do Brasil [...] com a ruína certa de nossa agricultura, oposição ao levantamento de nossas fábricas e violenta infração da propriedade de nossos lavradores que um direito inviolável tem de vender os gêneros de sua colheita a quem lhes oferecer melhor mercado.

Atendendo à representação dos procuradores gerais no mesmo sentido, d. Pedro decretou, a 3 de junho de 1822, a convocação da Constituinte. Não era oficialmente ainda uma proclamação de Independência, pois se procurava ressalvar a união com a "Grande Família Portuguesa", em verdade difícil de ser mantida a essa altura depois de todos os atos de desrespeito às ordens das Cortes. José Bonifácio assinara a representação juntamente com outros procuradores.[20] Pouco confiante, no entanto, na capacidade deliberativa das Assembleias Constituintes, organizadas segundo princípios democráticos, ambicionando um voto qualificado que permitisse aos homens de cultura e conhecimento o controle do poder da nação, um governo de "sábios e honrados", José Bonifácio, ao que parece, relutara em convocá-la. Não faltou na época quem espalhasse tê-lo ouvido dizer: "Hei de enforcar

---

20 Manuscritos do Arquivo Nacional, *Atas do Conselho de Estado*, caixa 295.

48   BRASIL: HISTÓRIA, TEXTOS E CONTEXTOS

esses constitucionais na Praça da Constituição". Verdadeiros ou não, os boatos contribuíram para ampliar a distância entre José Bonifácio e o grupo radical liderado por Gonçalves Ledo, que inutilmente tentara no Conselho de Procuradores fazer passar o princípio da eleição direta, apresentando-a como a única forma realmente democrática de eleição. A proposta de José Bonifácio sugerindo eleição indireta sairia, no entanto, vitoriosa.

A decisão de 19 de junho de 1822, estabelecendo as condições de recrutamento do eleitorado, revelam a intenção classista que a inspirava. Concedia-se o direito de voto a todo cidadão casado ou solteiro de mais de vinte anos que não fosse filho-família, excluídos também os que recebessem salários ou soldadas, com exceção dos caixeiros de casas de comércio, os criados da Casa Real que não fossem de galão branco e os administradores das fazendas rurais e fábricas. Impedidos de votar ficavam também os religiosos regulares, os estrangeiros não naturalizados e os criminosos. Votavam, no entanto, os analfabetos.[21] Não obstante, essas disposições eram nitidamente mais democráticas do que as que serão adotadas mais tarde, fixando um imposto mínimo para a qualificação dos votantes eleitores e deputados.

Logo após a convocação da Assembleia, José Bonifácio fez baixar vários atos visando garantir a autonomia. A 21 de junho de 1822 impunha-se como condição para admissão a cargo público o juramento prévio à causa da União e Independência do Brasil. A 5 de agosto recomendava-se aos governos provinciais que não dessem posse a funcionários nomeados em Portugal. Dias antes o príncipe decretara que as tropas portuguesas que tentassem desembarcar sem sua ordem seriam daí por diante consideradas inimigas.

Os atos do governo repercutiram como declaração de guerra em Portugal. Os Andradas passaram a ser considerados traidores. Uma publicação de 1822, "Reforço patriótico ao censor lusitano na interessante tarefa de que se propôs de combater os periódicos", chamava-os de infames conselheiros, "pérfidos e indignos sátrapas da família dos Bonifácios". Era tarde para recuos. José Bonifácio

---

21 Falcão, op. cit., p.256.

e d. Pedro estavam na proa do movimento que cada vez mais se radicalizava e não havia como voltar atrás.

Com energia, José Bonifácio se aplicou na tarefa de reprimir tanto as agitações promovidas pelos elementos do "Partido Português" – "pés de chumbo" e "corcundas", como os chamava –, elementos contrários ao príncipe e à causa da Independência quanto as reivindicações dos liberais que ultrapassavam os limites que lhe pareciam corretos: os "demagogos", "anarquistas", aqueles que mais tarde na Assembleia Constituinte chamaria de "mentecaptos revolucionários". Aumentou o número de espias da política, mandou vigiar casas, apreender panfletos, prender jornalistas, criando um foro especial para julgamento de crimes de imprensa, sugerindo que a marcha do processo obedecesse ao rito dos Conselhos Militares. Tais medidas antagonizaram-no mais ainda com os setores radicais que passaram abertamente à oposição, castigando-o pela imprensa, disputando-lhe a simpatia do príncipe, intrigando-o sempre que possível. Até a Independência, no entanto, o conflito permaneceria no segundo plano, vindo à tona logo após sua proclamação.

José Bonifácio procura apoio dos governos estrangeiros

Convencido da necessidade do apoio das potências europeias, José Bonifácio desenvolveu intensa atividade junto às embaixadas, procurando captar as simpatias dos governos estrangeiros. Em um manifesto redigido por ele, em nome do príncipe e dirigido às nações amigas, garantia-lhes que seus interesses seriam respeitados. Nomeou representantes brasileiros junto aos governos de Londres, Paris, Washington, Argentina.

Desde o Congresso de Viena, as grandes potências reunidas na Santa Aliança tinham se comprometido a repelir os movimentos revolucionários que eclodissem na Europa e na América, o que pairava como uma ameaça sobre o Brasil. José Bonifácio esperava contar com a neutralidade na intervenção da princesa Leopoldina, de quem se tornara grande amigo. Confiando na atuação da princesa, não deixava, entretanto, de fazer seu jogo junto ao

BRASIL: HISTÓRIA, TEXTOS E CONTEXTOS

embaixador austríaco, procurando conquistar-lhe as simpatias, tranquilizando-o sobre o futuro da Monarquia, ao mesmo tempo que ameaçava acenando com a possibilidade da formação de uma Liga dos países americanos. Apreensivo, informava o embaixador austríaco aos seus superiores que ouvira o sr. Andrada dizer, diante de vinte pessoas, que era necessário constituir uma Grande Aliança ou Federação Americana com inteira liberdade de comércio entre os países e, se a Europa resistisse, fechar-se--iam os portos e adotar-se-ia o sistema da China.[22] Não se tratava apenas de ameaças, José Bonifácio pensava realmente assim. Por isso, deu instruções a Antônio Manuel Correia da Câmara, nomeando-o cônsul em Buenos Aires, recomendando-lhe que fizesse sentir as "utilidades incalculáveis" que poderiam resultar de uma Confederação ou Tratado defensivo que permitisse à Argentina e ao Brasil, aliados a outros governos da América espanhola, se oporem aos manejos da política europeia.[23] No mesmo sentido dirigiria uma carta a Rivadávia, conclamando todos os governos da América a se unirem contra as pretensões da Europa. Não menos audaciosa era a linguagem que usava com o enviado inglês, ao qual assegurava que o Brasil desejava viver em paz com todas as nações estrangeiras, mas jamais consentiria que estas interferissem nos negócios internos do país. Sonhos audaciosos, para quem, apoiando-se nos proprietários de terra e comerciantes estrangeiros, pretendia, em um país de economia tipicamente dependente, cuja única fonte de riqueza provinha da exportação de produtos coloniais, fechar os portos à Europa, seu principal mercado, ou impedir a interferência de nações poderosas como a Inglaterra, de onde lhe vinham não só as manufaturas mas também o capital. Suas veleidades esbarrariam na resistência dos interesses estrangeiros solidamente ancorados no Brasil, onde encontravam apoio no seio das categorias dominantes ligadas a atividades agrárias e ao comércio de exportação.

---

22 Correspondência do barão Wenzel de Mareschall, agente diplomático da Áustria no Brasil. *Revista do Instituto Histórico e Geográfico Brasileiro*, t.80, p.65.

23 Neiva, op. cit., p.117-8.

Os acontecimentos ocorridos no Brasil repercutiram em Portugal, onde circulavam os mais desencontrados boatos e se sugeria que fossem tomadas medidas drásticas determinando a volta imediata do príncipe. Nos derradeiros dias de agosto chegaram ao Brasil notícias das últimas decisões das Cortes, que reduziam o príncipe à situação de delegado temporário das Cortes, com secretários de Estado nomeados em Lisboa, circunscrevendo-se sua autoridade às províncias onde ela se exercia ainda de forma efetiva e mandando processar quantos houvessem procedido contra a política das Cortes.

Reunido o Conselho de Estado – sob a presidência da princesa Leopoldina, quando d. Pedro se achava em viagem por São Paulo –, tomou conhecimento das notícias chegadas de Portugal, anunciando o propósito de enviar tropas ao Brasil e contendo afirmações consideradas ofensivas ao príncipe. José Bonifácio escreveu ao príncipe, concitando-o à ação rápida. Já havia algum tempo o ministro vinha percebendo que a solução carinhosamente acalentada de uma Monarquia dual era impossível. Convencera-se afinal e não era dado a hesitações. Diante das últimas disposições das Cortes, nada mais havia a fazer senão proclamar o rompimento definitivo com Portugal. Era o que deveria ser feito e a isso concitava o príncipe.[24]

Lutas entre José Bonifácio e os liberais radicais

A proclamação da Independência inaugurou uma fase nova para o ministro. Seus inimigos redobraram suas atividades, procurando intrigá-lo junto ao príncipe. A partir de então contariam com uma aliada poderosa, a futura marquesa de Santos, com quem d. Pedro iniciara uma ligação amorosa e que seria desde o primeiro momento inimiga decidida de José Bonifácio.

Os radicais conspiravam no Grande Oriente, tendo conferido a d. Pedro o título de grão-mestre em substituição a José Bonifácio, que até então ocupara o cargo.

---

24 Souza, op. cit., p.219-20.

Aliança de José Bonifácio com os conservadores

Desconfiado do "radicalismo" dos membros do Grande Oriente, José Bonifácio fundara o Apostolado, sociedade secreta que reuniria altos funcionários "capitalistas", fazendeiros, em sua maioria homens de meia-idade, formados em Coimbra, naturais de Minas e Bahia, elementos os mais representativos da aristocracia da época, que ocupariam, mais tarde, altos postos no governo. Destacam-se entre eles o conde da Palma, o visconde do Rio Seco, os futuros barões de São Gonçalo, Rio Bonito, o visconde de Cabo Frio, o futuro marquês da Praia Grande, Carneiro de Campos, Estêvão de Rezende, Clemente Ferreira França, José Egídio de Almeida, Nogueira da Gama, Silveira de Mendonça, mais tarde agraciados com títulos de nobreza, respectivamente marquês de Caravelas, Queluz, Valença, Nazaré, Santo Amaro, Sabará, e ainda o desembargador Veloso de Oliveira e o presidente do Banco do Brasil João Antônio Lisboa.

O compromisso assumido pelos membros do Apostolado obedecia à linha política de José Bonifácio e era de molde a angariar a adesão dos grupos dominantes interessados em realizar a Independência, mas desejosos de pôr um freio às reivindicações dos setores mais liberais. Juravam fidelidade ao Império constitucional, comprometendo-se a fazer oposição "tanto ao despotismo que o altera quanto à anarquia que o dissolve".[25]

Liderados por José Bonifácio, os homens do Apostolado, decididos a "manter a ordem", a impedir "os excessos do povo" assim como a agitação dos "anarquistas" e "comuneros", como chamavam aos liberais mais radicais, derrotaram com facilidade os grupos mais extremados, liderados por Ledo e Januário da Cunha Barbosa, que não contavam por sua vez com o apoio popular. Antes, no entanto, estes conseguiram infligir uma derrota ao ministro. Por solicitação de Ledo, d. Pedro mandou cessar a devassa instaurada por José Bonifácio contra os participantes da Bernarda Paulista e soltar os presos. José Bonifácio ameaçou renunciar, mas, atendendo à solicitação do príncipe, acabou

---

25 Costa, op. cit., p.131.

JOSÉ BONIFÁCIO: HOMEM E MITO 53

permanecendo no posto. O gesto do príncipe, no entanto, o desgostara e o ministro não tardaria em revelar seu ressentimento. Às vésperas da aclamação de d. Pedro como imperador do Brasil, Ledo e seus partidários, ao saírem do Senado, foram apupados e apedrejados por um grupo de populares, entre os quais se apontavam elementos tidos como agitadores profissionais. Atribuiu-se a agressão a José Bonifácio e ao Apostolado. D. Pedro foi aclamado imperador em 12 de outubro e, dias depois, o ministro investiu contra o grupo maçônico, seu adversário. Fez saber a Ledo que seria punido se insistisse em sua política. Mandou suspender a publicação do *Correio do Rio de Janeiro*, jornal da oposição, dando ordens a seu redator, J. Soares Lisboa, para que deixasse o país. Prosseguindo em sua política contra os "radicais", José Bonifácio obteve de d. Pedro autorização para fechar temporariamente o Grande Oriente.

Os inimigos do ministro reorganizaram-se, centrando sua ação em torno do príncipe que, pressionado, voltou atrás, mandando abrir a maçonaria e cancelando a ordem de deportação de J. Soares Lisboa. Sentindo-se desprestigiado, José Bonifácio apresentou sua demissão, sendo acompanhado nesse ato por Martim Francisco, que ocupava o Ministério da Fazenda.

Os adeptos de José Bonifácio promoveram uma manifestação, levantando parte da população do Rio de Janeiro e exigindo a reintegração dos Andradas no Ministério. Por trás do movimento estava o Apostolado. Manifestos e proclamações foram espalhados pelas ruas da cidade, apresentando os ministros demissionários como vítimas da conspiração dos radicais, inimigos do trono. De algumas províncias vieram manifestações em favor dos Andradas. A luta era apresentada aos olhos da opinião pública como uma disputa entre liberais, liderados por Ledo, inimigos da Monarquia constitucional, e José Bonifácio, aliado do trono e adepto da Monarquia constitucional. Não faltou quem na época qualificasse o grupo de Ledo de democrata. Na realidade, porém, embora Ledo fosse mais liberal do que José Bonifácio, no que diz respeito ao sistema de eleições, por exemplo, nunca chegou verdadeiramente a ser um democrata. Isso fica provado pelos comentários publicados no *Revérbero Constitucional*, jornal que representa seu ponto de vista. Esse afirmava, por exemplo, por ocasião do

54 BRASIL: HISTÓRIA, TEXTOS E CONTEXTOS

Fico, que "o Brasil, adotando o príncipe, adotou o partido mais seguro, vai gozar dos bens da liberdade, sem as comoções da democracia e sem as violências da arbitrariedade". Por outro lado, a oposição que o grupo de Ledo fazia à Monarquia não era tão fundamental. Visava apenas cercar o poder real e submetê-lo ao Parlamento. Tanto é assim que, mais tarde, acomodaram-se à ordem monárquica. Durante a Regência, outros grupos mais radicais passaram a fazer-lhes oposição, em nome de um liberalismo mais democrático, criticando o latifúndio, o trabalho escravo, a aristocracia e os privilégios.[26]

A imagem forjada nas lutas pela liderança política na época da Independência fixou-se, no entanto, na história que consagrou o grupo de Ledo como líder dos setores liberais e democratas, inimigos do trono.

Pressionado pelo Apostolado e pela agitação desencadeada, d. Pedro não tardou em solicitar a José Bonifácio e a seu irmão que reassumissem os cargos no Ministério.[27]

Uma representação "popular", solicitando a d. Pedro a volta do ministro ao poder, afirmava ser ele considerado o terror dos "tenebrosos e incendiários partidos" que levariam a desunião às províncias do país, nas quais reinava, em algumas, a aristocracia, em outros a democracia e, em todas, a confusão, o despotismo, a desolação e a guerra civil.

Azeredo Coutinho, membro do Conselho de Estado, historiando os acontecimentos, acusava o partido "democrata", "inimigo do trono", de tramar contra José Bonifácio.[28] Depoimentos desse tipo serviram para reforçar a imagem de que Ledo e seu grupo representavam o grupo democrata e liberal, na época da Independência.

Reintegrado no ministério, sentindo-se apoiado pelo príncipe e por uma parcela da opinião pública que se manifestara ruidosamente em seu favor, José Bonifácio investiu novamente contra o grupo de Ledo. Prisões, deportações, devassas, penas de exílio

---

26 Veja, por exemplo, os periódicos *Nova Luz Brasileira* e *Jurujuba dos Farroupilhas*, ambos representativos da ala liberal radical.

27 Falcão, op. cit., p.15.

28 Manuscritos do Arquivo Nacional, *Atas do Conselho de Estado*, caixa 295.

para José Clemente Pereira, Januário da Cunha Barbosa, Pereira da Nóbrega e Gonçalves Ledo, "furiosos demagogos e anarquistas" que, na sua opinião, punham em risco a ordem pública, foram as primeiras medidas tomadas pelo ministro.

Rompia publicamente com os "radicais" apoiando-se mais uma vez no Apostolado: "clube de aristocratas servis", no dizer de frei Caneca, liberal extremado, ex-revolucionário de 1817, anos mais tarde envolvido na Confederação do Equador (1824), preso e condenado à morte.

José Bonifácio, no entanto, não tardaria a se incompatibilizar com seus aliados do Apostolado.

O ideário político de José Bonifácio

Tendo vivido mais de trinta anos na Europa, identificara-se em vários aspectos com o pensamento ilustrado, assimilando a visão crítica da burguesia europeia, condenando o latifúndio improdutivo, o trabalho escravo, valorizando o trabalho livre e a mecanização. Da Ilustração também lhe viera um acentuado anticlericalismo, sua confiança na eficácia da educação como meio de transformação da sociedade, incluindo-se a educação feminina, sua aversão aos privilégios e títulos de nobreza e a todas as formas de absolutismo. Não daria nunca sua adesão às soluções revolucionárias, encarando com desconfiança o que considerava "excessos de liberdade". O chefe de Estado, a seu ver, devia ser menos um líder revolucionário, um representante do povo, do que um déspota esclarecido, e menos um déspota esclarecido do que um monarca constitucional. Em uma carta ao conde de Funchal, datada de 30 de julho de 1813, lamentando-se da situação em que vivia Portugal, que compara ao Inferno de Dante, criticava o obscurantismo, a corrupção, a deficiência da moralidade dos costumes e das instituições. Advertia ao amigo do ambiente que encontraria na Corte do Rio de Janeiro: "Dinheiros, títulos, roliços heróis, gritam em cardume os nossos portugueses; renda no erário e novos impostos, os nossos estadistas; ignorância passiva, os nossos sátrapas", e mais adiante lembrava ao amigo que iria viver entre "cafres" e o jeito era "alumiá-los e humanizá-los". Já nessa carta de

56 BRASIL: HISTÓRIA, TEXTOS E CONTEXTOS

1813 confessava suas dúvidas quanto à possibilidade de reunir em um corpo político homogêneo elementos tão heterogêneos como brancos, mulatos, pretos livres e escravos, índios etc., referindo-se à escravidão como "um cancro" que ameaçava o Brasil.[29] Toda a sua vida se regeria por esse quadro de valores. Abominava os "extremos" da República, não desejando tampouco um governo absolutista. Por isso se oporia em 1823 ao imperador como se opusera às intenções republicanas de Ledo e Januário da Cunha Barbosa. "A Monarquia absoluta é, na realidade, uma aristocracia encoberta,[30] por isso tem todos os males do despotismo e da aristocracia", escrevia ele. Louvava a liberdade, em prosa e verso: "A liberdade é um bem que não se deve perder senão com o sangue".[31] Para garantir a liberdade, imaginava um regime constitucional nos moldes da Grã-Bretanha, mas sem esquecer que a "bondade de qualquer constituição é que esta seja a melhor que a nação possa e queira receber". Assim, as melhores instituições absolutamente não são as melhores relativamente: "Tudo é filho do tempo e das luzes".[32]

Duvidava das possibilidades de funcionamento de um regime constitucional no país em vista do atraso do povo. Quando se discutira a convocação da Constituinte, confessara a Mareschal, ministro austríaco, sua dúvida de que fosse possível reunir cem homens aptos para exercer "criteriosamente" suas funções, lamentando maliciosamente não poder importá-los de fora, engajando-os na Áustria ou na Suíça como fizera com os soldados mercenários.[33]

Como será possível governar debaixo de uma Monarquia constitucional a um país dividido em províncias distantes e isoladas, com costumes e prevenções diversas e com povoação heterogênea e dispersa? Donde sairão, de um povo, pobre e arruinado pela es-

---

29 Viana, Correspondência de José Bonifácio, 1800-1820. In: Estudos sobre José Bonifácio de Andrada e Silva, p.122-4.

30 Souza, O pensamento vivo de José Bonifácio, p.61.

31 Ibid., p.128.

32 Ibid., p.117.

33 Neiva, op. cit., p.115.

JOSÉ BONIFÁCIO: HOMEM E MITO 57

cravidão e guerras, o ouro necessário para satisfazer o luxo de uma
Corte e uma nobreza nova e sem cabedais? Onde estão os palácios
e ainda as estradas por onde rodem as carroças da Casa Imperial?[34]

Não obstante essas restrições, veria na Monarquia constitucional a única saída para o país composto de senhores e escravos
e ameaçado, a seu ver, pelo radicalismo de pequenos grupos.
Temeroso das mudanças bruscas e radicais, mas confiante
no "progresso do espírito humano", não seria avesso às transformações lentas e progressivas. "Os que se opõem às reformas",
escreveria ele, criticando os adeptos do *status quo*, "por nímio
respeito da antiguidade", por que

> não restabelecem a tortura, a queima de feiticeiros etc.? Seriam
> nossos pais culpáveis para com seus antigos quando adotaram o
> Cristianismo e destruíram a escravidão na Europa? Não era isso
> abandonar a antiguidade para ser moderno? E por que não apro-
> veitaremos nós as luzes do nosso tempo, para que nossa posteridade
> tenha também uma antiguidade que de nós provenha, mas que
> o deixe de ser, logo que o progresso do espírito humano assim o
> exigir?[35]

E em outra ocasião: "Nas reformas deve haver muita pru-
dência, se conhecer o verdadeiro estado dos tempos, o que estes
sofrem que se reforme, e o que deve ficar do antigo. Nada se deve
fazer aos saltos, mas tudo por graus, como obra da Natureza".[36]

Adepto da liberdade, não avançaria muito em seu liberalismo,
cujo limite era dado pelas reivindicações da "suja e caótica democracia", como dizia. Imaginava um corpo eleitoral do qual ficariam
excluídos os "assalariados", "os que vivem de soldada", como se
dizia então. Preconizava o sistema de eleição indireta, almejava
o voto qualificado "dos homens sábios e honrados".

Na Assembleia Constituinte, combateria os que se apega-
vam aos princípios metafísicos sem conhecimento da "natureza

---

34 Manuscrito do Instituto Histórico e Geográfico Brasileiro, doc. 4864.
35 Souza, op. cit., p.131-2.
36 Neiva, op. cit., p.61 e 103; Souza, op. cit., p.133.

humana", responsáveis, em seu entender, pelos horrores cometidos na França, onde as constituições nem bem aprovadas eram
logo rasgadas, e na Espanha e em Portugal, "nadando em sangue". Preconizava uma constituição "que nos dê aquela liberdade
de que somos capazes, aquela liberdade que faz a felicidade do
Estado e não a liberdade que dura momentos e que é sempre
a causa e o fim de terríveis desordens". Não cederia aos argumentos daqueles que procuravam mostrar-lhe que os excessos
cometidos na França vinham menos das constituições liberais e
mais dos privilégios que lutavam para sobreviver, menos dos que
lutavam por manter as liberdades do que aqueles que temiam
ver reduzidos seus privilégios. Não se abalaria com as acusações
que lhe eram feitas pelos liberais de que com sua política estava
na prática defendendo os "fautores do despotismo", ao invés de
representar os interesses do povo que o elegera. Entre os riscos
do absolutismo e do radicalismo, faria sua opção apoiando até
onde pôde o imperador, mas entrando em conflito com este,
quando, no exercício do poder, ultrapassou os limites que lhe
pareceram constitucionais.[37]

Seu programa político filiava-se a uma posição conservadora,
consentânea com os interesses dos grupos rurais, igualmente interessados no estabelecimento de um regime monárquico no qual o
poder real ficasse limitado pelo compromisso constitucional e pela
atuação do Legislativo, recrutado pelo povo qualificado. Divergia
apenas quanto à fixação dos limites do poder real. As oligarquias
rurais, aliadas aos elementos mais liberais, nessa questão, consideravam imprescindível limitar o poder real, submetendo-o à
hegemonia do Legislativo que poderiam facilmente controlar.
Interpretando o ponto de vista burocrático, José Bonifácio preten-
deria reforçar o poder do rei, receando o governo das oligarquias.

O radicalismo de José Bonifácio

Se seu programa político aproximava-o mais dos conservadores do que dos liberais, seu programa social e econômico

---

37 *Anais da Assembleia Constituinte de 1823*, t.I, p.26.

afastava-o dos conservadores, colocando-o ao lado dos liberais mais extremados que na prática política perseguia e na teoria não raro ultrapassava. Embora jamais chegasse a aceitar a apologia revolucionária e democrática da *Nova Luz Brasileira*, jornal contundente aparecido em 1829, ou do *Jurujuba dos Farroupilhas*, ambos os quais atacavam a "canalha revolucionária", criticavam os latifúndios improdutivos, combatiam a escravidão, os privilégios da nobreza e os tratados de comércio com as nações estrangeiras, denegrindo a "aristocracia de chinelo vendida à Europa", sugerindo o sequestro dos bens dos barões do Rio da Prata, Vilela, Baependi e dos conselheiros de Estado, vendo na anarquia um "mal efêmero que ordinariamente conduz a um bem maior", afirmando ser a "anarquia mil vezes preferível à tirania" e pleiteando a exclusão da eleição da "gente hipócrita e ambiciosa, aristocrata, gente que só acha razão nos ricos, capitalistas e poderosos, por mais malvados e ladrões que sejam",[38] José Bonifácio estaria, no entanto, identificado com as opiniões desses jornais no tocante à aristocracia, tratados de comércio, Abolição da escravatura e extinção do latifúndio improdutivo.

Ao lado dos radicais estaria em sua abominação aos títulos de nobreza. A ele como a Feijó, a quem aliás perseguira por suas ideias liberais e da parte de quem mais tarde sofreria ataques e perseguição, repugnavam os títulos tão ansiosamente disputados por fazendeiros, negociantes, altos funcionários em geral, a quem d. Pedro distribuía títulos a mãos cheias. A maioria de seus companheiros do Apostolado seria agraciada com títulos de nobreza: Joaquim Carneiro de Campos, em 1824, com o título de marquês de Caravelas, Manuel Jacinto Nogueira da Gama, com o de visconde e, mais tarde, conde e marquês de Baependi, Estêvão de Rezende, barão com grandeza em 1825, conde e marquês de Valença, José Severiano Maciel da Costa, visconde e marquês de Queluz etc. Dificilmente esses homens aceitariam por muito tempo, como líder, a José Bonifácio, que se opunha à criação de uma nobreza artificial, não perdendo ocasião de arreliá-la, reprovando-lhe a ignorância, os "sórdidos interesses" e o "servilismo", recusando-se a aceitar para si qualquer título ou

---

38 *Nova Luz Brasileira.*

honraria. De forma irreverente conduzia-se José Bonifácio diante daquela "aristocracia" pressurosa em disputar as atenções do príncipe. Já no exílio, comentaria, anos mais tarde, com ironia e sarcasmo: "Quem creria possível que nas atuais circunstâncias do Brasil havia a grã-pata (alusão a d. Pedro) de pôr tantos ovos de uma vez, como dezenove viscondes, 22 barões [...] nunca o João pariu tanto na plenitude e segurança do seu poder autocrático". E prosseguindo nas suas invectivas:

> Quem sonharia que a Mixella Domitilla seria viscondessa da Pátria dos Andradas? Que insulto desmiolado! Quando esperaria o Futriqueiro Carneiro ser barão e os demais da mesma ralé? Ó meu bom Deus, por que me conservas a vida para ver meu país enxovalhado a tal ponto! E esses bandalhos do governo não veem a impolítica de tal procedimento que fará pulular novos inimigos a imperial criança?[39]

Mais incômoda ainda à aristocracia rural do que sua aversão aos títulos de nobreza e seu sarcasmo ferino era sua intenção de pleitear a cessação do tráfico e a gradual emancipação dos escravos, assim como suas críticas ao latifúndio e seus projetos de reforma do sistema de propriedade da terra.

Já na Instrução aos Deputados Paulistas, deixara clara sua opinião, requerendo uma legislação que viesse melhorar a sorte dos escravos, favorecer a emancipação gradual e a "conversão de homens imorais e brutos em cidadãos ativos", vigiando para que os senhores os tratassem como "homens e não como brutos animais". É bem verdade que cautelosamente acrescentava que tudo isso deveria ser feito "com tal circunspecção que os miseráveis escravos não reclamem esses direitos com tumultos e insurreições que podem trazer cenas de sangue e de horrores". A ressalva, entretanto, não bastava para tranquilizar os fazendeiros, cuja principal riqueza era representada por terras e escravos. A ideia de substituir o trabalhador escravo pelo livre aparecia, na época, aos olhos da maioria, como sonhos de visionário e de

---

39 Cartas andradinas. In: *Anais da Biblioteca Nacional do Rio de Janeiro*, p.14 e 22; Neiva, op. cit., p.204.

JOSÉ BONIFÁCIO: HOMEM E MITO   61

nada adiantaria o exemplo de José Bonifácio, que introduzia em sua propriedade em Santos vários imigrantes com a intenção de demonstrar aos seus compatriotas a viabilidade de sua sugestão. Repetindo os argumentos de Rousseau e Condorcet, escreveria José Bonifácio que a sociedade civil tem por base primeira a justiça e por fim principal a felicidade dos homens, e prosseguia dizendo:

> Mas que justiça tem um homem para roubar a liberdade de outro homem e, o que é pior, dos filhos desse homem, e dos filhos desses filhos? Nos dirão que se favorecerdes a liberdade dos escravos será atacar a propriedade. Não vos iludais, senhores, a propriedade foi sancionada para o bem de todos, e qual é o bem que tira o escravo de perder todos os seus direitos naturais e de se tornar de pessoa a cousa, [...] Não é pois o direito de propriedade que querem defender, é o direito da força, pois que o homem não podendo ser cousa, não pode ser objeto de propriedade.[40]

Ao mesmo tempo que combatia nesses termos a escravidão, recomendava o uso de máquinas que diminuíssem a necessidade de mão de obra e observava que, se fossem calculados os custos da aquisição das terras, dos escravos, dos instrumentos rurais que cada um necessitava, seu sustento, vestuário, moléstias que os dizimavam, fugas repetidas, ver-se-ia que o trabalho livre era mais produtivo. Parecia-lhe paradoxal que um povo livre e independente adotasse uma Constituição liberal e um regime representativo, mantendo escravizado mais de um terço de sua população. Considerava a escravidão corruptora da sociedade, responsável pelo pouco apreço ao trabalho, pela desagregação da família e deterioração da religião. Os negros, dizia ele, "inoculavam nos brancos sua moralidade e seus vícios".

Conhecendo a dificuldade de abolir a escravidão em virtude de numerosos interesses que estavam ligados a ela, sugeria José Bonifácio, como primeira etapa, a cessação do tráfico dentro de

---

40 Andrada e Silva, *Representação e Assembleia Geral Constituinte e Legislativa do Império do Brasil sobre a escravatura*. In: Falcão, op. cit., p.139; Neiva, op. cit., p.213. Citado ainda por Souza, op. cit., p.61.

um prazo de quatro ou cinco anos, alvitrando ainda uma série de medidas paralelas tendentes a regulamentar as relações entre senhores e escravos, proibindo a concessão de alforria aos escravos velhos ou doentes, interditando a separação de marido, mulher e filhos por motivo de venda, condenando o excesso de castigos e garantindo assistência jurídica ao escravo, amparo à infância e à maternidade. Esboçava assim os princípios de uma legislação social do trabalho, proibindo ao menor de 12 anos e à mulher grávida de mais de três meses o trabalho insalubre, concedendo à mãe, depois do parto, um mês de convalescença e um ano de trabalho junto à "cria".

Não obstante recomendasse sempre que tudo fosse feito com moderação e circunspecção para evitar alvoroço da população escrava, sua posição apareceria como demasiado avançada aos olhos de seus amigos que viviam em função do trabalho escravo nas lavouras ou se enriqueciam à custa do tráfico.

Na época eram poucos os que, como José Bonifácio, denunciavam a escravidão: Maciel da Costa, José Eloy Pereira da Silva, Domingos Alves Branco,[41] um punhado de homens menos vinculados aos interesses agrários, representantes daquela "inteligência" brasileira identificada com o pensamento ilustrado.

Por essa razão os acordos firmados por d. João com a Inglaterra, comprometendo-se a fazer cessar o tráfico, tinham ficado apenas em promessas. Com a transferência da Corte portuguesa para o Brasil e a consequente abertura dos portos às demais nações, a economia de exportação fora estimulada, ao mesmo tempo que se frustraram as possibilidades de desenvolvimento industrial, diante da impossibilidade de concorrer com os produtos manufaturados estrangeiros que chegavam ao Brasil por preço inferior ao que seria possível alcançar naquele momento. A indústria local viu-se sufocada no embrião, tanto mais que os principais capitais eram canalizados para as áreas de maior lucratividade representadas, na ocasião, pelo tráfico de escravos e pela exportação de produtos tropicais. O escravo constituía a principal força de trabalho. É portanto fácil compreender a desconfiança com que as propostas

---

41 Silva, *Memórias sobre a escravatura e projeto de colonização dos europeus e pretos da África no Império do Brasil.*

JOSÉ BONIFÁCIO: HOMEM E MITO 63

de José Bonifácio foram recebidas. Pelas mesmas razões não seriam acatadas as sugestões no sentido de incrementar a mecanização da lavoura. Em uma economia de base escravista, em que os problemas de aumento de produtividade se resolviam com a compra de mais terras e mais escravos (os quais precisavam ser mantidos ocupados incessantemente), não havia lugar para mecanização. Por isso foram inúteis os esforços realizados nesse sentido por alguns indivíduos mais "progressistas", assim como fracassaram os eventuais esforços governamentais e a ação de organismos como a Sociedade Auxiliadora da Indústria Nacional, criada anos mais tarde, interessada em estimular a mecanização.

José Bonifácio não teve oportunidade de apresentar sua "Memória sobre a escravidão" à Assembleia Constituinte, pois esta foi dissolvida antes de chegar ao termo de seus trabalhos. Anos mais tarde, Joaquim Nabuco, um dos líderes do movimento abolicionista no Parlamento, insinuou que o afastamento de José Bonifácio do ministério, ocorrido pouco menos de um ano depois da Independência, deveu-se às suas ideias sobre escravidão. Na realidade, dois meses após o afastamento dos Andradas do ministério, o governo brasileiro oficializava o tráfico, estipulando os impostos que deveriam ser cobrados por africanos importados, decisão referendada pelo então ministro da Fazenda, Manuel Jacinto Nogueira da Gama, futuro marquês de Baependi, fazendeiro e proprietário de escravos, genro de Brás Carneiro Leão, uma das maiores fortunas do Rio de Janeiro, e da baronesa de São Salvador dos Campos dos Goitacazes, irmão de José Inácio Nogueira da Gama, fazendeiro este também e um dos maiores proprietários de terras do Vale do Rio do Peixe, onde chegou a reunir dezessete sesmarias.

Embora não se tenham provas que confirmem a tese de Nabuco, é de supor que a posição assumida por José Bonifácio no que diz respeito à questão escravista o tenha incompatibilizado com setores importantes da sociedade que lhe vinham dando apoio desde os primeiros tempos do governo quando, por sua aversão ao radicalismo dos liberais, passara a combatê-los. Igual escândalo deviam provocar suas ideias a propósito da política de terras expostas nas *Instruções do Governo Provisório de São Paulo aos deputados da Província às Cortes Portuguesas*, onde, no item 11, sugeria uma nova legislação sobre sesmarias, fundando-se para isso nas Ordenações do Reino e argumentando que as leis referentes à concessão de terras haviam sido desrespeitadas, permitindo-se, contrariamente ao espírito da lei, a criação de latifúndios improdutivos "com sumo prejuízo da administração, da justiça e da civilização do país". Por isso, sugeria que todas as terras que não se achassem cultivadas reintegrassem os bens nacionais, permitindo-se aos donos conservar apenas meia légua quadrada, com a condição de começarem logo a cultivá-las. Recomendava ainda a instituição de uma caixa cofre para recolher o produto da venda de terras, sendo o capital acumulado empregado na promoção da colonização. Com esse objetivo, sugeria que fossem concedidos lotes de terra a europeus, pobres, índios, mulatos e negros forros. Recomendava finalmente que todos os proprietários de terra fossem obrigados a conservar a sexta parte de sua propriedade intata; coberta de matos e arvoredos, proibindo-se a derrubada e as queimadas, salvo quando as matas fossem substituídas por bosques artificiais.[42] Procurava dessa maneira prevenir os inconvenientes oriundos do desflorestamento sem medidas.

Ao preconizar sua política de terras, José Bonifácio não pretendia ser revolucionário. Inspirava-se em textos jurídicos que regiam o Brasil colonial. Na prática, no entanto, as disposições legais haviam sido sempre sistematicamente desrespeitadas. A grande propriedade improdutiva, menos do que um mero capricho dos proprietários, fora desde o início uma imposição do próprio sistema colonial e da economia de exportação que o caracterizava. Por isso, burlando os dispositivos jurídicos que tentavam impedir a concentração de terra nas mãos de uma minoria, os proprietários reivindicavam sesmarias em seu nome e no de seus familiares, reunindo glebas extensas que se viam aumentadas pelas alianças entre famílias. Nessas condições, qualquer tentativa de redistribuir as terras, fragmentando as propriedades, despertaria à propriedade agrária, encontrando simpatia apenas em alguns setores restritos: a intelectualidade da época, que, como José

---

42 Falcão, op. cit., p.99-100.

JOSÉ BONIFÁCIO: HOMEM E MITO 65

Bonifácio, pensava os problemas brasileiros sob a ótica burguesa europeia, ou entre setores de "classe média" que viviam nos grandes centros.

Ao combater o latifúndio, José Bonifácio estaria assumindo a mesma posição defendida por órgãos liberais radicais como a *Nova Luz Brasileira*, que sugeria a elaboração de um cadastro de terras, "um inventário de bens para acabar com o disfarçado feudalismo brasileiro" e a extinção dos "sesmeiros e aristocratas", impedindo que o povo continuasse escravo dos aristocratas.[43]

Também ao lado dos liberais estaria José Bonifácio em matéria de religião. Formado no convívio com os autores da Ilustração, conservaria por toda a vida uma certa irreverência que lhe permitia fazer afirmações que certamente escandalizariam os meios católicos mais conservadores, como quando dizia que o catolicismo convinha mais a um governo despótico que a um constitucional e que a "religião que convida a vadiação e faz do celibato uma virtude é uma planta venenosa no Brasil". Na discussão a propósito da liberdade de culto, travada na Assembleia Constituinte em 1823, suas simpatias estariam ao lado dos que a defendiam (Muniz Tavares, Custódio Dias, Carneiro de Campos), contrariando alguns de seus mais fervorosos companheiros, tais como Azeredo Coutinho, que consideravam a liberdade de culto um atentado à religião.[44]

Na posição de intelectual e burocrata, formado na Europa, impregnado de ideias ilustradas, não diretamente vinculado aos meios agrários e mercantis, colocando-se frequentemente contra os interesses desses grupos, José Bonifácio perderia progressivamente suas bases políticas.

Manifestara pouca simpatia pelos tratados de comércio com os ingleses e opunha-se aos empréstimos, considerando-os lesivos ao interesse nacional. Em um de seus textos, analisa os efeitos do Tratado de Methuen, observando que "os portugueses deviam se escandalizar da pouca gratidão britânica". A Pontois, representante francês do Rio de Janeiro, confessava que todos os tratados

---

43 *Nova Luz Brasileira.*
44 *Anais da Assembleia Constituinte de 1823*, sessões de 7, 8, 9, 29, 30 out. e 6 nov.

66   BRASIL: HISTÓRIA, TEXTOS E CONTEXTOS

de comércio e amizade concluídos com as potências europeias eram puras tolices e que nunca os deixaria ter feito se estivesse no Brasil. Em uma de suas cartas escritas do exílio, referindo-se ao tratado de reconhecimento da Independência do Brasil que estipulava o pagamento de 2 milhões de libras esterlinas a Portugal e obrigava o Brasil a assumir junto ao governo britânico um pesado empréstimo, comentaria José Bonifácio acremente: "Ao menos temos Independência reconhecida, bem que a soberania nacional recebeu um coice na boca do estômago de que não sei se morrerá ou se restabelecerá a tempo, tudo depende da conduta futura dos Tatambas" (referindo-se à elite responsável pelos destinos políticos do país).[45]

Queda de José Bonifácio

Defendendo opiniões que pareceriam radicais à elite dirigente, incompatibilizando-se dessa forma com suas próprias bases, incapaz de simpatizar com o programa político dos radicais dos quais se aproximava quando discutia questões sociais e econômicas, José Bonifácio viu-se levado a apoiar-se cada vez mais no príncipe, a quem por sua vez parecia dar incondicional apoio, nos primeiros tempos. Assim, por exemplo, na abertura de Assembleia Constituinte, quando a fala do trono provocou sérias críticas, tomou partido decididamente ao lado de d. Pedro. Dissera o príncipe esperar que a Constituição que viesse a ser feita tivesse sua "imperial aceitação". A alguns políticos pareceu que o príncipe interferia indevidamente nos assuntos da Assembleia. Defendendo o príncipe, José Bonifácio atacava os "mentecaptos revolucionários que andam como em mercados públicos apregoando a liberdade, esse bálsamo da vida de que só eles se servem para indispor os incautos".[46] Não tardou, entretanto, em

---

45 Cartas andradinas, op. cit., p.11. "Os políticos da moda querem que o Brasil se torne Inglaterra ou França, eu quisera que ele não perdesse nunca os seus usos e costumes simples e naturais e antes retrogradasse do que se corrompesse", dizia José Bonifácio (Souza, op. cit., p.137).
46 *Anais da Assembleia Constituinte*, t.I, p.26.

incompatibilizar-se com o príncipe e, quando o apoio lhe faltou, foi alijado do Ministério.

Para o enfraquecimento de suas bases políticas muito contribuíram medidas tomadas por ele contra os portugueses em decretos de 12 de novembro e 11 de dezembro de 1822. O primeiro declarando sem efeito as graças e ofícios pertencentes a pessoas residentes em Portugal e o segundo mandando sequestrar as mercadorias, prédios e bens pertencentes a vassalos de Portugal. Comentando com hostilidade o ato do ministro, um jornal da oposição, A Malagueta, dirigido por L. C. May, afirmaria mais tarde que provocara a emigração de numerosas famílias e cabedais, calculando em mais de 4,7 mil as pessoas que teriam fugido "com medo e dinheiro".

A 15 de julho de 1823, pouco mais de um ano após ter assumido o cargo de ministro de d. Pedro, José Bonifácio demitia-se pela segunda vez, agora em caráter definitivo. Não voltaria mais ao ministério. Mas não abandonaria as lides políticas, passando desde então à oposição.

Em Portugal, os acontecimentos políticos tinham tomado uma nova direção. Considerando a política das Cortes portuguesas como principal responsável pela Independência do Brasil e esperando reunir novamente as duas Coroas, alguns setores do comércio tinham se aliado ao clero e ao rei, alcançando em maio de 1823 a vitória sobre as Cortes, fato conhecido em Portugal como "Viradeira". Imediatamente foram enviados emissários ao Brasil com o fito de convencer d. Pedro a voltar atrás e aceitar a reunião das duas Coroas. Com esse objetivo chegou ao Rio de Janeiro a missão Rio Maior.

A 16 de outubro de 1823, o jornal O Tamoio transcreveria uma carta do conde de Subserra destinada a Antônio Carlos de Andrada e Silva, concitando-o a colaborar na remoção dos empecilhos à união das duas Coroas.

A perspectiva de restabelecer os laços com Portugal alvoroçou os comerciantes portugueses sediados no Brasil. Alguns já imaginavam ver anulada a Independência. Expressão desse estado de espírito é a proclamação publicada n'O Tamoio a 6 de novembro de 1823, em que se dizia, entre outras coisas, que unido o laço "tão vergonhosamente rompido com nossos irmãos, fazendo-se de dois hemisférios um e de dois interesses um, renasceria o comércio".

Ao projeto da reunião das duas Coroas se oporiam agora não só os nacionais em geral, como também os comerciantes ingleses interessados em preservar o monopólio comercial conquistado. Na *História dos principais sucessos políticos do Império do Brasil*, José da Silva Lisboa transcreve documentos sobre o assunto, um dos quais sugere a interferência britânica no sentido de impedir a restauração almejada pelos portugueses. Ao invés de apoiar as pretensões de Portugal, o governo britânico deixara sempre bem claras suas intenções de garantir a autonomia brasileira, procurando atuar como mediador junto ao rei de Portugal, no sentido de que fosse reconhecida a Independência do Brasil.

A perspectiva de uma restauração da situação anterior à Independência acirrara os ânimos, criando um ambiente de tensão crescente entre portugueses e brasileiros, antagonizando ainda mais a Constituinte e o príncipe. A situação se tornou crítica quando se discutiu a questão do veto do imperador. Os jornais oficiais pleiteavam que fosse concedido ao imperador o direito ao veto absoluto. Na Câmara, defendendo o ponto de vista de um grande número de deputados, o mais moço dos Andradas diria que não competia ao Poder Executivo a sanção das leis da Assembleia Constituinte. Em represália à atitude desafiante dos jornais da oposição que não poupavam críticas ao imperador e que preconizavam a adoção apenas do veto suspensivo, a guarnição pronunciou-se a favor do veto absoluto.

A dissolução da Assembleia tornou-se iminente, tendo em vista a crise aberta pela discussão da questão do veto. Justificava-se o golpe entre os setores áulicos como um recurso para salvar as instituições políticas ameaçadas por um bando de "demagogos e anarquistas". Crescia a tensão entre Legislativo e Executivo. Um incidente veio desencadear a crise. Oficiais portugueses, sentindo-se ofendidos por artigos publicados no *Sentinela*, sob o pseudônimo de Brasileiro Resoluto, agrediram, por equívoco, ao que parece, o farmacêutico David Pamplona Corte Real. O episódio repercutiu rumorosamente na Assembleia, provocando discursos violentos nos dias 10 e 11 de novembro, pronunciados no recinto da Câmara sob os aplausos entusiásticos do povo que

JOSÉ BONIFÁCIO: HOMEM E MITO 69

se amontoava nas galerias. O ambiente parecia francamente revolucionário. A Assembleia declarou-se em sessão permanente. O ministério quase todo demissionário foi substituído por outro de escasso prestígio junto à Câmara, embora gozasse da estima do imperador. Houve movimentação de tropas e o ministro do Império compareceu à Assembleia para prestar esclarecimentos. Os Andradas foram acusados de, na qualidade de mentores d'*O Tamoio* e do *Sentinela*, instigarem desordens e desrespeitarem o imperador. A 12 de novembro, um decreto de d. Pedro determinou a dissolução da Assembleia.[47] Vários deputados foram presos ao deixar o edifício onde se reuniam, sendo alguns logo soltos, permanecendo detidos outros tantos. Entre estes encontravam-se Montezuma, José Joaquim da Rocha, Martim Francisco, Antônio Carlos e o padre Belchior Pinheiro. José Bonifácio, que tinha se retirado momentaneamente para casa, foi detido e encarcerado juntamente com os demais, recebendo ordem de desterro. Encerrava-se assim melancolicamente a primeira fase de sua carreira política no Brasil.

O "Patriarca da Independência" seguiria, a 20 de novembro de 1823, para o exílio na Europa.

Exílio

Fixando-se no sul da França, nas proximidades de Bordéus, José Bonifácio aí viveria dos 61 aos 66 anos. Retomaria o curso de suas leituras interrompidas pela agitação política, empenhando-se na tradução de Virgílio e Píndaro. Voltava à poesia, preparando uma edição de seus versos que publicaria sob o pseudônimo de Américo Elísio.

Desenvolveria intensa atividade epistolar, pontilhando suas cartas com expressões desabusadas, desabafos, confissões de saudade de sua "bestial" província, tecendo comentários irreverentes sobre d. Pedro, a quem alcunhava ora de "Rapazinho", ora de "Imperial Criança", ora de "Pedro Malazartes", ora de "Grã-Pata". A d. João VI, a quem no passado oferecera alguns versos, não

---

47 *Anais da Assembleia Constituinte*, t.IV, p.231.

70 BRASIL: HISTÓRIA, TEXTOS E CONTEXTOS

pouparia, chamando-o de João, o Burro. Entre o desalento e a esperança de acabar seus dias em um "cantinho bem escuro e solitário" de sua "bestial província" passaria seus dias. Encarava o exílio como fruto da traição do príncipe e da conspiração dos "pés de chumbo" e "corcundas" portugueses. Em prosa e em verso, punha sua mágoa e sua desesperança:

> Morrerei no desterro, em terra estranha
> Que no Brasil só vis escravos medrão
> Para mim o Brasil não é mais pátria
> Pois faltou a justiça.[48]

Durante mais de cinco anos acompanhou do exílio a política brasileira, criticando os erros do imperador com a mesma severidade com que julgava os elementos que o cercavam, assistindo à distância ao conflito entre Legislativo e Executivo que se configurara claramente, mais uma vez, depois da convocação da Assembleia Legislativa em 1826.

Depois da dissolução da Assembleia Constituinte, d. Pedro outorgara uma Carta Constitucional em 1824, incorporando alguns princípios gerais do projeto original da Constituinte, mas procurando reforçar o poder real. Para isso instituiu, ao lado do Poder Executivo, o Poder Moderador, que atribuía ao imperador o direito de dissolver a Câmara e lhe reservava também o direito de empregar a força armada de mar e terra quando bem lhe parecesse conveniente à segurança e defesa do Império. Essas medidas contrariavam o espírito inicial do projeto apresentado à discussão pela Constituinte dissolvida, que previra que nos casos de "revolta declarada", quando se fizesse necessário o emprego do Exército para restabelecer a ordem interna, a decisão caberia ao Executivo mediante o exame da Assembleia.

A Carta Constitucional de 1824 representava uma vitória do Executivo sobre o Legislativo, do imperador sobre as oligarquias.

A oposição ao imperador foi mais forte nas províncias do Norte, as mais afetadas pelo forte centralismo que caracterizava a Carta. A bandeira do liberalismo federalista serviria mais uma

---

48 *Poesias avulsas de Américo Elísio*; Souza, op. cit., p.173.

JOSÉ BONIFÁCIO: HOMEM E MITO 71

vez para arregimentar grupos descontentes. De novo, a solução republicana foi aventada. Os revolucionários tiveram adesões nos estados de Pernambuco, Paraíba, Rio Grande do Norte e Ceará. A intenção de formar uma Confederação do Equador frustrou-se diante da pronta repressão do governo central e devido à dificuldade de se manter coesa uma frente revolucionária em que ao lado de senhores de escravos figuravam líderes da "ralé" urbana, verdadeiros *sans culottes*. Sufocado o movimento, a oposição liberal refluiu temporariamente.

D. Pedro tardou dois anos em convocar a Assembleia Legislativa, que só se reuniu em maio de 1826. O conflito entre Executivo e Legislativo tornou-se mais evidente daí por diante. Os liberais acusavam d. Pedro de preferir os brasileiros em favor dos portugueses. A morte de d. João VI veio piorar a situação. Não obstante d. Pedro renunciasse à Coroa portuguesa em favor de sua filha, a princesa Maria da Glória, optando por sua permanência no Brasil, seu gesto não foi suficiente para captar a confiança e o apoio dos grupos políticos que controlavam a Câmara dos Deputados, desejosos de se emancipar da tutela constrangedora do príncipe e sempre prontos a ver em seus atos manifestações de absolutismo.

Diante da hegemonia ao imperador, lutar pela Abolição das instituições coloniais remanescentes, tais como o Morgadio, a Intendência da Polícia, a Fisicatura, o Desembargo do Paço, a Mesa de Consciência e Ordens, seria o programa dos liberais nessa fase. *A Aurora Fluminense*, órgão liberal dirigido por Evaristo da Veiga, um dos líderes políticos mais influentes da nova fase, ao mesmo tempo que fazia essas reivindicações, atacava ainda os absolutistas, os corcundas e áulicos, todos os que se "locupletavam nos cargos públicos vivendo das graças do monarca".

José Bonifácio assistia de longe aos acontecimentos, ansioso por voltar. Criticando sua deportação, acusava o Exército de ter violado a Constituição, dissolvendo a Assembleia. "Fomos presos e fomos deportados violentamente, sem crime e sem sentença", escrevia ele em uma de suas notas.

Assim, nossa liberdade pessoal e nossos interesses individuais foram atrozmente violados, o que nunca se praticou em nenhum

BRASIL: HISTÓRIA, TEXTOS E CONTEXTOS

governo absoluto europeu que tenha consciência e vergonha. Veio depois a nova Carta que foi jurada pelo governo e contra a letra desta Carta continuou nosso degredo [...]

e, revoltado, prosseguia:

Diz a Constituição que todos os poderes políticos do Império são delegações da Nação, ora a Nação nunca quis nem podia delegar poderes para prender e desterrar cidadãos não só inocentes, mas beneméritos do Império e da Pátria. Nossa deportação foi pois e continua a ser um atentado não só injusto e anticonstitucional, mas igualmente impolítico e imoral porque aterrou e aterrará todos os homens de bem, que não podem jamais confiar no governo; a todos presentes e futuros deputados da nação que não estão seguros de sua independência e inviolabilidade; imoral porque se pagou com tirania e ingratidão a homens que tinham feito muito a bem do Estado e do Brasil.[49]

Volta ao Brasil

No exílio permaneceu José Bonifácio até 1829, voltando ao Brasil após mais de cinco anos de deportação, sob a penosa impressão da recente morte da esposa, falecida durante a viagem de volta.

De volta ao Rio, acabaria por fixar residência em Paquetá, mas seu refúgio não estaria fora do alcance das lutas políticas que se acirraram em 1830. A notícia da revolução liberal que depôs na França a Carlos X, pondo em seu lugar Luís Filipe, repercutira nos meios liberais brasileiros que, descontentes com a atuação do imperador, almejavam a instituição de um regime que conferisse ao Legislativo a supremacia. O clima revolucionário era estimulado pela hostilidade tradicionalmente existente entre portugueses e brasileiros, entre negros e brancos, entre os elementos ligados ao artesanato e pequeno comércio dos principais núcleos urbanos e a "aristocracia da terra". A morte da princesa Leopoldina, os

---

49 Manuscritos do Museu Paulista.

insucessos da Guerra Cisplatina, a revolta dos mercenários em 1828, haviam contribuído para abalar ainda mais o prestígio do imperador. A situação agravava-se com a alta dos preços dos gêneros, provocando o descontentamento da população urbana. Em São Paulo, o assassinato do jornalista liberal Líbero Badaró desencadeou uma crise.

No Rio, em 1831, as constantes manifestações de rua revelavam o grau de tensão.

Parte da população constituída principalmente de portugueses manifestaria seu apoio ao príncipe, quando este voltou de uma viagem a Minas onde fora recebido com frieza pela população, contrastando essa atitude com a cálida recepção que ali tivera em 1822. As manifestações converteram-se no Rio em conflito aberto, passando para a história como a Noite das Garrafadas.

Para d. Pedro, a situação tornara-se insustentável. Pressionado pelos meios políticos nacionais, abdicaria em favor de seu filho, nomeando para tutor o velho ministro de quem exigia "mais uma prova de amizade". Mais uma vez, José Bonifácio era chamado à cena política em um momento de crise. Tinha contra si a desconfiança de seus adversários políticos que exploravam o fato de ele ter sido indicado para tutor sem consulta prévia à Assembleia. O fato serviria de pretexto para que se lhe contestasse a tutoria. O ato de d. Pedro foi anulado, embora José Bonifácio permanecesse na qualidade de tutor, o que lhe foi delegado pela Câmara e pelo Senado. Com isso, reservava-se o Parlamento o direito de fiscalizar seus atos.[50]

Com a abdicação de d. Pedro, assumiu o poder a ala moderada, excluindo-se das posições de mando os radicais desejosos de precipitar as reformas e que pregavam a federação, a Abolição e a cassação dos direitos políticos de conhecidos homens públicos.

O grupo dos exaltados de outrora, que tinha feito oposição ao imperador, convertera-se em moderado, procurando no poder consolidar a autoridade à sombra do trono e de um menino de 5 anos que tão cedo não teria condições de intervir no cenário político, o que oferecia a garantia de autonomia do Legislativo.

---

50 Souza, *José Bonifácio 1763-1838*, p.328 ss.

Ao lado destes surgiram, desde logo, os restauradores, tramando a volta do imperador. Segundo depoimento de Feijó, pertenciam a esse grupo os elementos mais conservadores: a gente de dinheiro, os que possuíam riquezas, condecorações e influência.

O choque entre os vários grupos provocaria numerosos conflitos em todo o país. Menos de vinte dias depois da Abolição começaram no Rio de Janeiro os movimentos de rua, apresentando reivindicações sociais que apareceriam aos olhos dos liberais moderados como pretensões "anarquistas". A *Aurora Fluminense*, que em outros tempos fora considerada pela *Gazeta do Brasil* órgão governamental, de "fedorenta sentinela da demagogia e do jacobinismo", convertera-se em órgão dos grupos moderados.

Aos radicais aderira com facilidade a soldadesca, composta em parte de indivíduos egressos da escravidão ou evadidos dos clãs rurais, a gente desocupada dos centros urbanos. Recrutados de forma irregular, submetidos a medidas disciplinares rígidas e castigos aviltantes, os soldados aderiram facilmente aos revoltosos que não perdiam ocasião de aliciá-los, fazendo-os ver que eram cidadãos como os demais, devendo lutar por seus direitos. Os oficiais, dissociados da soldadesca insurreta, formaram um batalhão à parte: o Batalhão dos Bravos da Pátria, como os apodou a *Aurora Fluminense*, "defensores da liberdade ameaçada", segundo se dizia pela "feroz oclocracia" (governo das multidões). Criou-se a Guarda Nacional com o objetivo de armar os cidadãos interessados na manutenção da ordem e em resistir aos "inimigos da liberdade", acusados de estarem, com sua agitação, perturbando o comércio e contribuindo para a estagnação da indústria.

A Nação que havia sofrido o despotismo de um rei não devia sofrer o despotismo popular, dizia Evaristo da Veiga, interpretando o ponto de vista dos moderados. Um dos deputados, Odorico Mendes, pedia que se desse ao governo poderes excepcionais, necessários, em seu entender, para a conservação da ordem pública. De vários pontos da província do Rio de Janeiro e de São Paulo chegaram representações contra os "anarquistas". A repressão não se fez esperar. Dela se incumbiu Feijó, mandado vigiar outrora por José Bonifácio, que o considerava perigoso liberal, mas que agora, ocupando o cargo de ministro da Justiça, tratava de sufocar as reivindicações dos setores mais radicais.

JOSÉ BONIFÁCIO: HOMEM E MITO

Comentando os acontecimentos depois da repressão, Feijó, o radical de outrora, observaria que ela tivera o mérito de "desenganar aos poucos facciosos e anarquistas que ainda nos incomodam", afirmando que "o brasileiro não foi feito para a desordem, que o seu natural é a tranquilidade e que ele não aspira a outra coisa além da Constituição jurada, do gozo de seus direitos e de suas liberdades".

Testemunha dos acontecimentos, José Bonifácio diria na Câmara que, tendo se deitado barro na roda do dia 7 de abril (data da abdicação do imperador), saíra uma moringa quando se esperara um rico vaso.

Tutor do filho de d. Pedro, José Bonifácio passaria a sofrer ataques do grupo moderado, que via nele e em seus irmãos a ameaça de uma Restauração. O receio cresceria à medida que a agitação de rua punha em risco a estabilidade da regência. Bernardo de Vasconcelos, Feijó e Evaristo da Veiga passaram a atacá-lo. A *Aurora Fluminense* referia-se aos Andradas em uma linguagem desabrida. José Bonifácio foi acusado de conspirar contra o regime. Inimizades pessoais entre ele e Feijó, a quem perseguira no passado, contribuíram para agravar-lhe a situação.

Num relatório apresentado à Câmara dos Deputados a 10 de maio de 1832, Feijó afirmava que o quartel-general dos conspiradores se instalara na Boa Vista, onde estava José Bonifácio. Na Câmara, vários deputados sugeriram sua destituição do cargo de tutor. Passando na Câmara o parecer favorável à destituição por 45 votos contra 31, foi vencido no Senado por um voto. O prestígio do tutor ficava assim profundamente atingido e os ataques a sua pessoa prosseguiram. Acusavam-no de conspirar em favor da volta de d. Pedro, criticavam-se os príncipes reais, sua irreverência de linguagem, sua displicência em matéria de etiqueta. Algumas, acusações maldosas e infundadas, outras, verdadeiras. Ao velho ministro sempre repugnaram os modos falso dos cortesãos improvisados. Em uma de suas notas, sem data, escrevia: "Nada me enfastia mais do que ver rostos hipócritas e conversações monotônicas ou sempre eruditas ou com um ar de importância";[51] em outra passagem confessava-se

---

51 Manuscritos do Museu Paulista.

amigo da boa e pequena sociedade, indiferente à numerosa e inimigo antipático da má, livre no discurso por gosto, porém acanhado quase sempre no obrar; a etiqueta me aborrece e quando seguro de minha consciência, pouco cuidadoso do que dirão os outros.

Por isso se comprazia em chocar o auditório com seus ditos maliciosos e sua palavra livre. Nunca se comovera com os títulos e continuava a desprezar e arreliar aquela nobreza ávida de títulos e riquezas, não escondendo preconceitos de cor. Em uma carta a Barbacena, datada de 1º de abril de 1830, publicada por Venâncio Neiva, repelia o que considerava afirmações caluniosas publicadas pelo *Diário Fluminense*, que o acusava de tramar contra o imperador repetindo uma afirmação que no exílio fizera em uma de suas cartas – a de que seus inimigos, se para acusá-los pudessem inventar um oitavo pecado mortal, pulariam de contentes. Dizia:

> Nunca desejei mandos, como quer inculcar P. B., nem riquezas adquiridas por *faz* ou *nefas*, nem jamais fita estreita ou larga ou um *crachat* que muitas vezes entre nós abrilhanta tavernas e armazéns de negros novos, nem outras fantasmagorias tais ou quejandas jamais ofuscaram a razão ou fizeram-me cócegas no coração.

A língua ferina e a atitude desafiante que lhe era peculiar multiplicavam o número de seus inimigos. A propósito dos três regentes indicados pela Câmara, dissera: "Dois são camelos e um é velhaco".[52] Não é pois de estranhar que estes lhe movessem uma campanha impiedosa que enfurecia ainda mais o velho Andrada. A um padre enviado com a missão de sondá-lo sobre a possibilidade de renunciar à tutoria, teria dito: "Diga a esses canalhas que, embora velho, sou ainda bastante forte para obrigá-los a se arrependerem de sua insolência".

O pretexto para o afastamento de José Bonifácio da tutoria não faltou. Em dezembro de 1833 a Sociedade Militar, reduto dos conservadores, afixou na fachada um retrato que parecia ser de d. Pedro I. Houve tumultos, apedrejamentos, falou-se no

---

52 Souza, op. cit., p.332, 335, 337.

risco iminente de uma Restauração. Imediatamente a Regência suspendeu, por decreto, José Bonifácio de seu cargo.

José Bonifácio tentou resistir. Escreveu ao ministro do Império uma carta muitas vezes reproduzida, negando ao governo o direito de suspendê-lo do exercício de tutor. "Cederei à força que a não tenho, mas estou capacitado que nisto obro conforme a lei e a razão, pois que nunca cedi a injustiças e ao despotismo há longo tempo premeditados e ultimamente executados para vergonha deste Império".[53]

Tropas foram convocadas para depô-lo. Cercada a Quinta da Boa Vista onde se encontrava e esgotados todos os argumentos de persuasão, e diante da pertinácia do antigo ministro que se recusava a obedecer às ordens da Regência, a tropa invadiu a Quinta. Foi-lhe dada ordem de prisão e confinamento em Paquetá.

No processo-crime que lhe moveu a Regência, nada se apurou. Intimado a indicar advogado de defesa, José Bonifácio, no mesmo tom altivo e seguro com que se dirigira ao governo em outras circunstâncias e que nem a idade nem as perseguições e a moléstia que minava seu corpo tinham conseguido abalar, respondeu não precisar de defesa, pois não cometera crime passível de julgamento. Caso fosse necessário indicar um advogado, dizia ele, nomeava "todos aqueles homens de probidade" que quisessem se encarregar de sua defesa.

Para defendê-lo apresentou-se Cândido Ladislau Japiassu, que, embora tivesse obtido sua autorização, não foi aceito pelo presidente do júri que considerara José Bonifácio revel. Não obstante a recusa, Japiassu fez publicar a defesa de José Bonifácio, louvando sua participação no movimento da Independência e exaltando sua figura de homem público.

O processo arrastou-se de dezembro de 1833 até março de 1835, quando foi absolvido por unanimidade. Mais de 2 mil pessoas saudaram o resultado do julgamento, dando vivas a José Bonifácio e aos juízes populares que o tinham absolvido. Fazia-se justiça ao ministro repelindo-se a acusação infundada que sobre ele recaíra.

---

53 Neiva, op. cit., p.257.

A justiça vinha tarde. Alquebrando pela idade e pela doença que o mataria em breve, José Bonifácio viveria seus últimos anos em Paquetá entre livros e trabalhos iniciados e nunca concluídos, interrompidos no passado tumultuoso pela solicitação da política. A moléstia obrigou-o a deslocar-se de Paquetá para Niterói, onde havia melhores condições de assistência médica. Pouco mais de três anos viveu José Bonifácio depois do julgamento, falecendo a 6 de abril de 1838, com a idade de 75 anos.

Em seus últimos anos, vivendo à margem da política, veria antigos liberais do primeiro Império, seus adversários ferrenhos de outrora, convertidos em moderados na primeira fase da Regência, tornarem-se cada vez menos liberais e cada vez mais conservadores. O último gesto de liberalidade fora o Ato Adicional, em 1834. Pretendera-se com ele, como reconheceria um de seus autores, Bernardo de Vasconcelos, então já arrependido do liberalismo das medidas tomadas, "parar o carro revolucionário". As agitações promovidas pelos setores mais radicais em todo o país preocupavam os homens que haviam tomado o poder. Resolveram então se reunir em torno do jovem príncipe, procurando consolidar as posições ameaçadas pelas reivindicações radicais. As eleições de 1836 resultaram na vitória dos adeptos do "Regresso", o grupo liderado por Bernardo de Vasconcelos e Honório Hermeto, apoiado de preferência por proprietários agrícolas, senhores de escravos.

José Bonifácio assistira nos últimos anos à derrota de seus ideais políticos e econômicos. Sonhara com uma Monarquia constitucional e o que tinha pela frente era o governo de uma oligarquia que sempre receara. Combatera o latifúndio e pregara uma nova política de terras que permitisse o melhor aproveitamento das áreas improdutivas e via o latifúndio afirmar-se cada vez mais como base da economia agrícola, à medida que as plantações de café se multiplicavam ao longo do Vale do Paraíba. Preconizara a cessação do tráfico e a emancipação gradual dos escravos e, não obstante a lei de 7 de novembro de 1831 (fruto em grande parte da pressão inglesa) proibisse o tráfico, os africanos continuavam a ser despejados em massa nas costas brasileiras. O desenvolvimento da cultura cafeeira vinha contribuindo em muito para revalorizar o braço escravo. Tentara estimular a emigração estrangeira e vira fornecer os núcleos coloniais, incapazes de sobreviver dentro dos quadros de uma economia baseada no latifúndio autossuficiente e no trabalho escravo. Repelira os tratados de comércio e os empréstimos que colocavam o Brasil na dependência dos países estrangeiros, mas assistira à renovação dos acordos com a Inglaterra e vira sucederem-se os empréstimos no estrangeiro. Sonhava com um Brasil que mantivesse intatas algumas de suas tradições e costumes, recriminando os políticos que queriam transformar o país em uma Inglaterra ou em uma França, mas assistira à invasão progressiva do mercado brasileiro por produtos e costumes ingleses e franceses. Repugnavam-lhe os títulos e a nobreza improvisada, mas vira multiplicarem-se os barões, condes e marqueses. A derrota de seus ideais era consequência da vitória das oligarquias a quem apoiara no passado, temeroso das reivindicações democratizantes.

José Bonifácio: o mito

Duas vezes condenado e uma vez banido, José Bonifácio passaria à história como o Patriarca da Independência. As versões contemporâneas dos que procuraram na época diminuir sua participação nos acontecimentos, embora chegassem aos nossos dias alimentadas por alguns cronistas, foram vencidas pelo tempo à medida que os ideais de José Bonifácio que correspondiam a uma imagem do Brasil segundo o modelo ilustrado, característico do estágio mais avançado do capitalismo europeu, ganharam sentido na sociedade brasileira, a partir do momento em que a economia escravista entrou em crise e a Abolição e a imigração entraram para a ordem do dia. Os abolicionistas exaltariam sua figura, reeditariam sua "Memória sobre a escravidão". Os positivistas, aos quais agradava a aversão de José Bonifácio aos princípios metafísicos e às revoluções e que apreciavam seu espírito reformista, estimulariam as festividades cívicas e o culto do herói nacional. A figura do patriarca politicamente conservador, pouco amigo dos "excessos democráticos" e da "liberdade sem medidas" seria simpática aos homens do Império e da República que, como ele, procuravam "conciliar a liberdade com a ordem". José Bonifácio,

80 BRASIL: HISTÓRIA, TEXTOS E CONTEXTOS

a quem repugnavam os excessos da "suja e caótica democracia", seria também paradoxalmente louvado pelos democratas que nele viram mais tarde o precursor da reforma agrária, do voto dos analfabetos. "Nacionalista, republicano, homem de esquerda", assim seria retratado em 1963 por ocasião da comemoração do segundo centenário de seu nascimento em uma das obras então publicadas a seu respeito.[54]

À margem dos esforços da historiografia, a lenda andradina permaneceu no que tem de mais irredutível: o mito da nacionalidade. José Bonifácio, simbolizando os anseios de emancipação do jugo colonial, continuará a ser reverenciado como herói enquanto perdurarem as ideias de nacionalidade, autonomia e integração nacional.

---

54 Fonseca, *José Bonifácio, nacionalista republicano, homem de esquerda*.

O LEGADO DO IMPÉRIO: GOVERNO OLIGÁRQUICO E ASPIRAÇÕES DEMOCRÁTICAS*

O Império tem sido sempre uma referência nos momentos de crise política. Diante de perturbações da ordem pública, golpes militares, fraude eleitoral ou outras formas de corrupção aparecem sempre saudosistas a louvar o passado e denegrir o presente. A idealização da Monarquia não é fato novo. Teve início logo após a Proclamação da República (1889), quando monarquistas e alguns republicanos, desiludidos com o rumo que os acontecimentos tomavam, se associaram na construção de uma imagem idealizada do Império. Argumentavam que o regime monárquico dera ao país setenta anos de paz interna e externa, garantira a unidade nacional, o progresso, a segurança individual, a liberdade e o prestígio internacional, sob a direção sábia de um imperador digno, ilustrado e generoso. Consideravam que, alheia à vontade do povo, a Proclamação da República não passara de um levante de militares indisciplinados, instigados pelos republicanos que contaram com o apoio de fazendeiros descontentes com a Abolição. A República restringira as liberdades individuais, fora incapaz de garantir a segurança e a ordem ou de promover o equilíbrio econômico e financeiro.

---

* Publicado originalmente em 2006 em *Nossa História: a construção do Brasil.*

Com o passar dos anos, a versão monarquista se tornou mais complexa, embora continuasse a ignorar os problemas que o Império teve de enfrentar, nem sempre com o sucesso que seus adeptos alardeavam: as constantes insurreições que tumultuaram o Primeiro Reinado e o período regencial, tais como a Confederação do Equador e a Praieira no Nordeste, Farrapos, no Sul, levantes em São Paulo e Minas em 1842, e Cabanos e Balaios no Norte do país. Também ficaram esquecidos os protestos populares durante o Segundo Reinado, a revolta dos imigrantes nas fazendas, as agitações do proletariado incipiente, as lutas dos escravos no campo e na cidade. Olvidada também foi a repressão violenta contra escravos e rebeldes, os abusos da Guarda Nacional, o injusto recrutamento militar, a corrupção da justiça, a fraude eleitoral, o nepotismo endêmico, o apadrinhamento nas concessões de monopólios, as desastrosas guerras contra a Cisplatina, Rosas e o Paraguai, o precário estado em que se encontrava o Exército, o analfabetismo beirando os 80% da população, as constantes epidemias de varíola, cólera, malária e febre amarela que assolavam periodicamente as populações, a dependência em relação aos mercados externos e às potências estrangeiras, os onerosos empréstimos realizados no exterior, a permanência da escravidão até praticamente o fim do Império, uma política de terras que permitiu sua concentração nas mãos de uma minoria, o elitismo e a exclusão política da grande maioria do povo brasileiro.

A República também teve seus defensores. Estes projetavam uma imagem oposta. A República sempre fora uma aspiração nacional, desde os tempos da colônia. A Monarquia era uma instituição alheia à América, onde só existiam repúblicas. Baseando-se nas críticas feitas durante o Império, pelos próprios monarquistas ao imperador e ao Poder Moderador, que aquele exercia juntamente com o Poder Executivo, os republicanos afirmavam que as liberdades tinham sido cerceadas com grande prejuízo para a nação. Criticavam as deficiências do imperador como estadista. Condenavam a excessiva centralização do governo monárquico. Repudiavam a vitaliciedade do Senado e do Conselho de Estado, que impediam sua renovação. Denunciavam a fraude eleitoral, que permitia ao governo vencer sempre as eleições.

Na avaliação da Monarquia, ignoravam suas realizações: o patrocínio das artes e das letras, a multiplicação das escolas primárias, os subsídios concedidos aos interessados em promover uma política imigratória ou a construção de ferrovias e o desenvolvimento de indústrias. A manutenção do território nacional, sem dúvida uma das realizações mais importantes da Monarquia, que conseguiu evitar seu esfacelamento, também não foi valorizada. De fato, ao contrário das províncias espanholas envolvidas em lutas fratricidas que romperam a unidade do antigo Império espanhol, o Brasil conseguira não só manter intacto seu território, como evitar o caudilhismo que imperava nos países vizinhos.

Baseadas nos testemunhos dos contemporâneos, ambas as versões, a do vencedor e a dos vencidos, a republicana e a monarquista, igualmente parciais, superficiais e incompletas, forjadas no calor das lutas políticas do Império, estabeleceram os parâmetros da historiografia que vigoraria por muito tempo depois da implantação da República. Contribuíram para obscurecer aspectos importantes para a compreensão da história do Império que vieram a marcar profundamente a cultura política do brasileiro. São alguns desses aspectos que queremos focalizar. O mais significativo e de longa duração, porque ainda persiste em nossos dias, sob várias formas, é o sistema de patronagem e clientela, cujas raízes remontam ao período colonial, embora tenham se desenvolvido e adquirido real importância durante o Império. Foi esse talvez seu mais importante legado.

Originando-se no período colonial, nos monopólios e privilégios conferidos pelo poder real a alguns colonos e negados à grande maioria da população; reforçado pela economia de exportação baseada na grande propriedade e no braço escravo, e consagrado pelos preconceitos e pela lei, que criaram uma sociedade de profundos contrastes entre poderosos e os sem poder, entre ricos e pobres, brancos e negros, letrados e analfabetos, o sistema de patronagem e clientela floresceu durante o Império.

A persistência das estruturas econômicas e sociais e a organização política e institucional do país independente criaram condições ideais para a formação de um regime oligárquico. De fato, qualquer que seja a opinião que se tenha do imperador, é preciso reconhecer que quem de fato assumiu o poder foram as oligarquias e seus asseclas. O sistema de patronagem e a "ética do favor" foram, ao lado do Exército e da Guarda Nacional, os instrumentos utilizados por elas para se manterem e se reproduzirem no poder. Embora a composição social das oligarquias tenha se alterado ao longo do tempo, especialmente à medida que grupos novos surgiram na sociedade nas últimas décadas do Império, as oligarquias se reconstituíram em bases novas e sobreviveram à Proclamação da República.

O sistema político instituído depois da Independência era altamente centralizado, deixando pouca autonomia às províncias. O Ato Adicional (1834) e a reforma do Código de Processo Criminal (1841) foram as últimas medidas que tentaram minimizar um pouco essa situação. No entanto, até mesmo essas concessões, nascidas no período turbulento da Regência, foram reduzidas pela lei de 1840 que interpretou o Ato Adicional. D. Pedro II governou com a assistência da Câmara, do Senado e do Conselho de Estado. Nas duas últimas instituições, os cargos eram vitalícios. Os membros do Conselho eram nomeados pelo imperador, os demais eram eleitos. Apenas a Câmara se renovava periodicamente, através de eleições, mas o sistema de eleições indiretas, baseado na renda pessoal, excluindo os assalariados (com algumas exceções), as mulheres e os escravos, reduzia o eleitorado a uma mínima parcela da população. Durante o Império, a despeito das várias reformas eleitorais, o número de eleitores variou entre 1,5% e 2% da população.

Conselheiros, senadores e deputados do Império e das províncias constituíram um grupo poderoso. Alguns chegaram a receber títulos de nobreza. Ocuparam posições de ministros, foram nomeados presidentes de província. Usaram de suas posições para exercer influência na imprensa, junto aos bancos, nas concessões de terras e subsídios a empreendimentos vários, no preenchimento dos cargos públicos, na Justiça e na legislação. Os políticos intervinham no Exército, na Guarda Nacional, na Igreja. Constituíram uma verdadeira oligarquia que governava em nome do povo e da nação. O político era eleito através de uma rede de clientela e, quando no governo, esperava-se que servisse aos interesses de seus eleitores. Não é de espantar, portanto, que o político não fosse visto como representante do povo, mas como seu benfeitor.

O LEGADO DO IMPÉRIO: GOVERNO OLIGÁRQUICO... 85

Nessas condições, os direitos constitucionais do cidadão passavam a ser vistos como concessões das elites políticas. A troca de favores governava todas as relações. Sem patrono, político não fazia carreira, magistrado não permanecia no cargo, funcionário público não conseguia emprego, escritor não ficava famoso, empresário não conseguia criar empresa, banco não obtinha permissão para funcionar. Essa situação ficou bem caracterizada através do ditado popular: "Quem não tem padrinho morre pagão".

Os grupos que assumiram o poder representavam os interesses da grande lavoura e do comércio ao qual estavam ligados por laços de família ou de amizade. Liberais e conservadores, embora divergissem quanto a sua plataforma, na realidade se revezaram no poder sem exibir diferenças fundamentais. Abolição da vitaliciedade do Senado e do Conselho de Estado, sufrágio universal, separação da Igreja do Estado, por exemplo, reformas que constavam do programa liberal, não chegaram a ser concretizadas durante o Império. A emancipação gradual dos escravos que já fora proposta por José Bonifácio e outros, na época da Independência, somente começou a ser realizada cinquenta anos mais tarde com a Lei do Ventre Livre. A Abolição definitiva ocorreu apenas quando a libertação dos escravos já era praticamente fato consumado. A política do Império foi basicamente conservadora. Conciliar a ordem com o progresso, a modernização com a tradição, o liberalismo com a patronagem, foram seus objetivos.

Entre liberais e conservadores não havia muita diferença. Martinho de Campos, renomado político do Império, em um discurso pronunciado em 1882 ao assumir o cargo de primeiro-ministro, caracterizou bem a relação entre os políticos e os partidos: "Hoje é que se pode dizer, como o finado visconde de Albuquerque – são duas coisas muito parecidas um liberal e um conservador –, e podia mesmo acrescentar-se um republicano, porque têm todos os mesmos ares de família", dizia ele, e continuava: "Vivemos às mil maravilhas na mesma canoa e não temos dificuldades quanto as opiniões". Na realidade, a filiação partidária era frequentemente mais uma questão de família e parentesco ou amizade do que de ideologia. Isso não diminuía em nada a intensidade da competição política. Na época das eleições, os gabinetes no poder demitiam ou removiam funcionários públicos; criavam distritos eleitorais onde tinham amigos e eliminavam outros onde a oposição era majoritária; utilizavam a Guarda Nacional para perseguir eleitores; roubavam urnas eleitorais que apareciam depois recheadas de votos favoráveis ao partido situacionista e recorriam ao recrutamento militar para aterrorizar a oposição. Enquanto os adversários eram combatidos por todos os meios, os amigos e a parentela eram recompensados com favores de toda espécie. O nepotismo imperava sem qualquer constrangimento em uma sociedade em que o público e o privado muitas vezes se confundiam.

Nessas condições, os princípios liberais traduzidos de um documento produzido durante a Revolução Francesa intitulado Declaração dos Direitos do Homem e do Cidadão (1789) e reproduzidos na Carta Constitucional de 1824 (incluídos a partir de então em todas as constituições brasileiras) assumiram um caráter utópico. Os viajantes que passaram pelo país desde os primeiros anos do Brasil independente chocaram-se com a falta de correspondência entre a legislação e a realidade. A Carta Constitucional afirmava a igualdade de todos perante a lei, assim como garantia a liberdade individual. Mas durante o Império houve homens e mulheres escravizados que nem sequer eram considerados cidadãos. A Carta Constitucional garantia o direito de propriedade, mas na época da Independência a grande maioria da população livre vivia em terras alheias, na qualidade de "moradores", sem nenhum direito a elas. A Carta Constitucional assegurava a liberdade de pensamento e de expressão, mas não foram poucos os que pagaram com a própria vida o uso desse direito. A Carta garantia a segurança individual, mas por uns poucos mil-réis era possível mandar matar impunemente um desafeto. O lar era considerado inviolável, mas a polícia, em desrespeito à lei, o invadiu muitas vezes sob os mais variados pretextos. A independência da Justiça era teoricamente garantida pela Carta Constitucional, mas tanto a administração quanto a Justiça transformaram-se em instrumentos dos poderosos. A Carta abolia as torturas, mas por muitos anos nas senzalas o uso de troncos, anjinhos, açoites e gargalheiras continuou. O direito de todos a serem admitidos aos cargos públicos, sem outra diferença que a de seus talentos e virtudes, foi assegurado pela Carta Constitucional, mas o critério de amizade e

O LEGADO DO IMPÉRIO: GOVERNO OLIGÁRQUICO... 87

compadrio, típico do sistema de patronagem vigente, continuaria a prevalecer na nomeação de cargos públicos. Em suma, os direitos do homem converteram-se em privilégios de uma minoria e a luta por sua implementação foi deixada a cargo do povo. A este caberia a tarefa de converter a promessa da Constituição em realidade.

Se bem que as classes dominantes do Império tenham nos legado um sistema elitista e antidemocrático e tenham conseguido reprimir projetos alternativos que se esboçaram no passado, não conseguiram, no entanto, sufocar a voz daqueles brancos, mulatos e pretos, que já na época da Independência tinham se reunido na Praça do Comércio para forçar d. João VI a jurar a Constituição portuguesa que ainda seria escrita. Suas vozes chegaram até nós. Também não conseguiram reprimir as aspirações dos homens e mulheres que se levantaram, pelo Brasil afora, em inúmeras revoltas visando a construir um país mais democrático, preconizando o parcelamento da grande propriedade, a igualdade entre brancos e pretos, a eliminação do preconceito racial, o sufrágio universal, a eliminação da fraude eleitoral, a emancipação das mulheres, o desenvolvimento de uma economia nacional. A realização dessas aspirações foi delegada às futuras gerações de brasileiros.

CONCEPÇÃO DO AMOR E IDEALIZAÇÃO DA MULHER NO ROMANTISMO:* CONSIDERAÇÕES A PROPÓSITO DE UMA OBRA DE MICHELET[1]

Um dos setores da História de mais difícil abordagem científica é o da História da Sensibilidade.[2] As dificuldades com que se defronta qualquer historiador, em face da documentação, aparecem

---

* Publicado originalmente em 1963 como separata da revista *Alfa*.

1 Estas notas não pretendem senão apresentar um documento curioso para o estudo da história do amor: o livro *L'Amour*, de Jean Michelet.

2 Esse setor da História é em geral estudado como um capítulo da História das Ideias: *Histoire des mentalités*, como preferem os franceses, ou *Geistgeschichte*, *Ideengeschichte* dos alemães, ou ainda *History of Ideas* ou *Intelectual History* dos ingleses e americanos. Entre outros artigos a respeito, veja Duby, Histoire des mentalités. In: *L'Histoire et ses Méthodes*; Wiener, Some Problems and Methods in the History of Ideas, *Journal of the History of Ideas*; Lovejoy, Reflections on the History of Ideas, *Journal of the History of Ideas*; bem como numerosos artigos de Lucien Febvre publicados nos *Annales. Économies, sociétés, civilisations*, por exemplo Sorcellerie, sottise ou révolution mentale; De l'à peu près à la précision; La mort dans l'histoire; Id., *Combats pour l'Histoire*, p.207-44. Há muitos trabalhos de psicólogos que abordam temas da História da Mentalidade e que têm encontrado grande aceitação por parte do público, por exemplo os de Erich Fromm e Karen Horney. A despeito de seu inegável interesse, essas obras em geral parecem simplificar demasiadamente o quadro histórico, condicionando a análise do real a fórmulas aprioristicas mais ou menos rígidas.

nesse campo muito aumentadas. Nem sempre é fácil interpretar o verdadeiro sentido das palavras, evitar a projeção de experiências e realidades presentes no passado ou deixar de incorrer em generalizações apressadas. A possibilidade de se cometer involuntariamente transgressões dessas normas metodológicas está sempre a ameaçar a obra de reconstituição histórica, principalmente quando se trata de analisar ideias, valores ou sentimentos de outras épocas. Caracterizar a maneira de pensar ou sentir de certos grupos sociais, mesmo de determinados indivíduos, não é tarefa fácil, mais difícil é interpretá-la.

Para tanto não faltam documentos. Há documentos escritos como cartas, memórias, diários, obras literárias, e há mesmo documentação iconográfica. A maior dificuldade reside em sua utilização. No caso da documentação escrita, por exemplo, o difícil é conhecer o sentido exato das palavras. Muitas vezes elas conservaram, através dos tempos, a mesma forma, mas seu sentido já não é o mesmo. Descobrir o verdadeiro sentido das palavras contidas em um texto é tarefa que se impõe a qualquer historiador, mas no campo da História das Ideias ou na História da Sensibilidade ela é uma das próprias razões de ser da pesquisa.

Outro problema que frequentemente interfere perturbando o trabalho de reconstituição histórica é o perigo das generalizações apressadas. Na impossibilidade de fazer um levantamento exaustivo (total) da realidade, para o que faltam documentos e o tempo é escasso, o historiador vê-se obrigado a generalizar certos fenômenos que observa. Nesse processo de generalização reside uma das maiores provas a que se submete o trabalho do historiador. Pode-se afirmar que o valor de suas conclusões, a validade de sua obra, depende da validade de suas generalizações. Mesmo que ele não endosse as concepções mais ou menos sociológicas dos que afirmam, como Marx, que o ser social do homem determina sua consciência, o historiador vê-se, frequentemente, compelido a atribuir a determinado grupo social ideias e hábitos comuns, e ao fazer isso nem sempre leva, ou pode levar em conta, certas peculiaridades existentes dentro do grupo. Às vezes, sente--se tentado a estender a toda uma categoria social, a uma época histórica, a um povo, certos aspectos que conseguira registrar através da documentação, inevitavelmente parcial e descontínua.

E, infelizmente, não dispõe o historiador de um instrumento dotado de grande sensibilidade e absolutamente seguro que lhe indique os limites que não devem ser transpostos em seu esforço de generalização. Ora, é comum observar indivíduos pertencentes a um mesmo ramo de atividade profissional, por exemplo, que não têm as mesmas inclinações, sentimentos ou tendências, apresentando-se até contraditórios. O estudo do comportamento dos vários grupos que compõem uma determinada sociedade revelará, por sua vez, a coexistência de sentimentos diversos e até antagônicos. Comparando-se as obras de Philippe Wolff sobre os comerciantes e mercadores de Toulouse com as de Armando Sapori sobre o mercador italiano na Idade Média, verifica-se que os mercadores de Toulouse do século XIV não partilhavam, em absoluto, dos sentimentos, gostos, curiosidades, ambições e desejos de seus colegas de Florença. Como, pois, falar na mentalidade do mercador medieval sem ter em conta as diferenças que existem entre o mercador que na mesma época vive em Florença, Portugal, Toulouse ou no Báltico?

Ao pretender reconstituir a maneira de pensar ou de sentir de uma certa época ou de uma certa coletividade, o historiador dispõe de documentos escritos, obras literárias, que nem sempre são testemunhos do verdadeiro estado de espírito dessa coletividade. Há obras que são mais um protesto contra uma situação existente do que seu retrato. São, isso sim, formas de evasão da realidade. Tomar esse protesto pela própria realidade é confundi-la. Isso não quer dizer que uma obra daquele tipo não possa ser igualmente elucidativa de uma maneira de pensar ou sentir. O risco está exatamente em tomar as nuvens por Juno.

Há a considerar ainda que as obras mais famosas, as chamadas grandes obras, nem sempre são as que melhor definem o pensamento ou a sensibilidade de um certo grupo social. As menos significativas, as de menor valor literário, podem melhor caracterizar as tendências gerais, assim como ter um maior campo de influência, uma penetração maior junto ao público. Outro embaraço que ocorre frequentemente na utilização do documento deriva do uso de textos traduzidos. Nem sempre o estudioso pode ler o texto original. Recorre então às traduções e fica à mercê delas. O pensamento original poderá estar completamente defor-

92 BRASIL: HISTÓRIA, TEXTOS E CONTEXTOS

mado na tradução, pelo emprego de termos modernos que trazem consigo um significado atual, muito distante das ideias primitivas. Desse fato resultam graves erros de interpretação. É o caso, por exemplo, de um autor que pretendeu demonstrar que oito séculos antes de Darwin, Alberuni já manifestava ideias evolucionistas. Ao que parece, utilizara para seu estudo um texto vertido para o inglês em 1887 – em uma época em que as ideias de Darwin estavam em plena voga. Possivelmente, o dito evolucionismo de Alberuni nada mais seria, na realidade, que o evolucionismo de seus tradutores![3]

Na caracterização histórica de um sentimento ou uma ideia há a considerar ainda a facilidade com que ideias de épocas passadas são incorporadas, a cada instante, no presente, conservando-se intactas ou sendo reinterpretadas. Daí a dificuldade de se separar o que é típico de um autor, ou de uma época, daquilo que ele foi buscar em leituras casuais, em autores de outros tempos que o impressionaram.

No esforço analítico e compreensivo que o historiador desenvolve ao caracterizar uma ideia ou tentar explicá-la está comprometida, consciente ou inconscientemente, toda a sua posição filosófica, sobretudo a posição que assume em face de certas questões. Como ele encara o problema da identidade e diversidade da natureza humana através do tempo? (mutabilidade ou permanência da natureza humana). Qual a importância que atribui respectivamente aos fatores racionais e irracionais na explicação da conduta individual e coletiva? Dá ele maior importância ao caráter individual e autônomo de uma ideia ou sentimento, ou preocupa-se em estabelecer a coincidência entre o sentimento individual e do grupo e mais amplamente o de uma época? Na explicação de uma ideia ou sentimento dá maior ênfase às condições econômico-sociais, subordinando aqueles a estas, ou procura explicá-los dentro de seu próprio contexto, isto é, acredita que as ideias encontram sua explicação em sua própria história, de maneira mais ou menos independente dos demais fatores?[4]

---

3 Wiener, Some Problems and Methods in the History of Ideas, *Journal of the History of Ideas*.

4 Essas duas tendências podem ser facilmente observadas, por exemplo, em certos trabalhos sobre História da Arte. Comparando-se os livros

CONCEPÇÃO DO AMOR E IDEALIZAÇÃO DA MULHER... 93

A maneira pela qual ele responde a essas questões norteia sua pesquisa e condiciona, até certo ponto, seus resultados.

Na História das Ideias ou da Sensibilidade sucede o que também se observa na Historiografia em geral: uma obra de História é frequentemente tão elucidativa sobre a época em que ela foi escrita, sobre seu autor, quanto o é sobre a época que pretende abordar. Na análise que o historiador faz dos sentimentos ou ideias do passado, é provável que revele tanto de si mesmo quanto do passado que está estudando.[5]

Essas considerações metodológicas, mais ou menos abstratas, tornam-se mais compreensíveis na análise de um problema concreto, por exemplo no estudo da concepção do amor e da idealização da mulher no Romantismo.

Através das fontes literárias é fácil verificar que a maneira de amar, ou pelo menos de exteriorizar o amor, assim como a concepção que dele se faz, não têm sido as mesmas através do tempo. Os numerosos estudos sobre o amor na época da cavalaria, o amor no século XVII, na época do "preciosismo" na França, por exemplo, demonstram essa variedade de manifestação amorosa. A leitura dos autores do Romantismo – embora estejam eles muito mais próximos de nós do que os *troubadours* medievais ou os "preciosos" do Setecentismo – permite-nos também apreciar as diferenças de comportamento entre os personagens que vivem em suas obras e aqueles que povoam o romance e o teatro contemporâneo. Ficamos, muitas vezes, perplexos diante dos transbordamentos românticos dos autores do século passado, sua idealização da

---

de Woelflin com os de Tapié, encontramos nos dois enfoques diversos. Consulte a esse respeito os trabalhos de Mandrou, Le barroque européen: mentalité pathétique et révolution sociale, *Annales*, n.5; Tapié, *Barroque et Classicisme*.

5 A esse respeito, Carr, em sua recente obra *What is History*, faz interessantes considerações sobre a obra de Mommsen, Grote, Trevelyan e Namier, e afirma: "*I should not think it an outrageous paradox if someone were to say Grote's History of Greece has quite as much to tell us today about the thought of the English philosophical radicals in the 1840's as about Athenian democracy in the fifth century BC or that anyone wishing to understand what 1848 did to the German liberals should take Mommsen's History of Rome as one of the books*", p.30-3.

figura feminina. Poderíamos falar em diversidade de maneiras de sentir? Ou nos contentaremos em afirmar que os autores do Romantismo tinham um ideal diferente de amor, assim como idealizavam a mulher de uma maneira diversa da nossa? Entre a ideia que se tem de um sentimento e aquilo que realmente se sente, que distância existe? Poderemos algum dia chegar a escrever uma história dos sentimentos ou teremos de renunciar a isso e nos limitar a escrever a história das ideias que se tem dos sentimentos? Por outro lado, até que ponto esses romances, essas personagens do Romantismo, refletem uma realidade social em que vivem mergulhados os autores que os criaram, e até que ponto representam um protesto contra essa mesma realidade, um desejo de modificá-la? E finalmente: em toda essa maneira de conceber o amor e a mulher, tão diversa daquela que encontramos hoje, que existe de mero artifício literário, tendência literária ou estilo?

A que grupos sociais corresponde o retrato do amor e da mulher que as obras do Romantismo nos oferecem? Poder-se-ia dizer que ele corresponde a uma determinada sociedade, ou teremos de nos limitar a reconhecer naquela caracterização o retrato do amor, tal como é concebido por um pequeno grupo: aquele de onde saem os escritores românticos, principalmente aqueles onde eles vivem e para o qual escrevem? E ainda: até que ponto teriam eles exercido, com suas obras, uma influência no sentido de modelar a conduta e os sentimentos de seus leitores?

Essas considerações nos ocorreram ao ter em mãos, por acaso, o livro de Michelet *L'Amour*. Publicado em 1858, ele apresenta uma visão do amor e da mulher perfeitamente a gosto de certa tendência do Romantismo e só pode ser bem compreendido se enquadrado dentro das características gerais da literatura romântica.

Já no século XVIII esboçavam-se muitas das manifestações comuns ao Romantismo: a crença na bondade natural do homem, o culto da amizade, da recordação e da lembrança, o culto da sensibilidade, o hábito de se abandonar às doces emoções, ao terno, a tendência a se cultivar a piedade pelo infortúnio físico ou moral, assim como outros motivos de enternecimento: o gosto contemplativo da natureza, o amor pelas paisagens melancólicas, lunares ou outonais. A maior parte dessas características é encontrada na literatura oitocentista da França (*Nouvelle Heloise* de Rousseau,

CONCEPÇÃO DO AMOR E IDEALIZAÇÃO DA MULHER... 95

por exemplo, 1761), na Inglaterra (em *Sir Charles Grandison* de Richardson [1764]) e na Alemanha (*Werther* de Goethe [1774]). Observa-se nessa literatura pré-romântica o prazer de se sentir bom, caridoso e meigo, a preferência pelas atitudes suaves, assim como a convicção de que virtude e sensibilidade de alma são sinônimos. A sensibilidade é medida pela exteriorização em uma conduta que, para muitos, hoje, seria considerada ridícula: um transbordamento de emoções e lágrimas fáceis, atitudes implorativas, posição de joelhos, súplicas e enternecimentos que empolgam tanto as figuras femininas como as masculinas.[6]

Na literatura do século XVIII também se manifesta o gosto pela crítica social e moral, voltando-se ela principalmente contra os preconceitos aristocráticos. Criticavam-se os casamentos de conveniência, sem amor, tão frequentes na aristocracia e não menos comuns, provavelmente, na burguesia. Um apelo à liberdade perpassa por todas essas obras. Elas refletem, algumas vezes, uma verdadeira crise do pensamento cristão, bem como a crise dos valores da sociedade aristocrática, antecipando o *mal du siècle*.

Todos esses aspectos que já se anunciam no século XVIII permanecem como característicos da literatura romântica do século XIX. As agitações revolucionárias e as transformações político-sociais que atingem o mundo ocidental de maneira mais ou menos profunda conforme os países, os movimentos liberais e nacionalistas do período que se segue à Revolução, a tentativa de Restauração dos Antigos Regimes, os progressos da Revolução Industrial em algumas nações, como a Inglaterra e a França, tudo isso não eliminou da literatura aqueles traços, acentuando-os mais ainda. Ao mesmo tempo, outros aspectos surgiram. Há novas condições de vida para os homens de letras. Alguns saem de classes mais populares. Os "salões", embora continuem a se manter, perdem muito de sua primitiva importância. Com o desenvolvimento da imprensa, o campo de ação do escritor se amplia, o público muda pouco a pouco.

Ambiciona-se uma literatura que seja original, "moderna" e verdadeira. Pretende-se evitar o convencional. Tão grande é o

---

6 Van Tieghen, *Le Romantisme dans la litterature européenne*, p.433 ss.

desejo de ser autêntico e comprovar sua própria autenticidade que se cai, por vezes, em um outro tipo de convencionalismo. O estado de alma romântico foi partilhado por um grande número de indivíduos, que reencontravam nos autores românticos traços de sua alma. O Romantismo expressava uma tendência peculiar a certos grupos da sociedade dentro da qual viviam os escritores. Estes faziam-se intérpretes não de toda a sociedade de seu tempo, mas de uma vasta família de espíritos que se reencontrava em suas obras.[7]

Enquanto para os representantes do Classicismo a "razão" era a característica essencial do homem – sua própria substância – e a sensibilidade e imaginação apareciam como acidentais, para os românticos estas eram as qualidades mais importantes. Já em 1801 Coleridge observava que toda verdade é uma espécie de revelação. Partindo-se dessa convicção, passava-se a acreditar que a sensibilidade é guia mais seguro do que a razão.[8]

Os autores do Romantismo revelam, em sua maioria, revolta contra a sociedade, horror à realidade, desejo de fuga através da imaginação ou do isolamento, refugiando-se o autor dentro de sua própria sensibilidade. Curiosamente, ao lado dessa tendência à evasão, certas obras desse período denotam o gosto pelas descrições minuciosas da realidade.

A partir da ideia da preponderância do sentimento sobre a razão, a vida afetiva passou para o primeiro plano, marcada por profundo subjetivismo e acompanhada de uma conduta que se caracterizava por transbordamentos e confissões de caráter extremamente íntimo e pessoal. O tema do amor tornou-se absorvente. Ele assume lugar importante na obra da maior parte dos autores românticos. Às vezes, aparece como uma espécie de culto voltado a Deus ou à Natureza: uma verdadeira religião. Considerado não como uma simples inclinação dos sentidos ou um capricho do coração, mas como um "princípio divino",

> o amor adquire direitos imprescritíveis que primam sobre a tradição social ou as leis civis: dois seres que os homens separam têm o

---

7 Ibid., p.247.
8 Ibid., p.249-50.

CONCEPÇÃO DO AMOR E IDEALIZAÇÃO DA MULHER... 97

direito a unir-se diante de Deus, dois seres que os homens uniram sem amor têm o direito de considerar essa união como nula.

Chega-se mesmo a afirmar, como Schlegel, que "todos os casamentos não são mais do que concubinagens legais, pois que o verdadeiro amor não apôs o timbre divino".[9]
A mesma ideia é desenvolvida em Shelley (*A rainha Mab*), onde o autor se insurge contra a lei que obriga a amar ou a fingir quando se cessou de amar. A fidelidade da mulher no casamento, quando não há amor, é considerada por Stendhal uma coisa contra a natureza,[10] chegando ele a dizer: "*Il est beaucoup plus contre la pudeur de se mettre au lit avec um homme qu'on n'a vu que deux fois, après trois mots latins dits à l'église que de ceder malgré soi à un homme qu'on adore depuis deux ans*".[11]
Também nos primeiros romances de George Sand o amor é santificado, seus direitos consagrados e a "comédia do amor" exigida pela sociedade e pela moral reinante é criticada. Em *Jacques*, ela chega a afirmar que as leis deveriam curvar-se aos sentimentos e não os sentimentos às leis.
Os autores românticos rebelam-se contra as convenções sociais. Byron, Tennyson, George Sand, protestam contra a sociedade e a moral social reivindicando os direitos do amor e da mulher.[12]
Encarnando o amor, a sensibilidade, a emoção, a figura feminina terá na literatura romântica um papel marcante. A figura idealizada da mulher oscila entre duas tendências: a mulher anjo e a mulher demônio. A mulher anjo é a purificadora do coração do amante, capaz de enobrecer sua alma e de fortificá-lo, aproximando-o de Deus: desperta-lhe a sensibilidade para o belo, encoraja-o em sua missão política ou patriótica, revigora-o moralmente. É a mulher benfeitora, a conselheira e guia: a mulher que reflete a luz divina,[13] a mulher inspiradora.

---

9 Ibid., p.267.
10 Stendhal, *De l'Amour*, p.31.
11 Ibid., p.58.
12 Picard, *El romanticismo social*.
13 Flora Tristan em *Méphis*, apud Picard, op. cit., p.309.

O amor, nesse caso, aparece como uma virtude: todo amor é sincero e, por isso mesmo, nobre e edificante. O amor divinizado, em certas obras de George Sand, Lamartine, Hugo, sem falar nos autores alemães como Schlegel ou Novalis, assume foros da religião. Desenvolve-se, ao mesmo tempo, a mística do primeiro amor. Ao lado dessa ideia surge a tese da redenção da pecadora: a mais vil das mulheres pode ser redimida por um verdadeiro amor, puro e desinteressado. Essa tese, de preferência francesa, criou grandes tipos literários, desde Marion Delorme até a Dama das Camélias.

Para outros, a mulher não é anjo e sim demônio que, com seu encanto mágico, seduz e enfeitiça. O amor é febre que consome, é perdição e loucura. Aparece como uma espécie de maldição e tormento.[14] Tem, por vezes, o sabor de uma profanação, o gosto de todos os vícios, atingindo, em certos romances, os paroxismos de uma fúria orgiástica que envolve os personagens em um clima de frenesi e loucura.

Já no século anterior, em algumas obras de Richardson (*Clarice Harlowe*), nas *Liaisons Dangereuses*, de Choderlos de Laclos, e principalmente nas obras do marquês de Sade, desenvolvia-se o tema do vício e da crueldade triunfando sobre a pureza.[15] O prazer da destruição, da transgressão, o êxtase satânico, o gosto pela blasfêmia misturavam-se nessa sombria concepção do autor que representa já uma das tendências do Romantismo.[16]

Espetáculos cruéis e terroríficos,[17] que continuam o espírito que inspirou as obras do marquês de Sade, são retratados em certas obras em que o amor e o desejo aparecem como sentimentos torturantes e cruéis. Baudelaire, em um de seus sonetos, definirá em poucas palavras essa tenebrosa concepção:

---

14 Sobre essa maneira de encarar o amor, veja o livro de Praz, *La carne, la morte e il diavolo nella letteratura romantica*.

15 *Justine ou les Malheurs de la Vertu* (1791) e *Juliette ou les Prosperité du vice* (1796) são os títulos de duas obras do marquês de Sade que parecem ter exercido grande influência sobre certos autores do Romantismo. Praz, na obra citada, destaca, entre outros, Hugo, Gautier, Sand, Sue, Musset e Dumas. Chega mesmo a afirmar que o aspecto específico do *mal du siècle* não é o *ennuî*, mas o sadismo.

16 Praz, op. cit., p.106.

17 Ibid., p.115-6, 156, passim.

CONCEPÇÃO DO AMOR E IDEALIZAÇÃO DA MULHER...   99

L'Amour dans sa guérite
Tenebreux, embusqué, bande son arc fatal.
Je connais les engins de son vieil arsenal:
Crime, horreur et folie!
(*Fleurs du Mal*, "Sonnet D'Automne").

Prende-se essa tendência a uma visão pessimista e mórbida da natureza humana, que é vista como se comprazendo no pecado e desejando o mal. São adultérios, incestos, torturas, quadros macabros, chegando por vezes aos extremos do vampirismo, as traições, os crimes, as flagelações que caracterizam as obras que se enquadram dentro dessa linha de inspiração.

A mulher aparece ora como vítima de torturas infinitas (continuando a tradição oitocentista), ora como instrumento de perdição do homem e seu algoz.[18] Não raro, é descrita como figura dotada de implacável crueldade, instrumento de Satã, impiedosa e libertina.[19] Dotada de força mágica, conhecedora de todos os sortilégios, ela se torna irresistível e arrasta os homens aos mais infinitos vícios, conduzindo-os à perdição e, às vezes, ao crime. Ostentando um gênero de beleza funesta, diabólica, escraviza o homem aos seus caprichos, levando-o ao delírio. Infiel, instável, caprichosa, imperiosa e cruel, é o extremo oposto da outra figura feminina retratada pela obra romântica: a mulher anjo, encarnação do bem e da virtude. "*Ay que es la mujer angel caido*", exclamava Espronceda, interpretando essa visão da mulher.[20]

---

18 Ibid., p.343.
19 Ibid., p.149.
20 Referindo-se à inconstância da mulher, dizia Byron: "*one man, alone, at first her heart can move,/ she than prefers him in the plural number*". E Espronceda: *Siempre igual necias mujeres/ inventad otras caricias/ otro mundo, otras delicias,/ o maldito sea el placer,/ vuestros besos son mentira,/ mentira vuestra ternura.* (Pujals, *Esprocenda y Lord Byron*). Em Byron já se observa inclinação a essa concepção do amor. Em suas *Oeuvres de Jeunesse* (p.125-6), dele dizia Flaubert: "*Il ne croyait à rien si ce n'est a tous les vices, à un Dieu vivant, existant pour le plaisir de faire le mal*". Esse retrato, embora discutível, foi aceito mais ou menos pela maioria dos românticos, e o "byronismo" foi muito além de Byron. Entre os autores que continuam a tradição sádica do amor, Praz,

Nos exageros românticos, o amor abre as portas do paraíso ou conduz aos infernos. Faz de seus "eleitos ou de suas vítimas figuras pálidas, delicadas, melancólicas ou iluminadas e enobrecidas por um ideal que as eleva e purifica, ou são devoradas por paixões que conduzem aos abismos".[21]

Entre os traços característicos do Romantismo francês, aparece, principalmente a partir de 1830, a preocupação com as questões sociais.

Poucos foram os românticos franceses propriamente associais, como Musset, ou que subscreveriam as rimas de Gauthier em que ele afirma que é desses poetas:

qui s'inquiétent peu d'être bons citoyens
qui vivent au hasard et non d'autre máxime
si non que tout est bien pourvu qu'on ait la rime.[22]

Passadas as primeiras tendências pessimistas, o otimismo social tornou-se característico do Romantismo.[23] A maior parte dos autores manifestou verdadeira consciência social e abandonou a literatura ou poesia puramente individualista dos primeiros tempos, por inspirações de ordem mais geral. Ao idealizar a sociedade, aspiram, muitas vezes, a superar a pintura da realidade e expressar as necessidades desta, antecipando o momento em que suas esperanças viessem a se converter em realidade: "*Je veux peindre l'homme tel que je souhaite qu'il soit*", escrevia George Sand em 1851.[24]

Nenhum sofrimento, nenhuma miséria lhes era diferente. Queriam consolar e reabilitar os desgraçados e decaídos, e exigiam à sociedade que se reformasse para destruir os males e injustiças, cuja criação permitira. Liberdade, justiça e progresso, temas comuns ao literato e ao reformador social. No movimento român-

---

em sua obra anteriormente citada, aponta ainda Flaubert, Swinburne e Baudelaire.

21 Van Tieghen, op. cit., p.267.
22 Picard, op. cit., p.48.
23 Ibid., p.50 e 51.
24 Van Tieghen, op. cit., p.373.

CONCEPÇÃO DO AMOR E IDEALIZAÇÃO DA MULHER... 101

tico as doutrinas literárias estavam pois, frequentemente, ligadas às preocupações sociais.[25] Muitos desses autores preocupavam-se com o papel social da mulher e refletiam em suas obras o desejo de emancipá-la. Nesse sentido, ligavam-se ao pensamento social de seu tempo. Questões literárias e sociais apareciam lado a lado nas revistas da moda, como a *Revue des Deux Monde, Le Globe* e outras.

As ideias de Saint Simon, Fourier, Enfantin, no que se refere à libertação da tutela da mulher, parecem empolgar muitos românticos, dando origem a uma tendência feminista da literatura, que corresponde à tendência feminista do pensamento social, já esboçada desde a Revolução Francesa.

A condição social em que vivia a mulher, de submissão nas classes médias e de miséria nas camadas mais populares, a carência de leis protetoras da maternidade, o fato de a mulher viver cerceada pela proibição legal ou convencional do acesso a determinadas carreiras,[26] constituem tema de protesto para os pensadores sociais e motivo ou pretexto para os escritores românticos que aspiram à redenção da mulher. Os saint-simonistas e os feministas em geral, principalmente estes últimos, pretendiam em suas campanhas suprimir a exploração da mulher pelo homem, desejavam a igualdade entre sexos, chegando a admitir que ela pudesse ascender a todas as dignidades e participar de todos os empregos.[27]

A obra *Valentine*, de George Sand, foi saudada com entusiasmo pelos saint-simonistas. *Jacques* foi considerada autêntica

---

25 Picard, op. cit., p.43 e 51.

26 Na época de Luís Felipe, na França, as mulheres estavam excluídas de todos os empregos públicos, assim como das profissões liberais, enquanto o hábito impedia-lhes o acesso aos escritórios (Picard, op. cit., p.316).

27 Fourier acreditava que a extensão dos privilégios às mulheres era o princípio geral de todos os progressos sociais. Afirmava que era necessário liberar as mulheres de todas as submissões e injustiças. No Falanstério, pretende conceder liberdade política, econômica e social à mulher, pois só assim, considerava ele, poderia a sociedade desenvolver seus talentos. Essa também era a ideia de Cabet (Picard, op. cit., p.312-3). Pretende-se mesmo a igualdade entre marido e mulher, inclusive no que se refere ao pátrio poder, bem como o restabelecimento do divórcio que fora suprimido pela Restauração.

102   BRASIL: HISTÓRIA, TEXTOS E CONTEXTOS

interpretação das ideias de Enfantin, embora ela não aceite todo o programa feminista, aconselhando, por exemplo, uma educação diferente para o homem e a mulher,[28] discordando portanto daqueles que, como Stern, afirmavam que se devia dar a um e a outro educação idêntica. Esse ponto de vista, aliás, não era unanimemente aceito pelos autores do Romantismo. Michelet, como veremos, discordará dele.

O tema predileto da maioria dos pensadores sociais era o da mulher companheira, inspiradora das ações do homem.

Uma tendência representada por Enfantin pensava conjugar a ideia de libertação da mulher com a de reabilitação da carne.[29] Segundo ele, o amor físico deveria deixar de ser considerado um mal, como "pretendera o pensamento cristão", e passaria a ser santificado. Interpretando poeticamente esse pensamento, exclama Hugo em sua obra *Redenção da mulher*: *"Et qu'on ne peut a l'heure où les sens sont en feu/ Eteindre la beauté sans croire embrasser Dieu"*. Assim o amor físico aproximava o homem de Deus.

Essas novas concepções foram muitas vezes levadas a seus extremos.[30] A audácia do pensamento feminista, expresso na obra de alguns românticos, não tardou a provocar reação. A imprensa vituperou os excessos que acabaram por levar Enfantin e seus discípulos às barras dos tribunais por ultraje aos bons costumes. Esse processo correu ao mesmo tempo contra Hugo, por sua obra *Le Roi s'amuse*, e "os críticos sensíveis às analogias que existiam entre certas teses do Romantismo e a escola de Enfantin e Saint Simon englobavam a ambos em suas ironias".[31]

A reação contra as tendências feministas também encontrou acolhida em alguns autores como Balzac e Guizot. O primeiro, em sua *La Femme de trente ans*, chegou a afirmar que emancipar a mulher é corrompê-la, e Guizot manifestou-se contra o sufrágio das mulheres, uma vez que a Providência quis que estas se consagrassem à vida doméstica. Conta-se que M. de Keratry, a

---

28 Picard, op. cit., p.321-2.
29 Ibid., p.310.
30 Ibid.
31 Ibid., p.312.

CONCEPÇÃO DO AMOR E IDEALIZAÇÃO DA MULHER... 103

quem George Sand submeteu seus primeiros ensaios, lhe teria dito: "A mulher não deve escrever, não faça livros, faça filhos".[32] De maneira geral, pode-se afirmar que, apesar de algumas resistências, as ideias do pensamento social refletem-se na obra de autores do Romantismo francês a partir de 1830, aparecendo bem caracterizados o martírio social da mulher – escrava do lar, sacrificada pelo egoísmo masculino –, o problema da mãe solteira repudiada pela sociedade e o da mulher incompreendida. Também se faz a defesa da cortesã: vítima do meio que mantém em sua triste condição, mas capaz de regenerar-se, elevando-se até os cumes da virtude, por um amor sincero e abnegado. Às vezes, encontra-se nessas obras a apologia da mulher forte que quer viver independentemente sua vida ou da jovem que almeja emancipar-se. Não raro se defende a tese da reforma da educação feminina: um melhor preparo para o casamento, para a vida profissional e social, ao mesmo tempo que se insinua a necessidade de maior liberdade e garantias jurídicas para a mulher.[33]

Até que ponto aí estão retratados os anseios da sociedade ou de um grupo social, até que ponto é o Romantismo o fator desses anseios, é impossível esclarecer completamente, assim como é impossível avaliar a influência exata dessas obras sobre a sociedade. Talvez tenha sido maior a dos autores de segunda ordem, como Paul de Koch e Eugênio Sue (no Brasil, certamente com os folhetins), criando verdadeiras modas sentimentais.[34] A verdade é que

---

32 Ibid., p.321.

33 Ibid., p.167. Pleiteando uma melhor educação para a mulher, dirá Stendhal, op. cit., p.27: "L'education actuelle des femmes étant peut-étre la plus plaisante absurdité de l'Europe moderne, moins eles ont d'education proprement dite, et plus eles valent". E, mais adiante, p.29: "Quel est l'homme, dans l'amour ou dans le mariage, qui a le bonheur de pouvoir communiquer ses pensées telles qu'elles se présentent à lui, à la femme avec laquelle il passe sa vie? Il trouve un bon coeur qui partage ses peines, mais toujours il est obligé de mettre ses pensés em petite monnale s'il veut être entendu, et il serait ridicule d'attendre des conseils raisonnables d'um esprit qui a besoin d'un tel régime pour saisir les objets. La femme la plus parfaite, suivant les idées de l'éducation actuelle, laisse son partner isole, dans les dangers de la vie, et bientôt cour risque de l'ennuyer".

34 Veja Castelo, Os pródromos do Romantismo no Brasil. In: A literatura no Brasil, p.629.

o novelista e o poeta inspiram-se na realidade, mas a fazem mais expressiva, frequentemente a completam e sempre a interpretam, chegando pouco a pouco a criar novas atitudes mentais, a destruir preconceitos e a criar outros novos, principalmente a dar novas expressões pelo comportamento ou pelas palavras a disposições e sentimentos permanentes da natureza humana.[35]

Embora publicado pela primeira vez em 1858, em uma época tardia do Romantismo francês, o livro *L'Amour*, de Michelet,[36] resume muitos dos aspectos da concepção do amor e da idea-

---

35 Picard, op. cit., p.338.

36 Jules Michelet (1798-1874) é conhecido principalmente como historiador. Suas obras gozaram de grande aceitação, apesar de muito discutidas e severamente criticadas. Já em seu tempo Sainte Beuve, por exemplo, chegou a taxar Michelet de charlatão e a referir-se a ele como um *plat personnage*. Suplente de Guizot na Sorbonne em 1834, professor de História e Moral do Colégio de França (1838-51), arquivista, perdeu seus cargos entre 1851-2 com a subida de Napoleão III ao poder. Entre suas numerosas obras destacam-se: *Introduction à l'Histoire Universelle* (1831), *Histoire Romaine* (1831), *Histoire de France*, em vários volumes, *Moyen Age*, seis volumes (publicados entre 1833-44), *Révolution*, sete volumes (1847-53), *Temps Modernes*, sete volumes (1857-67), *Histoire de XIXème siècle*, três volumes (1872-3). Espírito curioso, grande viajante, trabalhador incansável, devorando ano após ano livros de História, de Literatura, de Filosofia, amante da Natureza, escreveu, ao lado de suas obras de História, uma série de obras, tais como *L'Oiseau, Le Peuple, L'Amour, Les Femmes, Nos Fils, La Mer, La Sorcière, La Bible de L'Humanité, La Montagne*. Muitas obras dessa última fase foram escritas em colaboração com sua esposa Athénais Mialaret, o que resultou muitas vezes na adulteração da forma e do estilo de Michelet. Casou-se pela primeira vez com Pauline Rousseau em 1824. Quinze anos depois morria Pauline, minada pelos caprichos alcoólicos e pela tuberculose. De 1840 a 1842, Madame de Dumesnil inspirou a Michelet outra paixão. Morta em 1842, deixou novamente um vazio em sua vida, que ele procurou preencher com várias aventuras, entre as quais algumas ancilares. Foi somente aos 50 anos que Michelet uniu-se à sua última companheira, Madame Mialaret, a qual não contava ainda 30 anos. Com ela viveu até 1874, ocasião de sua morte. É nessa fase que escreve sua obra sobre amor, embora, como ele próprio confessa, tivesse cogitado isso várias vezes anteriormente. Para maiores dados: *Journal*; Monod, *Jules Michelet*; Id., *La vie et la pensée de Jules Michelet*; Carré, *Michelet et son temps*; Febvre, *Jules Michelet*.

CONCEPÇÃO DO AMOR E IDEALIZAÇÃO DA MULHER... 105

lização da mulher típicos do Romantismo. Sua preocupação social é evidente. O próprio Michelet não esconde seus objetivos moralizantes. Sentindo os problemas que afetavam a organização familiar, resolvera, diz ele em suas primeiras páginas, escrever uma obra que denunciasse a realidade e pudesse contribuir para modificá-la. A situação social parecia-lhe desanimadora: as estatísticas revelavam uma queda na taxa dos casamentos, a população diminuía ou permanecia estacionária, o número de suicídios de mulheres crescia, aumentavam os índices de mortalidade por miséria e abandono.[37] O amor, tal como se apresenta em nossos dias, diz ele, "é uma guerra à mulher, aproveitando-se de sua miséria, aviltando-a. Casa-se cada vez menos nas cidades, as uniões são tardias e pouco sólidas [...], nenhuma necessidade de amor, de família; preferem-se os prazeres de uma vida poligâmica". E prossegue em seu diagnóstico: "Se o século XIII foi o da lepra e o XIV o da peste, o XVI da sífilis, o século XIX será conhecido como o século das moléstias da matriz!".

Michelet encontra a solução para todos esses males na construção de um lar estável, alicerçado em um verdadeiro amor. *L'Affranchissement moral par le Véritable Amour* deveria ter sido o título do livro. Em suas quatrocentas e tantas páginas, Michelet dá-nos uma visão do amor, da mulher, das obrigações do homem para com ela, dos riscos e vicissitudes pelos quais passa uma união. Sua linguagem é apaixonada, por vezes melodramática, assumindo tons de devaneio poético, tão comuns entre os autores do Romantismo. Suas concepções, embora personalíssimas, como provam as críticas que seu livro suscitou, refletem, em muitos aspectos, uma concepção do amor e sobretudo uma idealização da figura feminina típicas do Romantismo: o amor que purifica, que eleva o homem a Deus, que exalta as boas qualidades, amor que é adoração, por vezes quase uma religião; a mulher anjo, beleza, timidez, suavidade, pudor e fraqueza; o homem vigoroso, decidido, arrebatado, a quem cabe toda iniciativa e responsabilidade de uma união.

O retrato que traçou, já em seu tempo, foi considerado como uma idealização extrema da realidade. No *Journal des Débats*, de

---

37 Michelet, *L'Amour*, p.434.

22 de dezembro de 1859,[38] John Lemoinne criticou severamente o livro de Michelet. Na *Revue Critique*, em 1860, comentava-se, a propósito de seu livro *Les Femmes*, onde o autor desenvolvia ideias semelhantes, que se ele conseguisse propagar o espírito que o animava (a ideia do amor puro, das virtudes modestas, do nobre devotamento), o resultado seria excelente, mas, indagara o crítico, estaria aquele quadro traçado à altura da capacidade humana? Suas ideias sobre o amor e principalmente sobre a mulher pareciam muito antiquadas.[39] Assim, pouco depois do aparecimento de seu livro sobre o amor, P. Marie Haas publicava: *L'Amour, renversement des propositions de M. Michelet*. Adèle Esquiros editava uma obra com o mesmo título: *L'Amour*. Lelia Michelet criticava a concepção de Michelet em *Sur l'Amour de M. Michelet, critique à vol d'oiseau*, e um autor desconhecido publicava *L'Amour qu' est-ce qu' c'est qu' ça?*

Atacava-se principalmente o retrato que ele traçara da mulher: frágil e indefesa.[40] A época era, como vimos, de afirmações feministas, de desejos de emancipação política e social da mulher. Já por volta de 1830, o tipo que se consagrava cotidianamente nas revistas, jornais e na literatura em geral era o da *lionne*: figura desempenada, afetação de independência, por vezes de cinismo, atitudes provocantes, repúdio aos preconceitos, aspiração a uma vida intensa, eis a mulher da moda. Ela se reconhece em Indiana ou Lélia, desafia as convenções sociais por sua extravagância, fuma, bebe com desenvoltura e come com apetite viril. A moda das fraquezas sonhadoras e poéticas parecia ter passado.[41] Ao lado da *lionne*, a literatura acolhia a figura popular da *grisette*, consagrada por Béranger e Musset. A mulher retratada por Michelet: ingênua e pura, toda suavidade,

---

38 *Bibiliographie des Ouvrages Relatifs à L'Amour aux Femmes et au Mariage*, v.I, p.107.

39 Ibid., v.II, p.270.

40 Também sua obra *Les Femmes*, publicada em 1860, provocou uma série de respostas, entre as quais *La femme, refutation des propositions de M. Michelet par Haas*, 1860; *La femme affranchie, réponse a M. Michelet par Jenny P. D'Herincourt*; *La femme telle qu'elle est, par Moeller* etc.

41 Moreau, *Le Romantisme*, p.157.

CONCEPÇÃO DO AMOR E IDEALIZAÇÃO DA MULHER... 107

a necessitar de proteção e carinho para sobreviver, a mulher para quem o amor é a própria vida, era considerada, por muitos, uma figura fora da época. Michelet, entretanto, não escrevia para o *"grand monde"*. "Não escrevo para os ricos", diz ele,

> pois esses não têm intimidade nem lar, e, infelizmente, não posso escrever para aqueles que não têm liberdade, que vivem dominados, esmagados pela fatalidade das circunstâncias, pelo trabalho incessante, pois o que se poderia aconselhar a quem não é livre?

Era, pois, a uma certa "classe média" que ele se dirigia, e esta parece tê-lo recebido bem. Apesar de todas as restrições feitas ao livro, as edições se sucederam.[42] Em 1889 publicava-se a 18ª edição e, ainda em 1920, J. Lemaitre, ao prefaciar uma nova edição, acentuava-lhe os aspectos positivos.

Sua concepção do amor como redenção, e da mulher como anjo frágil e indefeso, não é, certamente, a única encontrada na literatura romântica que, como vimos, contou também com a tradição "byroniana". Mas no livro de Michelet reencontramos um dos retratos da mulher e do amor, com o qual nos familiarizamos, nas obras de alguns autores do Romantismo. Basta uma leitura para verificar que no Brasil do século passado muita gente idealizou o amor e encarou a mulher pelo mesmo prisma e através dessa mesma tradição romântica.

A maior parte dos atributos femininos que ele tão carinhosamente analisa, e sua maneira de conceber o comportamento do homem e da mulher no casamento, parecem-nos hoje inadequados. No retrato do amor que a literatura e o cinema ocidental nos apresentam, encontramos quase sempre a maioria das teses de Michelet negadas e desmentidas. Isso lhes dá mais ainda o valor histórico de um testemunho do Romantismo.

A mulher, diz ele, vive marcada pelo peso de uma grande fatalidade: seu condicionamento biológico. A natureza favorece ao homem e não à mulher. Esta é frágil física e moralmente, mais propensa aos deslizes e às más influências, menos capaz de se

---

42 *Bibliographie des Ouvrages*, p.107.

108 BRASIL: HISTÓRIA, TEXTOS E CONTEXTOS

defender. Por isso precisa ser protegida e amada. Ela é totalmente diferente do homem. Agitam-se em seu íntimo qualidades contrárias: eleva-se por sua beleza, sua poesia, sua viva intuição, mas é mantida pela natureza em uma servidão de fraqueza e sofrimento. Pensa, fala e age diferentemente do homem. Seus gostos são diferentes, seu sangue corre de maneira diversa e até o ar que ela respira segue outro ritmo. Não come tanto quanto o homem nem aprecia as mesmas iguarias. Seu processo digestivo é diverso – perturbado a todo instante por sua emotividade: *"elle aime du fond des entrailles"*.[43] A mulher é uma doente e como tal precisa ser tratada, com doçura e carinho. *"La femme n'est pas seulement une malade mais une blessé. Elle subit incessamment l'éternelle blessure d'amour"*. É na relação de dependência da mulher em relação ao homem, e não na proteção que este dispensa à mulher, que se forja a família.[44] Quando ela não extermina seu sexo por um trabalho excessivo, como as camponesas, por exemplo, que se convertem em homens, quando permanece mulher, ela é sensível e condenada por seu processo biológico à moléstia. Por isso, dada sua fraca constituição e aos achaques próprios de seu sexo, ela é um mau operário. Michelet repele os argumentos dos economistas que valorizavam o desempenho da mulher na indústria e afirma que em todos os tempos e lugares ela ocupou-se apenas dos trabalhos domésticos, um pouco de agricultura e jardinagem.[45]

A mulher, diz ele, é incapaz mesmo de pensar e prazerosamente diria ao homem: pense por mim.[46] Sua verdadeira missão é edificar seu lar, refazer o coração do homem. Protegida e alimentada por ele, ela o alimenta de amor. *"Qu'el est son but de nature, sa mission? La première d'aimer, la seconde aimer un seul, la trosième, aimer toujours"*.[47]

Ela está exposta à menor variação climática ou emotiva ao frio, ao medo, à dor, às perturbações digestivas. Cabe ao homem conduzi-la e orientá-la nos cuidados de higiene, assim como deve

---

43 Michelet, op. cit., p.50.
44 Ibid., p.55.
45 Ibid., p.60.
46 Ibid., p.93.
47 Ibid., p.61.

CONCEPÇÃO DO AMOR E IDEALIZAÇÃO DA MULHER... 109

ele iniciá-la nos mistérios da vida e iluminar-lhe o intelecto. O homem deve assenhorear-se da mulher, pois ele, apesar de todas as suas limitações, ainda é, bem mais do que ela, o detentor da verdade. O homem é clarividência; a mulher, as trevas.[48] Natureza tão receptiva é, entretanto, pouco receptível à fecundação do espírito, o que se explica, em parte, por sua própria natureza e em parte por sua educação, em geral mal orientada. Em seu papel de instrutor, de educador, o homem deve conduzir--se cautelosa e criteriosamente, escolher suas leituras, dosar o assunto, não exigir demasiado de seu espírito, evitar sobrecarregá--la, pois a leitura muito variada e mal selecionada poderá ter efeitos deploráveis sobre seu espírito. É preciso respeitar o ritmo vital ao qual está subordinada e orientar seu estudo e suas leituras de acordo com as épocas biológicas propícias.[49]

Não se deve dar à mulher cultura idêntica à do homem: *"Même a tout âge la femme doit savoir autrement que l'homme"*, pois ela corre o risco de vulgarizar-se. A ela deve permanecer o

---

48 Ibid., p.157. Num simbolismo tão a gosto de certas filosofias chinesas – familiares a Michelet –, em que as noções de *ying* e *yang* são fundamentais. Símbolos concretos, aspectos opostos e alternantes de todos os contrastes possíveis do universo, o *ying* e o *yang* presidem à ordenação de todas as coisas: o cosmo, as estações, a vida do homem, seu pensamento e os acontecimentos que arrasta. Numa distinção ampla, o *ying* é feminino, é sombra, umidade, frio, a ignorância, a força em repouso etc., e o *yang* é a luz, o calor, o seco, a ascendência e sabedoria, a força em movimento etc. Um não existe sem o outro, um sucede ao outro invariavelmente, no ritmo perpétuo do universo. Nessa alternativa rítmica, o *ying* contém o *yang* em germe e vice-versa, e a presença de um pressupõe imediatamente a do outro. São manifestações alternantes e complementares, fórmulas rítmicas da vida do universo e por conseguinte da vida social, política e religiosa (Rivière, *El pensamiento filosófico de Asia*, p.278 ss.). Roland Barthes, em sua obra *Michelet par lui-même*, observa várias vezes a existência de um princípio masculino e um princípio feminino através das imagens miche-letianas, sem que pareça ter feito essa aproximação entre Michelet e essa concepção filosófica chinesa. A leitura do *Journal* de Michelet evidencia que ele ficou fortemente impressionado por elas. Pode-se tentar essa aproximação em várias passagens de seu livro sobre o Amor, que estamos analisando, sem que se esqueça das influências de Hegel e de Vico sobre seu pensamento.

49 Michelet, op. cit., p.171-3.

BRASIL: HISTÓRIA, TEXTOS E CONTEXTOS

templo do homem, o altar de seu coração, onde todos os dias ele retomará a chama do amor puro:

> *L'homme passera par les malheurs, les travaux de l'existence, il franchira les déserts, l'aridité de ce monde, les pierres, les cailloux, les rocs, où souvent saigneront ses pieds. Mais chaque soir il boira la vie dans ce fruits délicieux, tout plein de la rosée du ciel. Chaque matin, à l'aurore, il va s'éveiller rajeuni.*[50]

Conceda-se tudo à mulher desde que se conserve sua pureza, o aveludado de sua alma. Essa mulher que é a fonte regeneradora do homem é, entretanto, frágil e sensível. Os alimentos fortes, as refeições carnívoras lhe são prejudiciais, por isso deve alimentar-se principalmente de leite, legumes e frutas. Ela é sobretudo tímida, cheia de pudor, por um nada se perturba e se ruboriza. Ignorante dos mistérios do amor, necessita do amparo do homem, de sua proteção clarividente. Cabe a ele toda iniciativa: mesmo a direção do lar.[51]

A vaidade do homem leva-o a julgar que a mulher a ele se entrega vencida pelo amor físico. Como ele se engana! As mulheres são em geral frias por natureza, dado o desgaste de suas forças nervosas. Cedem, sem paixão, para cumprir seu destino de mulher, para assegurar o amor do homem e criar uma família. Cedem por ternura pelo homem, pelo nobre desejo de se devotar, de se dar.[52] Contra a sedução, a mulher sozinha pouco pode. Cabe ao homem defendê-la das tentações:[53] *"Toute folie de la femme est une sottise de l'homme"*.[54]

Culpado é o homem, quer quando ele é o sedutor, quer quando, no papel de marido, não sabe zelar pela mulher, abandonando-a em momentos difíceis e perigosos, não lhe dando a assistência necessária, permitindo que o tédio a envolva. A mulher mais instável é a que mais necessita de amor e, se amada

---

50 Ibid., p.177.
51 Ibid., p.131.
52 Ibid., p.197.
53 Ibid., p.291 e 300.
54 Ibid., p.18.

CONCEPÇÃO DO AMOR E IDEALIZAÇÃO DA MULHER... 111

vigorosamente, será a mais fiel das mulheres. A mulher é por natureza monogâmica e fiel; se a natureza se perverte, isso se dá por culpa do homem.[55]

Encarando-a em sua fragilidade, Michelet insurge-se contra a legislação civil de seu tempo, pois, embora a declare menor, e por isso a interdite, colocando-a sob tutela do marido, quando se trata de julgá-la em suas faltas, trata-a como maior e plenamente responsável por seus atos.

Ao mesmo tempo, apoiando-se nos estudos mais recentes de Embriologia, que estavam em grande voga (Coste e Puchet, G. Saint-Hilaire e Serras, Baer e Negrier),[56] insurge-se contra os preconceitos que "haviam tradicionalmente considerado a mulher como impura".

Como a maioria dos românticos, pretende reabilitar o amor carnal. Critica o pensamento "escolástico" que, em seu entender, maculara a santidade da união dos sexos, encarando-a como libertina, desconhecendo o perigo e o devotamento que constituem o âmago dessa união, assim como a profunda troca de vida que é seu verdadeiro mistério.[57]

Criatura marcada pela natureza, frágil e incapaz de se conduzir sozinha, necessitando o amparo do homem para manter sua própria dignidade, onde a sociedade não a corrompe, exerce, por sua vez, uma influência benéfica sobre o homem, civilizando-o.[58] Se o homem libera a mulher por sua força, saúde e independência, ela o libera das baixezas, das fraquezas, da tristeza e da avidez do dinheiro. O amor físico afina as faculdades: o contato com a mulher pura e amada, cujo coração responde ao coração, comunica algo de sua excelência moral, de sua doce serenidade.[59] O espírito se harmoniza, a observação, a análise, a lógica, ficam liberadas e em sua plena produtividade. Assim o amor carnal purifica o homem e aproxima-o de Deus.

---

55 Ibid., p.80.
56 Ibid., p.15.
57 Ibid., p.199.
58 Ibid., p.38.
59 Ibid., p.373.

112 BRASIL: HISTÓRIA, TEXTOS E CONTEXTOS

Ao atingir a maturidade, a mulher torna-se colaboradora do homem, sua inspiradora confidente. Ela zela por ele,[60] tranquiliza-o, reconforta-o.

A mulher, tal como ele a vê, é um misto de santa, rainha, doente e criança.[61] No retrato que nos traça da figura feminina, o que nos revela não é um ideal de emancipação da mulher para convertê-la em um símile do homem, mas sua emancipação para a realização de suas potencialidades femininas que são, a seu ver, profundamente distintas da do homem. A mulher é, para ele, o objeto de devoção: um objeto sagrado que quando conserva puro o seu coração é divindade.[62] O amor é coisa cerebral.[63] Todo desejo é uma ideia, às vezes confusa, que um estado físico secundou, inflamou, mas que assim mesmo o precedeu. "*Des deux pôles de la vie nerveuse, la pôle inferieur, le sexe, a peu d'initiative. Il attend le signe d'en haut*". O desejo se renova incessantemente, pela fecundação de espírito, a originalidade das ideias, a arte de ver e encontrar novos aspectos morais, enfim – pela ótica do amor.

O amor verdadeiro, diz ele, é sempre puro,[64] é adoração, devoção, quase uma religião: "*J'ai toujours eu en ce monde la religion de l'Amour et le desir de l'augmenter*".[65]

O amor não é uma crise, um drama ou um ato, é uma sucessão, às vezes longa, de sentimentos diversos que alimentam toda a vida e a renovam cotidianamente. Cabe ao homem a iniciativa e a responsabilidade de moldar a alma e o corpo da mulher, transformando-a de jovem ingênua e pura em esposa, mãe e mulher. É nessa obra de criação que o homem por sua vez se renova e se aperfeiçoa com a ajuda da mulher.[66]

À semelhança da maioria dos escritores de seu tempo, Michelet não faz distinções entre união livre e casamento legal, embora desenvolva uma concepção exclusivista e monogâmica do amor.

---

60 Ibid., p.439.
61 Ibid.
62 Ibid., p.150.
63 Ibid., p.431.
64 Ibid., p.151.
65 Ibid., p.358.
66 Ibid., p.177.

CONCEPÇÃO DO AMOR E IDEALIZAÇÃO DA MULHER... 113

Critica os casamentos de conveniência. Libertinagens, divórcios, cortesãs, adultérios: temas de moda não têm sua simpatia. As tentativas de reabilitação da cortesã, tão características de certa tendência do Romantismo, não chegam a comovê-lo.[67]

Só o verdadeiro amor, o amor monogâmico, é capaz de permitir que se descubra o infinito em um único ser. Em um mundo onde tudo está em efervescência é preciso ter um ponto fixo: esse ponto é o lar, alicerçado em um profundo amor que se renova todos os dias ao longo da existência. Essa é a tese de Michelet.[68, 69]

Para um psicanalista, a leitura dessa obra de Michelet sobre o amor sugeriria provavelmente uma série de reflexões sobre a personalidade do autor. Ele iria buscar em sua vida, em seu *Journal* e em outras obras elementos que lhe permitissem comprovar a existência de uma "fixação materna", uma "frustração" ou uma "neurose" que viessem explicar a veneração de Michelet pela mulher e esclarecer sua concepção do amor. Um crítico provavelmente procuraria provar as coerências e incoerências entre seu pensamento, sua vida e sua obra. Invocaria, talvez, suas paixões, seus casos de amor, infidelidades conjugais, as confissões mais íntimas que pontilham toda a sua obra, o sucesso de seu casamento com Athénais Mialaret, já atingida a maturidade. Tentaria por meio da obra conhecer principalmente o homem e através deste alcançar todo o significado da obra. Como Roland

---

67 Ibid., p.356.

68 Ibid., p.442.

69 Embora muito diverso em sua orientação geral, o livro *De L'Amour* de Stendhal, publicado mais de trinta anos antes, apresenta certos traços comuns a essa orientação romântica dentro da qual se enquadra o livro de Michelet. Depois de classificar os vários tipos de amor e dissertar sobre eles, faz Stendhal a apologia do "amor paixão": "*L'Amour à la Werther ouvre l'âme à tous les arts, à toutes les Impressions douces et romantiques, au clair de lune, à la beauté des bois, à celle de peinture, en un mot au sentiment et à la jouissance du beau, sous quelque forme qu'il se présente*", para concluir que os Werther são mais felizes que os Don Juan: "*Votre manière d'avoir les femmes tue toutes autres jouissances de la vie, celles de Werther les centuple*". Como Michelet, Stendhal advogava a ideia de que um grande amor pode ser virtuoso e critica as obras literárias que pintavam a dissociação dos dois sentimentos: virtude e amor (Stendhal, *De L'Amour*, t.II, p.42).

Barthes,[70] analisaria as metáforas de Michelet, procurando "uma unidade", uma "rede organizada de obsessões". Para nós, não são esses aspectos que interessam. Respeitamos o homem em sua intimidade, em suas incoerências de ser humano, em seus anseios de amor e plenitude. Fiquemos com seu depoimento. Sua concepção de amor, sua idealização da mulher, são para nós um testemunho que nos permite evocar uma das tendências do amor romântico. Até que ponto essa concepção está marcada por uma visão personalista do problema, até que ponto ela corresponde a uma tendência de sua época, até que ponto essa tendência se liga, por sua vez, a outras já existentes no pensamento ocidental, ou se deixa influenciar por ideias da filosofia oriental com a qual estava Michelet tão familiarizado, só uma pesquisa mais demorada poderá dizer. Seria preciso que se pesquisasse não somente entre os autores do Romantismo, como em autores de outras épocas, não apenas na cultura ocidental como em outras culturas, para que se pudesse separar o que existe de transitório, de específico e momentâneo em seu pensamento e o que existe de permanente a refletir um anseio do homem. Mas não é esse exatamente um dos grandes problemas da História, da Psicologia, da Sociologia e, por que não dizer, também da Filosofia?

---

70 Barthes, op. cit., p.5. "*Tel a été mon déssein: retrouver la structure d'une existense (je ne dis pas d'une vie), une thématique si l'on veut, ou mieux encore: un réseau organisé d'obsessions*". Em sua análise de Michelet, diz ele à p.131: "*Michelet voit toujours dans la Femme le Sang*", e, mais adiante: "*Pour Michelet — et que de professions indiscrètes à ce sujet — la feminité n'est donc totale qu'au moment des régles*". A partir dessa conclusão, Barthes afirmará: "*C'est dire que l'objet de l'amour est moins posseder la Femme que de la decouvir. C'est une érotique de la voyance non de la possession, et Michelet amoureux, Michelet comblé, n'est rien d'autre que Michelet voyer*". (!)

LIBERALISMO E DEMOCRACIA*

Primeira fase

Os nascidos no Brasil em 1930 que passaram mais da metade de sua existência sob regimes autoritários, que assistiram a partir de 1945 à tentativa frustrada em 1964 de se implantar uma democracia liberal no Brasil e que hoje observam as dificuldades com que se defrontam os setores interessados em promover a "distensão" não podem senão se sentir impelidos a indagar as razões da fraqueza dos setores liberais no Brasil. Sabem eles que nos últimos cinquenta anos houve pelo menos duas vezes em que os "liberais" foram os primeiros a apoiar medidas excepcionais que acabaram por dar por terra com o sistema liberal democrático vigente. A primeira nos meados dos anos 1930, a segunda em 1964. Em ambas as ocasiões, parece claro que a desconfiança, para não dizer o receio, em relação à mobilização das "massas" foi um poderoso incentivo (se bem não fosse o único) a impelir os "liberais" em uma direção contrária à ideologia que diziam defender.

---

* Trabalho originalmente apresentado sob a forma de comunicação ao Primeiro Congresso Nacional de Geografia e História realizado em Brasília, em 1967.

116 BRASIL: HISTÓRIA, TEXTOS E CONTEXTOS

Enquanto nos Estados Unidos a ideologia liberal funcionou como importante elemento na criação e consolidação das instituições políticas, constituindo ainda hoje um elemento integrante da experiência coletiva, no Brasil o liberalismo parece sempre ter sido uma flor espúria e frágil. Já era assim no século XIX, período glorioso do liberalismo. Mais tarde, durante a Primeira República, Rui Barbosa – considerado o representante máximo do pensamento liberal no Brasil – foi o eterno derrotado nas eleições presidenciais. Nos anos 1920, intelectuais brasileiros fizeram opções de direita e de esquerda, mas raramente se encontraria entre eles um que se propusesse a tarefa de revitalizar o pensamento liberal ameaçado. A fraqueza da tradição ideológica liberal torna difícil a tarefa de mobilizar diferentes grupos interessados hoje na reabertura política. Dentro desse contexto, parece urgente analisar o pensamento e a prática liberal no Brasil.

O que se segue é o primeiro de uma série de ensaios sobre o liberalismo no Brasil, visando a caracterizar algumas das principais tendências do pensamento e da prática liberal durante o Primeiro Império e o período regencial, com o objetivo de definir sua especificidade e seus limites.

Do liberalismo "heroico" ao liberalismo "realista"

As ideias liberais têm longa tradição no país, datando suas primeiras manifestações dos fins do século XVIII e primórdios do século XIX, fase anterior à Independência: período "heroico" das reivindicações liberais, em que as ideias de soberania do povo, liberdade de expressão e iniciativa, igualdade de todos perante a lei e o princípio de governo representativo aparecem como reivindicações comuns à maioria dos revolucionários.

As fórmulas abstratas, constantes nos programas dos revolucionários, ocultavam os diferentes sentidos que cada grupo lhes atribuía. Postas à prova nos movimentos revolucionários frustrados – Inconfidência Mineira, Conjura Baiana e principalmente Revolução Pernambucana de 1817, quando se chegou a uma vitória momentânea das forças revolucionárias e se tratou de

LIBERALISMO E DEMOCRACIA   117

organizar um governo fundado nos novos princípios –, elas só foram claramente definidas depois da Independência.[1] Na Constituinte, as discussões travadas a propósito da institucionalização do país revelaram as divergências de interpretação e de objetivos, conferindo significados e limites às fórmulas até então amplas e universalizantes.

No decorrer do Primeiro e do Segundo Império, o liberalismo ganharia novas determinações, passando da fase "heroica" para uma fase "realista". Assim como ocorreu na Europa, liberalismo e democracia, inicialmente confundidos nas reivindicações abstratas, dissociam-se na prática. Esse processo se dá após a Independência, quando não mais se trata de destruir o pacto colonial nem de se obter a emancipação política – objetivos já conquistados –, mas de organizar o país segundo os interesses dos grupos que, em nome do liberalismo, disputam o poder ao imperador. Ou quando mais tarde, assumindo o controle da nação depois da abdicação de d. Pedro, tratam eles de "parar o carro revolucionário", na expressão de Bernardo de Vasconcelos, político de destaque no Primeiro Reinado e na Regência, cuja carreira do liberalismo progressista ao Regresso tão bem define a evolução da maioria dos políticos de seu tempo. Defendendo-se dos que o acusavam de ter renunciado aos seus princípios e de se ter tornado um conservador, diria em 1838:

> Fui liberal, então a liberdade era nova no país, estava nas aspirações de todos, mas não nas leis, não nas ideias práticas; o poder era tudo: fui liberal. Hoje, porém, é diverso o aspecto da sociedade: os princípios democráticos tudo ganharam e muito comprometeram; a sociedade, que até então corria risco pelo poder, corre agora risco pela desorganização e pela anarquia. Como então quis, quero hoje servi-la, quero salvá-la e por isso sou regressista. Não sou trânsfuga, não abandono a causa que defendi no dia de

---

1 Sobre a especificidade do liberalismo brasileiro, veja Costa, Introdução ao estudo da emancipação política do Brasil, *Brasil em perspectiva*, p.73-191.

seu perigo, de sua fraqueza: deixo-a no dia que tão seguro é o seu triunfo que até o excesso a compromete,[2]

palavras que contaram com o aplauso de alguns de seus antigos adversários políticos: Antonio Carlos e José Clemente Pereira, os quais outrora combatera e que agora se alinhavam ao seu lado na defesa de um liberalismo conservador, temendo os excessos dos grupos radicais. "Peço a todos que metamos a mão em nossas consciências", diria Antonio Carlos, "não teremos variado de opinião?" Razões teria para se pronunciar dessa forma o ex--revolucionário de 1817, republicano convertido em monarquista em 1822, fazendo oposição ao imperador em 1823, acusado em 1831 de conspirar por sua volta. Ambos tinham mudado. Mudara Bernardo de Vasconcelos como mudara Antonio Carlos, e muitos outros haviam mudado. Nas palavras de Bernardo de Vasconcelos ficavam claramente definidas as etapas do liberalismo: inicialmente concebido como instrumento contra o despotismo real, em seguida defendendo-se das pretensões democratizantes dos radicais.

Especificidade do liberalismo brasileiro

Na Europa, o liberalismo foi uma ideologia essencialmente "burguesa" usada na luta contra as instituições do Antigo Regime, os excessos do poder real, os privilégios da nobreza, os entraves do feudalismo ao desenvolvimento do mercado interno. No Brasil, os adeptos do liberalismo pertenciam em geral às categorias rurais ou à sua clientela, interessados inicialmente na luta pela liquidação do sistema colonial. Os princípios liberais importados não se forjaram portanto, no Brasil, na luta da burguesia contra a aristocracia e a realeza, nem evoluíram, como na Europa do século XIX, em função da Revolução Industrial – esta só ocorreria no Brasil no início do século XX. Os limites do liberalismo no Brasil não seriam definidos no século XIX pelas reivindicações do proletariado

---

2 Anais da Câmara dos Deputados, 1838, t.I, citado por Souza, *Bernardo Pereira de Vasconcelos: história dos fundadores do Império do Brasil*, v.V, p.202.

LIBERALISMO E DEMOCRACIA

urbano – como ocorreu do outro lado do Atlântico, nos países que se industrializavam –, mas pela permanência da escravidão e sobrevivência das estruturas tradicionais de produção. Para a compreensão do liberalismo brasileiro, é essencial indagar seu significado específico, pois atrás de fórmulas aparentemente idênticas às do liberalismo europeu existe uma realidade histórica distinta que lhe confere sentido próprio: a de um país colonial e dependente, cuja riqueza básica resultava da exportação de produtos tropicais para o mercado internacional.[3]

A situação colonial do país conferiu um sentido específico às lutas liberais. Em sua primeira fase o liberalismo foi, antes de tudo, instrumento da luta contra a metrópole. Os liberais se opunham à Coroa portuguesa, na medida em que esta se identificava com a metrópole. A luta contra o absolutismo era, em primeiro lugar, luta contra o sistema colonial. A luta pela liberdade e pela igualdade era luta contra os monopólios, os privilégios e as restrições que a metrópole impunha à livre produção e circulação, principalmente as restrições comerciais que obrigavam os brasileiros a comprar e vender através de Portugal, na dependência dos mercadores portugueses; luta contra as exações do fisco, os entraves da justiça distante e arbitrária, o monopólio dos cargos e distinções pelos naturais de Portugal; luta, enfim, contra as instituições prejudiciais aos proprietários de terra ou seus prepostos (ligados à economia de exportação) que, ao lado dos mercadores, constituíam o grupo mais poderoso da sociedade colonial.

Dentro desse contexto, reivindicava-se a liberdade de pensamento e de expressão, entendendo-a como liberdade de denunciar o pacto colonial. O liberalismo expressava nessa fase o desejo de autogoverno, a aspiração a um governo livre de ingerências estranhas, independente dos favores e das imposições da Coroa portuguesa. Essas aspirações ganharam força à medida que o

---

3 Sobre o assunto, são importantes os estudos de Rodrigues, *Conciliação e reforma no Brasil*; Mercadante, *Consciência conservadora no Brasil*; Holanda (org.), *História geral da civilização brasileira: Brasil monárquico*; Beiguelman, *Teoria e ação no pensamento abolicionista*; Mota, *Nordeste 1817, estruturas e argumentos*; Id., *1822: dimensões*; Id., *Ideia de revolução no Brasil no final do século XVIII*.

desenvolvimento da colônia, de um lado, e o desenvolvimento do capitalismo industrial na Europa, de outro, tornaram cada vez mais inadequado o sistema colonial tradicional baseado no princípio dos monopólios. Os "portugueses do Brasil", que até então viam na Coroa portuguesa a mediadora dos conflitos entre os vários grupos (mercadores e plantadores, colonos e jesuítas, burocratas e plantadores), perceberam, cada vez mais claramente, os antagonismos que os separavam da metrópole. A Coroa deixou de representar a seus olhos os interesses de todos para representar os interesses dos "portugueses de Portugal".

A tomada de consciência necessária à ação dos colonos em favor da emancipação dos laços coloniais dar-se-ia através de um lento processo em que nem sempre os significados eram claramente percebidos pelos colonos que se insurgiam contra o poder da Coroa, manifestando sua repulsa às restrições à importação de escravos, aos impedimentos postos pela Coroa ao livre-comércio e circulação dos produtos ou aos excessos do fisco. "Os conflitos de interesses, as sublevações e as repressões violentas revelariam progressivamente a alguns setores da sociedade o antagonismo latente." Quando os proprietários de terras, o clero, os funcionários e a elite recrutada nesses meios até então comprometidos com o sistema colonial se antagonizaram com o sistema, os princípios liberais apareceram como justificativa teórica dos movimentos revolucionários em prol da emancipação política do país.[4]

Liberalismo "heroico"

Nos movimentos revolucionários dessa primeira fase, as aspirações das elites rurais confundiam-se com as de outros grupos sociais: escravos que almejavam a liberdade e a população livre e miserável que vivia nos núcleos urbanos dedicando-se ao artesanato, que ambicionava o livre acesso a todas as profissões e a abolição dos privilégios que a riqueza instituíra e a situação colonial referendara. Aspirações democráticas e liberais confun-

---

4 Costa, op. cit., p.72.

LIBERALISMO E DEMOCRACIA

diam-se frequentemente nas reivindicações generosas e abstratas dos primeiros movimentos revolucionários.

Os líderes dos movimentos pertenciam aos grupos mais representativos da sociedade.[5] Entre os inconfidentes, Alvarenga, um dos conspiradores de maiores posses, era dono de fazendas e engenhos e se dedicava à exploração de minérios. Tomás Antônio Gonzaga, filho do desembargador da Casa de Legislação de Lisboa, era ouvidor de Vila Rica. O padre Rolim, caixa régio, filho do sargento-mor, dedicava-se à extração de diamantes. O coronel Francisco de Paula Freire de Andrade – filho do coronel que governava a capitania de Minas Gerais na ausência de Gomes Freire de Andrade e casado com a filha do guarda-mor de Vila Rica, Luiz Vaz de Toledo Piza – era dono de fazendas em São João del-Rei, coronel de auxiliares e juiz de órfãos e ausentes da comarca do Rio das Mortes. O coronel Francisco Antonio de Oliveira Lopes era minerador e criador, negociante ligado a Domingos Vidal Barbosa, ex-estudante em Bordéus e Montpellier, rico negociante. A estes uniram-se outras figuras mais modestas como Tiradentes, alferes do Regimento de Dragões, e alguns alfaiates, negros libertos etc. Homens vinculados ao sistema, em sua maioria representantes de famílias importantes, eram também os revolucionários de 1817 em Pernambuco: Antonio Carlos Ribeiro de Andrade, Cruz e Cabugá, Domingos José Martins, os Cavalcanti de Albuquerque. Representavam eles a alta administração, negócios, propriedades rurais. O clero aderiu em grande número à revolução, que foi apoiada igualmente com entusiasmo e violência por representantes das massas urbanas e rurais, estas incorporadas à clientela dos proprietários. Mas de todas as tramas e conspirações, foi a Conjura Baiana a única que recrutou maior número de adesões entre os pequenos artesãos e a população livre das cidades. Estes se aliaram a representantes das profissões liberais: médicos, advogados, professores e proprietários de terras. É também nesse movimento que reivindicações sociais se fazem ouvir, ao lado das reivindicações quase exclusivamente políticas, características dos demais movimentos.

---

5 Lima Jr., *Pequena história da Inconfidência de Minas Gerais.*

122 BRASIL: HISTÓRIA, TEXTOS E CONTEXTOS

O caráter contraditório das aspirações dos vários grupos fica, no entanto, evidente quando se consultam os depoimentos feitos durante os processos instaurados pela Coroa contra os revolucionários. Para João de Deus, alfaiate, homem pardo, elemento ativo na Conjura Baiana, a palavra de ordem seria que todos se fizessem franceses porque "todos ficariam tirados da miséria em que se achavam extintas as diferenças de cor branca, preta e parda", porque uns e outros seriam "chamados e admitidos a todos os ministérios e cargos". Manuel Faustino, pardo forro, alfaiate, igualmente envolvido na Conjura Baiana, falava em "governo de igualdade" em que entrariam "brancos, pardos e pretos, sem distinção de cores, somente de capacidade para mandar e governar". Manuel Santanna, pardo, soldado, pensava em saquear "os cabedais das pessoas opulentas" pleiteando o estabelecimento de uma "República de Igualdade".[6] Enquanto isso, Cipriano Barata, líder revolucionário, cirurgião formado em Coimbra, proprietário de terras e engenho, aconselhava em carta a um amigo que tivesse cautela com essa canalha africana".[7]

O conflito latente entre os diferentes pontos de vista a propósito dos objetivos da revolução configura-se claramente por ocasião da Revolução de 1817, quando as massas saíram as ruas aos gritos de "Viva a Pátria" "Morram os aristocratas", "Viva a Liberdade", ao mesmo tempo em que se recusavam a servir aos senhores porque tinham de servir à Pátria.[8] O escândalo que as "explosões de igualdade insultuosa" provocaram nas classes proprietárias revela-se de forma típica em uma carta de 15 de junho de 1817, em que João Lopes Cardoso, comentando a situação no Recife durante a revolução, observava com grande escândalo "que

---

6 *Anais do Arquivo Público da Bahia*, v.XXXV, p.12-3; Id., v.XXXVI, p.294.
7 *Anais do Arquivo Público da Bahia*, v.XXXV, p.184. Segundo a profª Katya Mattoso, que vem realizando pesquisas nessa área, o texto de Cipriano Barata não consta das peças atualmente existentes no A. P. B., pairando dúvidas sobre sua autenticidade. Parece-nos, no entanto, pouco provável que a peça reproduzida na publicação do Arquivo tenha sido forjada, sendo mais verossímil que tenha sido subtraída dos arquivos.
8 Tollenare, Notas dominicais, *Revista do Instituto Arqueológico e Geográfico de Pernambuco*, n.61, p.482 ss; Biblioteca Nacional, *Documentos históricos: a Revolução de 1817*, v.102 ss., em esp. v.102.

LIBERALISMO E DEMOCRACIA　　123

os cabras, mulatos e crioulos andavam tão atrevidos que diziam éramos todos iguais e não haviam de casar senão com brancas das melhores".[9]

O ponto mais delicado em todos os movimentos emancipadores era a questão da escravatura. Não havia entre os revolucionários de 1817 unanimidade de ponto de vista sobre a questão. Uns consideravam prematura a abolição da escravatura, outros consideravam-na precondição para o sucesso do movimento. Quando no poder, no entanto, os líderes da Revolução de 1817 apressaram-se em lançar uma proclamação garantindo aos proprietários a propriedade escrava.

Unidade de objetivos

O objetivo dos revolucionários, posto que contraditório em vários níveis, convergia na pretensão de libertar o país do jugo colonial. A política das Cortes portuguesas, que revelou em 1821 a intenção de manter as restrições à liberdade de comércio e a pretensão de recolonizar o país, provocou a secessão. Proprietários de terras, altos funcionários, uma parcela dos comerciantes estrangeiros e nacionais ligados ao comércio exportador julgaram encontrar no príncipe regente a garantia de um movimento pacífico em que ficasse assegurada a ordem interna e estabelecido um compromisso com a tradição. Por isso, ao invés de adotarem a forma republicana, os revolucionários de 1822 preferiram o regime monárquico.

O manifesto de d. Pedro dirigido ao povo brasileiro em 1822, cuja autoria é atribuída a Gonçalves Ledo, resumia as aspirações dos diferentes grupos que se associaram para realizar a emancipação política do país. A leitura desse documento permite-nos definir os limites do programa liberal nessa fase. O manifesto fazia críticas às pretensões das Cortes portuguesas de restabelecer o monopólio das riquezas brasileiras e de fechar os portos do Brasil aos estrangeiros. Isso viria, segundo o redator do texto,

---

9 Biblioteca Nacional, op. cit. v.102, p.12.

BRASIL: HISTÓRIA, TEXTOS E CONTEXTOS

destruir a agricultura e indústria, reduzindo os povos do Brasil novamente ao estado de "pupilos e colonos". As Cortes eram acusadas de pretender libertar a escravatura e armar escravos contra senhores – insinuação certamente de grande efeito entre os proprietários de terras e escravos. No documento, o príncipe prometia um código de leis *adequado à natureza das circunstâncias locais*, juízes íntegros que administrassem a justiça gratuita e fizessem desaparecer as trapaças do foro, fundadas em antigas e obscuras leis, ineptas e complicadas; um código penal "ditado pela Razão e Humanidade", em vez de leis sanguinárias e absurdas; um sistema de impostos que respeitasse os "suores da agricultura, os trabalhos da indústria, os perigos da navegação e a liberdade de comércio", e que facilitasse a inversão e circulação de cabedais, permitindo fiscalizar o emprego das rendas da nação. Aos cultores das letras e ciências "aborrecidos ou desprezados pelo despotismo", "estímulo da hipocrisia e impostura", prometia liberdade e instrução liberal aos cidadãos de "todas as classes".[10]

Liquidação das instituições coloniais e conflito entre Legislativo e Executivo

Proclamada a Independência, a Constituinte lançou-se à obra de transformar em realidade o programa liberal. Com a Independência, o objetivo fundamental fora atingido: libertar o país das restrições impostas pelo estatuto colonial. O segundo objetivo era organizar o país de forma que os grupos que haviam empresado o movimento assegurassem para si o controle do governo. Por isso, as discussões mais sérias e o conflito mais grave ocorreram no que diz respeito à delimitação dos poderes, conflito manifesto todas as vezes em que ficou evidente a intenção do poder real de invadir setores não especificados pela Constituinte como de sua atribuição. Os liberais desejavam ampliar a esfera do Poder Legislativo em detrimento do poder real. A questão colocada já por ocasião da abertura da Constituinte, quando se discutiram

---

10 *Leis do Brasil*, p.125 ss.

LIBERALISMO E DEMOCRACIA 125

os termos da Fala do Trono, seria retomada em outras ocasiões; por exemplo, quando da discussão sobre o modo de nomeação dos governos provinciais.

A Assembleia tentaria também instituir o princípio da responsabilidade ministerial que lhe possibilitaria o controle do Executivo, convocando ministros para prestar esclarecimentos, convite a que eles frequentemente se furtaram. Os liberais também pretendiam limitar o direito de veto imperial, recusando ainda ao imperador a iniciativa na elaboração e execução de leis e a direção das Forças Armadas que pretendiam subordinar diretamente à Assembleia.[11]

A oposição liberal nos primeiros anos do Primeiro Império criticaria o favoritismo real, a preferência do imperador pelos portugueses quando do preenchimento de cargos importantes, a falta de liberdade de imprensa, a prisão dos oposicionistas. A situação tornou-se insustentável quando, morto d. João VI, a luta contra as arbitrariedades do poder real somou-se à desconfiança de uma possível reunião das duas Coroas.[12]

Durante o período que decorre da proclamação da Independência até a Abdicação, a luta travada em nome das reivindicações liberais visava a combater o poder real, o absolutismo e suas bases: os "corcundas" (em sua maioria comerciantes, militares e funcionários portugueses). O outro tema central das discussões liberais seria o federalismo, a revelar outro nível dos conflitos: a luta entre as várias oligarquias regionais pelo poder local e central.

A Constituinte procurou extinguir algumas instituições remanescentes do sistema colonial: corporações de ofício, censura à imprensa, exigência de passaportes para circulação dentro do país. Tentou simultaneamente ampliar as liberdades e garantir os direitos civis do cidadão, anexando para isso, ao projeto da Carta Constitucional, afirmações contidas na Declaração dos Direitos do Homem, incorporadas quase na íntegra, mas sem a afirmação, constante na Declaração dos Direitos do Homem, que garantia

---

11 *Anais do Parlamento Brasileiro.*
12 Mello (org.), *O Typhis Pernambucano: obras políticas e literárias de frei Joaquim do Amor Divino Caneca.*

BRASIL: HISTÓRIA, TEXTOS E CONTEXTOS

a soberania da nação (nenhum corpo ou indivíduo pode exercer autoridade que dela não emane), bem como silenciou sobre a definição da lei como expressão da vontade geral. Suprimiu ainda o item referente ao direito dos povos oprimidos resistirem à opressão. As omissões se explicam tendo em vista o caráter de carta outorgada e o desejo de organizar um Estado monárquico constitucional de representação limitada pelo critério censitário e eleição indireta em dois graus, bem como pela intenção de manter escravizado 1/3 da população brasileira.

Liberalismo antidemocrático

Durante as discussões na Constituinte, ficou manifesta a intenção da maioria dos deputados de limitar as concessões liberalizantes, mas sobretudo de reprimir as tendências democratizantes. Todos se diziam liberais, mas ao mesmo tempo se confessavam antidemocratas e antirrevolucionários. As ideias revolucionárias provocavam desagrado entre os constituintes. A conciliação da liberdade com a ordem seria o preceito básico desses liberais que se inspiravam em Benjamin Constant e Jean Baptiste Say. Em outras palavras: conciliar a liberdade com a ordem existente, isto é, manter a estrutura *escravista* de produção, cercear as pretensões democratizantes. As palavras do deputado Muniz Tavares, antigo revolucionário de 1817, pronunciadas na sessão de 21 de maio de 1823 na Assembleia Constituinte poderiam definir o pensamento da maioria: "Causa-me horror só ouvir falar em revolução".[13] A desconfiança em relação às camadas populares era tão generalizada na Assembleia quanto o horror a uma sublevação de escravos. A maioria dos deputados endossaria as palavras de Henrique de Rezende, outro ex-revolucionário de 1817, acusado ainda em 1823 de republicanismo, que fazia questão de declarar na Câmara ser "inimigo da democracia".[14]

Liberalismo e democracia estavam assim dissociados no primeiro instante em que se procedeu à organização do país

---

13 *Anais do Parlamento Brasileiro*, p.90.
14 Id., p.94 (sessão de 22 maio 1823).

independente. Por maiores que fossem as divergências entre os políticos do Primeiro Império, entretanto, eles concordavam quanto à necessidade de manter a estrutura de produção e o trabalho escravo. A ideia da emancipação gradual dos escravos que alguns políticos europeizados, tais como José Bonifácio de Andrade e Silva, defendiam não encontraria acolhida na época. Do poder ficaram excluídas as camadas populares, uma vez que, além de ter sido adotado um sistema de eleição em dois graus (votantes e eleitores), os escravos e índios foram excluídos do conceito de cidadão censitários. Ficaram impedidos de votar nas eleições primárias para escolha dos eleitores os menores de 25 anos, com exceção dos casados e oficiais militares maiores de 21, os bacharéis formados e clérigos de ordens sacras; os filhos de família, quando vivessem em companhia de seus pais, ressalvados os que exercessem cargo público; os criados de servir, excetuando-se os guarda-livros e primeiros caixeiros das casas de comércio, os criados da Casa Imperial que não fossem de galão branco e os administradores das fazendas rurais e fábricas. Ficaram ainda excluídos os religiosos e quaisquer que vivessem em comunidade claustrais, bem como os que não tivesse renda líquida anual de cem mil réis por bens de raiz, indústria, comércio ou emprego. Por outro lado, não podiam ser eleitores nem votar nas eleições secundárias, para escolha de deputados, senadores e membros dos Conselhos de Província que não tivessem renda líquida anual de 200 mil réis por bens de raiz, indústria, comércio ou emprego, os libertos, os criminosos pronunciados em querela ou devassa. Para ser deputado, acrescentava-se a exigência de que a pessoa indicada tivesse no mínimo 400 mil réis de renda líquida, fosse brasileiro e professasse a religião do Estado. O corpo eleitoral, nessas condições, ficou muito reduzido, havendo casos de deputados eleitos em 1822 com pouco mais de uma centena de votos.

Insufladas pelas facções que disputavam o poder, corroídas pela crise econômica resultante da invasão dos mercados nacionais pelas mercadorias estrangeiras, as "massas urbanas" vencidas em 1822 seriam fator de agitação durante todo o Primeiro Império e Regência.

Dissolução da Constituinte e oposição liberal

O conflito entre Legislativo e Executivo que caracterizara os primeiros meses após a Independência resolveu-se momentaneamente com a vinda do imperador e a dissolução da Constituinte em 1823, seguida da outorga da Carta Constitucional de 1824. As medidas tomadas pelo imperador, no entanto, desencadearam ressentimentos até então refreados. A oposição viria violenta, principalmente de parte das províncias do Norte e Nordeste, onde se avolumavam os descontentamentos diante da centralização imposta pelo governo que parecia beneficiar apenas as províncias do Rio de Janeiro e regiões vizinhas. As reivindicações federalistas seriam temas constantes nas revoltas então ocorridas. Um dos mais expressivos porta-vozes da oposição nessa fase foi frei Caneca, antigo revolucionário de 1817, envolvido novamente na chamada Confederação do Equador. Argumentaria ele no *Typhis Pernambucano* que o Brasil tinha todas as condições para formar um Estado federativo: a grandeza de seu território, a diversidade de suas riquezas e a variedade de seus habitantes. Além da federação, Caneca pregava em seus escritos a resistência às arbitrariedades do governo. Reivindicava a liberdade de imprensa. Condenava a vitaliciedade do Senado, bem como a concessão ao Executivo do direito de veto absoluto e a iniciativa de leis. Ridicularizava a criação de uma nobreza "opressora dos povos". Criticava a instituição do Poder Moderador. Esta parecia-lhe uma invenção "maquiavélica", "chave mestra da opressão". Os Conselhos Provinciais que haviam sido criados pela Carta Constitucional com o objetivo de gerir as províncias pareciam-lhe "menos fantasmas para iludir os povos". Negava enfim ao imperador o direito de outorgar uma carta usurpando aos povos o direito de expressar sua vontade soberana através de seus representantes na Constituinte.[15]

Nas críticas e propostas de frei Caneca estavam contidos os principais temas liberais que agitariam o Primeiro Império e os

---

15 Mello (org.), op. cit.

primeiros anos de Regência.[16] Em nome dessas ideias sublevaram-se grupos em Pernambuco, no Ceará e em algumas localidades da Paraíba, do Rio Grande do Norte e de Alagoas, reunidos no que se chamou a Confederação do Equador. A repressão aos liberalizantes veio impiedosa e rápida. Os cabeças do movimento, entre eles frei Caneca, foram executados. Mas a vitaliciedade do Senado, o Poder Moderador, o centralismo da Constituição, seriam alvo de crítica constante dos liberais durante o período seguinte.

Depois da dissolução da Assembleia Constituinte, em 1823, a Câmara dos Deputados só foi novamente convocada em 1826, em flagrante desrespeito aos próprios dispositivos constitucionais. A partir de então, a luta entre Executivo e Legislativo voltou a intensificar-se, culminando na Abdicação com a vitória do Legislativo sobre o Executivo, do Parlamento sobre o rei.

Durante esse período, as discussões interrompidas em 1823 vieram de novo à baila no Parlamento, enriquecidas de novos temas. Organização do ensino, legislação de terras, cessação do tráfico de escravos, naturalização de estrangeiros, sistema de recrutamento, liberdade de culto, liberdade de imprensa e pensamento, responsabilidade ministerial, criação dos Conselhos Provinciais, organização do Poder Judiciário, estatuto das Câmaras municipais, delimitação da competência do Executivo e do Legislativo: foram essas as principais questões que dividiram o plenário em liberais, radicais e moderados.

Seria difícil encontrar coerência em um mesmo homem. Políticos houve que, como José Bonifácio, eram favoráveis à legislação que impedisse a sobrevivência do latifúndio improdutivo e que levasse à extinção gradual da escravatura, ao mesmo tempo que defendiam a censura e o reforço do Poder Executivo. Indivíduos que poderiam ser considerados radicais em seu programa socioeconômico, mas que se alistariam entre conservadores no que dizia respeito à organização política. Outros, como Bernardo de Vasconcelos e o próprio José Bonifácio, mudariam de ponto

---

16 Em 1831 ocorreram agitações em vários pontos do país. Em Pernambuco, novamente se alçou a bandeira do federalismo. Veja a respeito Andrade, As sedições de 1831 em Pernambuco, *Revista de História*, n.28, p.337-409.

130 BRASIL: HISTÓRIA, TEXTOS E CONTEXTOS

de vista ao longo da vida, tornando-se ou mais conservadores, como sucedeu ao primeiro, ou mais liberais, como ocorreu ao segundo. Essas variedades individuais, essas incoerências e contradições não nos impedem, entretanto, de registrar as tendências que prevaleciam na Câmara expressando linhas de opinião.

Liberalismo na Regência: horror ao jacobinismo

O conflito entre Legislativo e Executivo que é central no Primeiro Império desembocaria na Abdicação e na Regência, quando assumiram o poder de cambulhada alguns políticos do governo anterior, ao lado de gente nova, tais como Evaristo da Veiga e Bernardo de Vasconcelos, assim como outros elementos até então considerados radicais, pois haviam se destacado por seu liberalismo na luta contra o imperador e o Antigo Regime. Em relação às reivindicações democratizantes, no entanto, a posição desses setores não diferia muito da dos elementos mais conservadores.

O jornal liberal A *Aurora Fluminense*, de Evaristo da Veiga, reivindicava inicialmente a extinção do morgadio, da intendência da polícia, da Fisicatura, do Desembargo e da Mesa de Consciência e Ordens – instituições arcaicas remanescentes do Antigo Regime (sistema colonial). Atacava os absolutistas "corcundas", os áulicos que se locupletavam nos cargos públicos, vivendo das graças do monarca. Seu ideal era a Monarquia constitucional. Desconfiava, por isso, da forma republicana de governo, dos "jacobinos de qualquer cor". Sua filosofia constitucionalista está resumida em uma frase publicada no número de 9 de setembro de 1829: "Nada de excessos, a linha está traçada, é a Constituição. Tornar prática a Constituição que existe sobre o papel deve ser esforço dos liberais".[17] Evaristo, tanto quando Bernardo de Vasconcelos – líder liberal nessa fase –, assumiria mais tarde uma posição cada vez mais conservadora, declarando-se contra as pretensões radi-

---

17 Souza, *Evaristo da Veiga: história dos fundadores do Império do Brasil*, v.VI, p.61.

LIBERALISMO E DEMOCRACIA 131

cais e democratizantes e contra os processos revolucionários.
Inimigos da "democracia" eram também muitos outros como José
Bonifácio, o "Patriarca da Independência", que fazia questão de
afirmar que jamais se alistaria "debaixo das esfarrapadas bandeiras
da suja e caótica democracia".[18]

A *Aurora Fluminense* combateria, ao mesmo tempo, *O
Imparcial*, o *Diário Fluminense*, o *Moderador*, órgãos dos conservadores e monarquistas, e os jornais republicanos e exaltados
do estilo da *Nova Luz Brasileira*, do *Republico* ou do *Jurujuba dos
Farroupilhas*. Depois da Abdicação, Evaristo da Veiga, na *Aurora
Fluminense*, acusava os jornalistas que estavam contra o governo
de explorarem "a luta de classes" e o "ódio de raças", procurando
desacreditar os que pregavam doutrinas de ordem e não desejavam promover um choque violento entre os proprietários e os
que nada possuíam".[19]

Pouco antes da morte de d. Pedro, dizia Evaristo da Veiga:
"Não temo que o Brasil se despotize, temo que se anarquize, temo
mais hoje os cortesãos da gentalha que aqueles que cheiram as
capas ao monarca".[20] Afastado o monarca, a ameaça parecia-lhe
vir do lado dos liberais radicais de tendências democratizantes:
os "cortesãos da gentalha" pertenciam ao grupo daqueles que,
depois da morte de d. Pedro, afastados o perigo da Restauração
e a ameaça do poder absoluto, associaram-se a Bernardo de Vasconcelos com o objetivo de "parar o carro revolucionário".[21] Tanto
quanto seu comum adversário político, José Bonifácio, seriam
ambos, Evaristo e Bernardo, adeptos da Monarquia constitucional,
sob o pretexto de que o poder monárquico era aglutinador por
excelência e o único capaz de salvar a unidade nacional em
um país dividido por lutas intestinas e ameaçado de secessão.
Ambos transitaram de uma posição liberal para uma posição
conservadora.

---

18 Neiva, *Resumo biográfico de José Bonifácio de Andrada e Silva, o Patriarca
da Independência do Brasil*, p.249.
19 Souza, op. cit., p.122.
20 Ibid., v.VI, p.161.
21 Id., *Bernardo Pereira de Vasconcelos: história dos fundadores do Império do
Brasil*, v.V, p.160.

Do liberalismo "progressista" do Primeiro Império ao liberalismo moderado e conservador da Regência

Durante o Primeiro Império, Bernardo de Vasconcelos apareceria como representante da oposição liberal. Usando de um argumento muitas vezes invocado por José Bonifácio, lembraria que as instituições devem ser ajustadas às circunstâncias e insistiria na relatividade dos princípios. Vasconcelos daria a Walsh, que o visitava, a impressão de que assim pensava por não apreciar "os selvagens e visionários esquemas de puro republicanismo e implicarem anarquia e confusão".[22] À semelhança de Evaristo, Vasconcelos procurara modernizar a justiça combatendo o privilégio de foro aos cavaleiros, propondo a extinção dos Tribunais do Desembargo do Paço, da Mesa de Consciência e Ordens. Propôs também a extinção do Tribunal do Conselho da Fazenda, aparelho obsoleto, cuja inutilidade tentou demonstrar em um discurso na Câmara. Da mesma forma que Evaristo, Bernardo também se empenhou inicialmente em combater o despotismo, denunciando as "preferências dadas na distribuição dos cargos públicos e no desempenho dos negócios" às "pessoas de origem aristocrática". Insistiu na igualdade de todos perante a lei, reconhecendo como único critério na distribuição de cargos o dos talentos e virtudes firmado pela Constituição.[23] Coerente com seu ponto de vista liberal, seria contrário à interferência do Estado na vida econômica, sustentando a tese de que o interesse particular é sempre mais inteligente e vigilante do que a autoridade. Baseado nesse argumento, opunha-se aos que, como Clemente Pereira, pleiteavam proteção a manufaturas nacionais. Estes diziam ser um absurdo exportar-se couro para a Inglaterra para de lá mandar vir produtos manufaturados. Bernardo de Vasconcelos, no entanto, acreditava na "violação" agrária nacional e desaprovava qualquer auxílio à indústria, considerando-o prejudicial ao desenvolvimento econômico da nação. Em sua opinião, era indispensável guardar

---

22 Walsh, *Notices of Brazil in 1828, 1829*, v.II, p.445-6.
23 *Anais da Câmara dos Deputados*, t.IV, p.131-2; *Cartas aos senhores eleitores da província de Minas Gerais*, por Bernardo Pereira de Vasconcelos.

LIBERALISMO E DEMOCRACIA 133

o mais "religioso respeito à propriedade e à liberdade do cidadão brasileiro",[24] o que, traduzido em outros termos, significava respeito à propriedade agrária e à liberdade de empresa. A vitória de liberais desse tipo em 1831 seria mais a derrota do monarca do que a vitória dos princípios liberais, e mais a vitória dos princípios liberais do que da democracia. A luta em favor da abolição de instituições coloniais, as críticas ao despotismo e ao poder "aristocrático", à oposição e interferência do Estado na vida econômica, o respeito religioso pela propriedade, definiam os limites do pensamento liberal nessa fase. Um liberalismo que depois da Abdicação, posto à prova nos movimentos revolucionários de 1831, revelaria cada vez mais sua faceta antidemocrática e conservadora.

Ao findar o Primeiro Reinado, Bernardo de Vasconcelos era considerado líder da voz popular. Dez anos mais tarde, em 1840, por ocasião da Maioridade, sua casa seria apedrejada pelo populacho. Ele aparecia como inimigo do povo. Tornara-se aos olhos dos liberais radicais um elemento conservador.[25] A vitória dos moderados do tipo Bernardo de Vasconcelos e Evaristo da Veiga depois da Abdicação significou a derrota dos liberais radicais de tendências democrática que tinham expressado suas aspirações nas agitações populares que abalaram a Regência desde seus primeiros dias.

O liberalismo radical dos primeiros anos da Regência

Durante os primeiros anos da Regência, os radicais mantiveram alguns jornais que permitem reconstituir suas tendências

---

24 Souza, *Bernardo Pereira de Vasconcelos: história dos fundadores do Império do Brasil*, v.V, p.79.

25 Vários revolucionários de 1817 e de 1824 transitaram do liberalismo radical para o liberalismo moderado. Francisco Paes Barreto, revolucionário de 1817, em 1824 é partidário do imperador e favorável à dissolução da Constituinte. Gervásio Pires Ferreira, republicano em 1817, tornara-se conservador, opondo-se à federação e autonomia provincial. Francisco Carvalho Paes de Andrade, irmão do líder da Revolução de 1824, quando no poder revela-se conservador, ligando-se aos que combatiam a autonomia provincial.

134 BRASIL: HISTÓRIA, TEXTOS E CONTEXTOS

e reivindicações, entre eles a *Nova Luz Brasileira*, jornal contundente aparecido a 9 de dezembro de 1829, de propriedade de Ezequiel Correia dos Santos e João Batista de Queirós, farmacêutico, colaborador da Sociedade Federal. Silenciado pouco tempo depois (a 13 de novembro de 1831) e reaparecendo mais tarde, o jornal *Nova Luz Brasileira* consubstanciava em suas aspirações a visão de artesãos, comerciantes, farmacêuticos, soldados, ourives, representantes da pequena burguesia e das camadas populares urbanas, indignadas com o crescente monopólio do comércio pelos ingleses, hostis aos tratados de comércio que haviam beneficiado os comerciantes e industriais estrangeiros, em detrimento do artesanato e do pequeno comércio "nacionais", chegando até a sugerir em uma linguagem violentamente nacionalista a anulação daqueles tratados. Combatia os privilégios dos "aristocratas", a quem responsabilizava pela política econômica. Reivindicava a divisão de terras, propondo uma espécie de reforma agrária: o *Grande Fateusim Nacional*.[26] Recomendava ao governo que fizesse um cadastro de terras e um inventário de bens para acabar com o "disfarçado feudalismo brasileiro", para extinguir os "sesmeiros aristocratas"[27] e impedir que o povo continuasse escravizado. Condenava a escravidão e a discriminação racial, chegando a propor a emancipação dos escravos com sua adstrição à terra pelo prazo de trinta anos. Sugeria ainda a abolição do cativeiro dos filhos de escravas. Pleiteava a elegibilidade para todos os cargos, condenava o absolutismo e os privilégios da realeza. Sonhava com a "Federação Democrática", nos moldes norte-americanos, embora em nenhum momento fizesse profissão de fé republicana, mantendo-se fiel ao ideal de uma Monarquia constitucional representativa. Defendia um conceito *sui generis* de Monarquia eletiva que o editor da *Nova Luz Brasileira* dizia inspirado em Silvestre Pinheiro Ferreira, um dos autores mais citados na *Nova Luz*, ao lado de teóricos ingleses, principalmente Bentham.

---

26 *Nova Luz Brasileira*. Veja a respeito: Souza, *Fatos e personagens em torno de um regime*, p.243.
27 *Nova Luz Brasileira*, p.246, 697, 911. *Jurujuba dos Farroupilhas*, ed. de 12 ago. 1831, 26 ago. 1931 ss.

Considerando a anarquia "um mal de sua natureza efêmero e que ordinariamente conduz a um bem maior", fazia a apologia da revolução. Tratava-se de uma revolução que visava sobretudo a destruir o "poder aristocrático". Em um de seus artigos, dizia: "A *Nova Luz Brasileira* acredita que se deve excluir da eleição a gente hipócrita e ambiciosa, aristocrata, gente que só acha razão nos ricos, capitalistas e poderosos, por mais malvados e ladrões que sejam". Para combater a "aristocracia", chegava a sugerir o sequestro dos bens do barão do Rio da Prata, Vilela Barbosa, Baependy e dos conselheiros de Estado.[28]

Outro tema constante dos radicais dessa fase é a aliança entre a "aristocracia" brasileira e a Santa Aliança. Os aristocratas eram apontados como defensores do absolutismo. Um dos números do *Jurujuba dos Farroupilhas*, outro jornal radical da época, criticava os "desprezíveis aristocratas que vendem o Brasil e sua liberdade e má política e a má influência europeia", acentuando que o povo composto de "farroupilhas" não se vende como os "capitalistas de chichelo" a Santa Aliança. Para os radicais desse período, a história era a história da luta entre os grandes e poderosos e o povo oprimido, conceito que aparece expresso várias vezes nos textos da época.

Fundamentando-se em argumentos extraídos do pensamento cristão, lembra o *Jurujuba* em um de seus números que

farroupilha honrado é gente do agrado de Deus, por quanto nosso Redentor quando veio moralizar o mundo e dar-lhe liberdade esco-lheu os apóstolos e discípulos entre os farroupilhas de barco e rede como os da Jurujuba, desprezando a cáfila de capitalistas malvados, de quem disse o Divino Mestre: é mais fácil passar um camelo por o fundo de uma agulha do que entrar um rico no reino do Céu.

Na *Nova Luz* ou no *Jurujuba* o tom é o mesmo: atribuem-se os males do país à "gente de tom que enganou o povo, que traiu a pátria". Na *Nova Luz*, Feijó e Evaristo da Veiga são criticados pela orientação moderada e conservadora que assumiram.

---

28 *Nova Luz Brasileira*, p.207, 428, 806, 957, 651.

Os artigos da *Nova Luz* e do *Jurujuba* correspondiam às agitações ocorridas no Rio de Janeiro desde os primeiros meses da Regência, quando os liberais radicais do estilo de João Batista de Queirós incitaram as tropas, lembrando aos soldados que eram cidadãos como os demais e que como estes deveriam insurgir-se contra a postergação de seus direitos e reclamar o governo do povo pelo povo. Em julho de 1831, as tropas se amotinaram no Rio de Janeiro exigindo a dissolução da Câmara, a destituição do governo e a convocação de uma Constituinte. Havia quem falasse em República. Era, segundo Otávio Tarquínio de Souza, um movimento de soldados, não contando com o apoio de oficiais que acabaram por formar um batalhão dos Oficiais Voluntários da Pátria: os "Bravos da Pátria", como os qualificou a *Aurora Fluminense*, batalhão que se destacou em várias repressões contra o que era na época chamado a "feroz oclocracia" (governo da multidão).

Vitória do liberalismo regressista

Reprimido o movimento, Feijó diria que "o brasileiro não foi feito para a desordem, que o seu natural é o da tranquilidade e que ele não aspira outra coisa além da Constituição jurada, do gozo de seus direitos e de suas liberdades".[29] Os culpados foram presos e o governo recomendou ao chefe da polícia a distribuição de armas por 3 mil cidadãos que tivessem renda anual superior a 200 mil réis, assim como aos negociantes interessados na manutenção da ordem, e a quantos fosse preciso para as rondas diárias.[30] O Exército sofreu cortes em seus efetivos, sendo desmobilizadas várias pessoas envolvidas nos acontecimentos. Em resposta às agitações, criou-se a Guarda Nacional, órgão repressivo que colocara a força policial sob o controle dos proprietários. Iniciava-se assim o "Regresso", recuo conservador que culminou no restabelecimento integral do poder monárquico com a maioridade antecipada do príncipe. Na verdade, o Regresso só se formalizou alguns anos mais

---

29 Souza, *Diogo Antônio Feijó*.
30 Ibid., p.166.

LIBERALISMO E DEMOCRACIA 137

tarde, mas as agitações da primeira fase da Regência contribuíram para reforçar as tendências conservadoras. A lei de 6 de junho de 1831 previa a criação de um sistema repressivo centralizado no Ministério da Justiça.[31] O artigo 10 autorizava o governo a constituir milícias civis, alistar, armar e empregar cidadãos com a condição de que fossem eleitores, o que denota o caráter classista da medida. A mesma lei atribuía ao governo a faculdade de suspender os juízes de paz, "negligentes ou prevaricadores", dando assim margem a que o governo interferisse diretamente na vida política local através desses dispositivos. Comentando a situação, o *Matraca dos Farroupilhas* denunciava que o "*farroupilhissimo* padre Feijó *d'in illo tempore*" convertera-se no "herói dos capitalistas de Rocha e Quartilho".[32]

A luta entre radicais e moderados não se encerraria tão cedo. O Código de Processos aprovado em 29 de novembro de 1832 configurava-se como um dos principais instrumentos da descentralização. Tornava a autoridade judiciária independente do poder administrativo submetendo-se a eleição. Estendia a competência dos juízes de paz, também eleitos à jurisdição criminal. O promotor, o juiz municipal e o juiz de órgãos passaram a ser escolhidos em uma lista tríplice proposta pela Câmara Municipal. Nesse sentido, o Código de Processos era uma conquista radical. Nem bem aprovado o Código, no entanto, já na Assembleia se cogitava anular a autonomia local recém-concedida e restringir o caráter democrático desse estatuto jurídico. A concessão liberalizante e democratizante provocava uma reação conservadora que acabou por vencer alguns anos mais tarde (1841) com a lei que reviu o Código de Processos, restringindo o poder dos juízes eletivos e ampliando a área de influência dos representantes do governo no poder judiciário e policial, revisão perfeitamente coerente com o espírito do liberalismo regressista dessa fase. Da mesma forma os projetos liberais dos primeiros dias da Regência: autonomia municipal, extinção do Poder Moderador, veto imperial sujeito a contraste do Legislativo, supressão do Conse-

---

31 Castro, A experiência republicana, 1881-1840. In: Holanda (org.), *História geral da civilização brasileira: o Brasil monárquico*, p.16.

32 Ibid., p.20.

138   BRASIL: HISTÓRIA, TEXTOS E CONTEXTOS

lho de Estado, Senado renovável na terça parte, a cada período legislativo, transformação dos Conselhos Gerais em Assembleias Legislativas provinciais, autonomia financeira das províncias, discriminação de rendas públicas nacionais e provinciais não se realizariam plenamente. No Senado, reduto dos elementos mais conservadores, muitas das reivindicações provenientes da Câmara dos Deputados, onde os liberais radicais tinham maior representação, cairiam por terra. Da luta entre liberais radicais de um lado e moderados e conservadores do outro resultaria o Ato Adicional (1834), forma conciliatória encontrada pelos vários grupos em jogo. Por esse ato concordou-se com a supressão do Conselho de Estado, mas manteve-se a vitaliciedade do Senado e o Poder Moderador. Os Conselhos Provinciais foram transformados em Assembleias Legislativas, aprovou-se a discriminação de rendas e a divisão dos poderes tributários ao nível provincial e nacional, mas rejeitou-se a autonomia municipal.

Assim como sucedeu ao Código de Processos, nem bem aprovado o Ato Adicional – não obstante representasse uma forma de conciliação, ou talvez por isso mesmo – já se cogitava revê-lo. Aos conservadores, ele parecia demasiado liberal em suas concessões.

O "Regresso" expressaria a tendência que culminaria na Maioridade, quando se estabeleceu uma aliança entre "liberais em regresso" e o trono. O "Regresso" ficaria patente já nas eleições de 1836, quando triunfaram os elementos que na Câmara representavam a ordem ameaçada pelas insurreições em vários pontos do país. O incremento do comércio de importação em mãos de estrangeiros abalara o pequeno comércio e o artesanato locais, bases do radicalismo no Rio de Janeiro e em outros centros portuários do país, onde pequenos comerciantes e artesãos exteriorizavam seus descontentamentos em explosões revolucionárias marcadas pela xenofobia e pelo "radicalismo", um radicalismo que nos faz lembrar o dos *sans-culottes* e que encontra analogia em outros movimentos semelhantes ocorridos em outros países latino-americanos mais ou menos na mesma época. O desenvolvimento da economia cafeeira, no entanto, na década de 1830, e o crescimento do comércio de exportação--importação fortaleceram os proprietários rurais e os grandes

LIBERALISMO E DEMOCRACIA

comerciantes, reforçando suas bases parlamentares. Predominou o voto do campo, dos proprietários rurais e suas bases urbanas, em detrimento da maioria do eleitorado propriamente citadino, aliás numericamente pouco significativo na época.

Prevaleceram as tendências conservadoras que acabariam por anular boa parte dos avanços liberais e democráticos conquistados com o Ato Adicional. As agitações revolucionárias que abalaram o país de norte a sul: Cabanos no Pará, Balaios no Maranhão, Farrapos no Rio Grande do Sul, apressaram a obra dos adeptos do "Regresso" que a lei de Interpretação do Ato Adicional (11/5/1840) e a lei de Reforma do Código de Processos (3/12/1841) e, finalmente, a maioridade antecipada do imperador vieram consolidar.

DA SENZALA À COLÔNIA:
QUARENTA ANOS DEPOIS*

Da senzala à colônia foi inicialmente tese de livre-docência, constando de três volumes, perfazendo 1.001 páginas. A tese foi apresentada à cadeira de História da Civilização Brasileira da Universidade de São Paulo, em 1964, sob o título *Escravidão nas áreas cafeeiras: aspectos econômicos, sociais e ideológicos da desagregação do sistema escravista.* Foi publicada em 1966 pela Difusão Europeia do Livro, depois de muitos cortes que a reduziram a quinhentas páginas. Três anos após sua publicação, a autora foi aposentada pelo Ato Institucional de nº 5, com outros professores da Universidade de São Paulo. Impedida de exercer suas funções, mudou-se para os Estados Unidos, onde acabou aceitando, em 1973, uma posição no Departamento de História da Universidade de Yale. Aí permaneceu até se aposentar em 1999.

Esgotado por muitos anos, *Da senzala à colônia* só chegou a ter nova edição dezesseis anos depois, em 1982, quando o regime militar que determinara o ostracismo da autora mostrava sinais de abertura. Nessa edição, a autora procurou dar um balanço dos rumos tomados pela historiografia desde a data de sua publicação.

---

* Publicado originalmente em 1998 em Ferreira; Bezerra; De Luca (orgs.), *O historiador e seu tempo.*

142 BRASIL: HISTÓRIA, TEXTOS E CONTEXTOS

Na ocasião, acreditava que, embora muito se tivesse publicado sobre o assunto desde 1966, o esquema geral de interpretação continuava válido. Por isso resolveu publicar o texto original na íntegra, com exceção da bibliografia, que foi atualizada. Em 1989, a Editora Brasiliense publicou uma terceira edição; a quarta, erroneamente publicada como terceira, apareceu em 1998 pela Editora da Unesp. A partir daí houve várias reimpressões.

Para avaliar o livro é preciso situá-lo em sua época. Toda obra de história é ao mesmo tempo uma visão do passado e um retrato do presente, um diálogo a partir do presente entre o historiador, suas inquietações, seus projetos, de um lado, e os traços deixados pelo passado, de outro. A obra também é expressão das tendências da historiografia, dos debates teóricos, metodológicos e das lutas políticas existentes na época de sua elaboração. Por essa razão, toda obra histórica ilumina tanto o passado quanto o presente, tanto a história quanto a historiografia. Quando deixa de ter valor por sua interpretação do passado, passa a valer como documento que lança luz sobre o tempo em que foi escrita. Ela é ao mesmo tempo expressão de uma época e de um indivíduo, obra pessoal e coletiva. A obra histórica resulta da formação do historiador ou historiadora, de seus objetivos, de sua vivência no sentido mais amplo da palavra, de seu posicionamento diante do presente e do passado, de sua filosofia da história. Depende ainda do público que ele ou ela pretende alcançar. É também produto da documentação utilizada, o que, por sua vez, decorre do nível de organização dos arquivos e da própria conceituação de documento, a qual tem variado ao longo do tempo, assim como tem mudado o método crítico. Uma obra de história só pode ser avaliada por essas várias determinações. Isso é o que pretendemos fazer nesta fala.

Da senzala à colônia dificilmente seria apresentado hoje como tese de livre-docência. Os tempos são outros. O ritmo do trabalho mudou. Hoje poucos disporiam do tempo que se dispunha na época em que o livro foi escrito. *Da senzala à colônia* levou dez anos entre a pesquisa e a elaboração final. Quem teria tempo hoje para pesquisar em tantos lugares: no Arquivo Nacional, no Arquivo do Estado de São Paulo, no Arquivo Público de Minas Gerais, e neles consultar caixas e mais caixas de documentos os mais variados? Quem teria tempo para ler relatórios de presi-

DA SENZALA À COLÔNIA: QUARENTA ANOS DEPOIS   143

dentes das províncias de São Paulo, Rio de Janeiro e Minas, de ministros da Agricultura, coleções de leis e posturas municipais, jornais antigos, como o *Correio Paulistano*, o *Diário de São Paulo*, *A Província de São Paulo*, o *Diário Popular*, e outras publicações menores, como a *Revista Ilustrada* de Ângelo Agostini (que por descuido nem sequer aparece mencionada na bibliografia, embora tenha sido amplamente utilizada), e ainda consultar os Anais da Assembleia Legislativa de São Paulo, Anais da Câmara dos Deputados e do Senado, numerosos livros de viajantes que passaram pelo Brasil durante o século XIX, panfletos políticos, romances, livros de memória, cobrindo um período que vai da época da Independência à Abolição? Quem poderia hoje esperar dez anos para terminar uma tese?

Essa enorme pesquisa só foi possível devido às condições de trabalho e aos requisitos acadêmicos menos exigentes de então. Naquela época, o historiador se imaginava o continuador de seus antecessores, o herdeiro de gerações que tinham pesquisado anteriormente e haviam construído um conhecimento pelo qual seria possível avançar na compreensão da sociedade brasileira. O trabalho do historiador era visto como cumulativo, não acompanhava a lógica do mercado que veio cada vez mais dominar a produção cultural.

Quando a autora foi contratada para lecionar no Curso de Metodologia e Teoria da História, foi nesse sentido que orientou os alunos, levando-os ao arquivo e iniciando-os na pesquisa. Dessa forma, entrosava magistério e pesquisa, segundo o ideal universitário de então, que considerava as duas atividades complementares, compatíveis e necessárias ao ensino universitário que visava a formar professores pesquisadores. Logo, os alunos do Departamento de História, que na época não eram tão numerosos quanto hoje, foram iniciados na pesquisa frequentando o Arquivo do Estado de São Paulo, onde aprendiam a selecionar e criticar documentos e escrever pequenos trabalhos sobre a escravidão. Essa atividade permitiu à autora concentrar-se em sua pesquisa e, ao mesmo tempo, treinar seus alunos no que Marc Bloch chamou *Le Métier d'historien*. Com o tempo, essa geração foi sucedida, com raras e notáveis exceções, por uma geração imbuída de um espírito competitivo e individualista que a autora apelidou de geração *avant moi le déluge* (antes de mim o dilúvio), muito diverso do que havia no início da década de 1960 na Universidade de São Paulo, quando um grande número de professores e alunos compartilhava um projeto coletivo de desenvolvimento e transformação do país que, não obstante as divergências individuais, os transcendia e unificava.

A carreira profissional também obedecia a regras diferentes. A livre-docência podia ser feita diretamente, sem que o universitário fizesse previamente teses de mestrado e doutoramento. O candidato submetia-se a prova de títulos, um exame escrito, uma aula pública e a defesa de tese. Dessa forma, a tese era a culminação de anos de estudos e pesquisas. Antes de se submeter ao concurso de livre-docência, a autora de *Da senzala à colônia* já publicara dezesseis artigos versando sobre a história do Brasil, a natureza do conhecimento histórico e o ensino da História. Alguns desses trabalhos haviam sido escritos para satisfazer à curiosidade de alunos do ensino secundário sobre temas abordados de maneira insatisfatória pela historiografia. Tal foi o caso, por exemplo, do artigo sobre os degredados, publicado pela primeira vez em 1955 e republicado há alguns anos na *Revista de História*. A maioria desses trabalhos já anunciava uma intelectual engajada nos problemas do presente, fato comum em sua geração.

Os estudos históricos não tinham ainda a nota de profissionalização que irá caracterizar o trabalho do historiador nos anos que se seguiram. Estávamos em um período de transição do pesquisador autodidata e do ensaísta, característicos da geração anterior, para a do historiador profissional, acadêmico, especialista, que via a História como "a ciência do homem", no dizer de Lucien Febvre, um dos luminares do grupo dos Annales, que, com Fernand Braudek e Marc Bloch, tanta influência exerciam na historiografia de então. Essa era a época da hegemonia francesa no pensamento historiográfico. Era também a época em que o marxismo dava seus primeiros passos na historiografia brasileira com o aparecimento das obras de Caio Prado Jr. e Nelson Werneck Sodré, que, embora diversas em seu escopo e realização, representavam uma mudança de rumo que os separava das obras mais antropológicas e a-históricas de Gilberto Freyre, das crônicas de Hélio Viana, dos ensaios de Sérgio Buarque de Holanda

DA SENZALA À COLÔNIA: QUARENTA ANOS DEPOIS   145

ou das especulações de Alfredo Ellis, que detinha a cadeira de História da Civilização Brasileira nos anos em que a autora frequentou o curso de Geografia e História na Universidade de São Paulo.

Na USP, passara a época dos mestres franceses, com exceção de uns poucos visitantes, como o medievalista Philippe Wolff; o professor de História do Protestantismo, Émile Leonard; os geógrafos Pierre Monbeig, Louis Papy, Pierre Gourou; e os professores de Teoria e Metodologia da História, Jean Glénisson e Yves Bernard Bruand, dos quais a autora foi assistente depois de formada. O ensino da História estava nas mãos dos discípulos da primeira leva de professores estrangeiros, dos quais, na época em que a autora frequentou o curso, o mais brilhante era o professor de História Moderna e Contemporânea, Eduardo d'Oliveira França, especialista da história de Portugal, de quem a autora foi assistente durante alguns anos, e o mais erudito, o então assistente da cadeira de História Medieval, Pedro Moacir Campos. Os alunos formados nessa época, embora tivessem a oportunidade de se familiarizar com o que havia de melhor na historiografia francesa, inglesa e mais raramente alemã (graças a traduções para o espanhol do Fundo de Cultura), não recebiam orientação alguma sobre pesquisa. Nesse sentido eram autodidatas, continuando a tradição brasileira que prevalecera até então. Sua salvação estava no Departamento de Ciências Sociais, em que Florestan Fernandes e Antonio Candido, pelas qualidades pessoais, generosidade, competência, brilho e erudição, eram as estrelas guias dos alunos de História que desejavam aprimorar sua formação. Terminados o curso básico e o de especialização, substituído mais tarde pelo mestrado, a autora foi com o auxílio de uma bolsa do governo francês para a École des Hautes Études, Sixième Section da Sorbonne, onde completou sua formação com Ernest Labrousse, um socialista que se dedicava à história dos preços, o sociólogo George Gurvitch e o historiador Paul Leulliot. Seu orientador foi Charles Morazé, da Escola de Ciências Políticas. Aproveitou também seu tempo para assistir a um curso sobre Impressionistas no Museu do Louvre, que lhe valeu nova experiência em História da Arte. Foi em Paris que iniciou seu aprendizado de pesquisa em arquivo. Frequentou os Arquivos

Nacionais da França com o propósito de escrever uma tese sobre a nobreza francesa no período da Restauração. Ao voltar ao Brasil em 1954 abandonou, no entanto, a pesquisa iniciada para escrever um livro sobre a transição do trabalho escravo para o trabalho livre. Essa mudança de curso estava diretamente relacionada aos acontecimentos políticos daquele período e à convicção de que, no Brasil daquela época, especialização em história da Europa era um grande equívoco, dadas as dificuldades de acesso à documentação. (Ressalte-se que essa decisão ocorreu há meio século, quando as viagens para a Europa ainda eram feitas em navios e levavam quinze dias, não havia internet, e a comunicação era bem mais difícil do que é hoje.)

A história do Brasil passara a despertar um interesse renovado. O cenário político depois da morte de Getúlio Vargas em 1954, a crescente polarização entre seus continuadores e os que se opunham a ele, agravada pelo clima de tensão resultante da Guerra Fria, mobilizaram os intelectuais. Era difícil permanecer indiferente à luta que se travava no Brasil e no mundo. O país industrializava-se e os problemas sociais no campo e nas cidades eram cada vez mais prementes. Parecia urgente mudar o país. Para isso era preciso conhecê-lo melhor; examinar suas lideranças políticas, as "elites", como se dizia então; indagar de sua responsabilidade pelo estado deplorável em que se encontrava a grande maioria do povo brasileiro; procurar uma explicação para o atraso, o autoritarismo e o elitismo crônicos, a sobrevivência das oligarquias e do regime de clientela e patronagem e a fraqueza das instituições democráticas.

Apesar da industrialização e da presença crescente do capital estrangeiro, o país era essencialmente agrário e mais de 80% de sua população vivia ainda nas zonas rurais em precárias condições e um alto grau de analfabetismo. Nessas condições, os intelectuais eram chamados a continuar a obra iniciada pela geração anterior que lhes servira de guia. A preocupação que levara Sérgio Buarque de Holanda e Caio Prado Júnior a reescrever a história do Brasil instigava a nova geração a seguir o mesmo caminho. Entre os vários problemas da história do Brasil que chamavam atenção estavam a escravidão e seu legado, o preconceito racial, a abolição e a situação do negro na sociedade brasileira.

DA SENZALA À COLÔNIA: QUARENTA ANOS DEPOIS 147

Em São Paulo, jovens intelectuais orientados por Roger Bastide e Florestan Fernandes iniciaram uma pesquisa sobre relações entre pretos e brancos e sobre a escravidão, pesquisa que a todos parecia essencial para a compreensão do país. Como fora possível acabar com uma instituição que durara vários séculos sem levar o país a uma guerra civil parecia uma questão crucial para aqueles que almejavam mudar as estruturas vigentes. Foi nessas condições que *Da senzala à colônia* foi concebido.

Durante os anos seguintes, a autora levou a cabo seu projeto sempre ligada aos acontecimentos contemporâneos, cada vez mais dramáticos com o agravamento da tensão entre esquerda e direita, entre nacionalistas e internacionalistas, durante os governos de Juscelino Kubitschek, Jânio Quadros e João Goulart. Essa era uma época histórica de grandes esperanças: o desenvolvimento econômico autônomo parecia uma possibilidade. Desenvolvimentismo e nacionalismo eram bandeiras de luta. Apostava-se na conscientização crescente do povo brasileiro e em sua melhoria de vida. Homens como Paulo Freire e Celso Furtado eram símbolos desses tempos. A crescente mobilização da população, as reivindicações no campo e na cidade, as ligas camponesas, as greves urbanas, conferiam credibilidade a essas aspirações. A Igreja Católica, sob a direção do papa João XXIII e de seu sucessor, adotava uma posição progressista. Padres e freiras juntavam-se a militares de esquerda nas atividades que visavam a assistir as populações mais desamparadas. Até mesmo boa parte da imprensa dava cobertura simpática às reivindicações estudantis. O Teatro de Arena, sob a direção de Augusto Boal, e os festivais de música popular criavam um espaço público que estimulava o debate e a crítica e contribuíam para manter um clima de entusiasmo e otimismo.

Não faltavam, no entanto, sinais de perigo. A violenta campanha de desmoralização do governo Vargas, liderada por Carlos Lacerda, que levou Vargas ao suicídio, as tentativas de golpes de direita reprimidas durante o governo Kubitschek, a renúncia de Jânio Quadros, a movimentação militar na tentativa frustrada de impedir a ascensão ao poder do vice-presidente João Goulart, tudo isso prenunciava tempos difíceis. Mas as crises políticas ainda não pareciam ameaçar o futuro do país. Eram vistas como aciden-

148 BRASIL: HISTÓRIA, TEXTOS E CONTEXTOS

tes normais de percurso. Por sua vez, apesar da Guerra Fria e do destino trágico do governo reformista de Arbenz na Guatemala (1954), o cenário internacional trazia novidades promissoras. A revolução cubana, derrotando o ditador Batista e o imperialismo em 1959, prometia um mundo melhor. O socialismo ganhava espaço em várias regiões do globo. As palavras do momento eram reforma ou revolução. Todo esse processo mudaria de rumo a partir de 1964 com o golpe militar. A partir de então, as posições radicalizaram-se.

Foi nesse período que vai do suicídio de Vargas em 1954 a 1964 que a documentação foi reunida e *Da senzala à colônia* foi redigido. Não se tratava de uma tese com o objetivo de obter apenas um título acadêmico, uma posição universitária, pois na época os requisitos eram muito mais flexíveis do que hoje, as exigências, menores, a competição pelos cargos, mínima, devido ao pequeno número de candidatos. Mesmo quando nomeado, o doutorando podia adiar o doutoramento por muitos anos, desde que demonstrasse sua competência mediante artigos publicados e suas atividades acadêmicas justificassem sua permanência nos quadros universitários, os quais eram raramente abertos em virtude da falta de vagas. Assim, a maioria dos jovens professores formados pela USP naquele período foi obrigada a trabalhar pelo menos certo número de anos no ensino secundário. Essa experiência os ajudou a se familiarizar com temas de interesse da comunidade que transcendia as paredes da Academia. Os docentes assim treinados lecionavam simultaneamente na universidade, sem nenhuma remuneração, e no ensino secundário, por onde recebiam, até que fosse aberta uma vaga na universidade. Durante esse tempo amadureciam e desenvolviam a competência mediante artigos que publicavam em revistas especializadas. Preparavam aos poucos suas dissertações, enquanto lecionavam no secundário e na universidade. Some-se a tudo isso as responsabilidades de família que pesavam quase exclusivamente sobre as mulheres. Foi essa a situação em que se encontrou a autora que viera de Paris para Sertãozinho, depois para o Colégio Estadual de Jundiaí e finalmente para o Colégio de Aplicação em São Paulo. Ao mesmo tempo dava aulas numa faculdade católica em Sorocaba e trabalhava de graça na Universidade de São Paulo,

DA SENZALA À COLÔNIA: QUARENTA ANOS DEPOIS 149

até conseguir uma vaga no Departamento de História como assistente de História Moderna e Contemporânea e depois de Teoria e Metodologia da História. Na Introdução à primeira edição de *Da senzala à colônia*, a autora declarava suas motivações e seus objetivos. A escravidão marcara os destinos de nossa sociedade e deixara traços indeléveis tanto na herança que nos legara a cultura negra quanto nas condições sociais nascidas do regime escravista. Subsistiram na sociedade contemporânea representações e estereótipos associados à cor e às diferenças raciais forjadas no tempo da escravidão. Estes haviam criado padrões de comportamento que persistiram depois da Abolição. "A existência de dominadores e dominados em uma relação de senhores e escravos marcara a mentalidade nacional." A necessidade de justificar esse estado de coisas gerara uma argumentação racionalizadora assentada em falsas bases morais. Afirmações dessa natureza iam além dos protocolos aceitáveis em uma sociedade que continuava a negar a existência de preconceitos raciais. A autora denunciava mecanismos de dominação ainda vigentes na sociedade. A escravidão desmoralizara a ideia de trabalho, afetara as relações familiares, mantivera os escravos na ignorância, retirara-lhes o senso da responsabilidade, que só existe onde há iniciativa e liberdade.

A autora apontava a contradição profunda existente entre o liberalismo apregoado pelos senhores e a escravidão. Observava que o paradoxo dessa situação encontrava paralelismo em outros tempos:

> Sempre encontramos racionalizações e justificativas de interesses de certos grupos, os quais consciente ou inconscientemente mascaram a realidade e certamente, em nossos dias, a um observador prevenido e competente não escaparão inúmeros exemplos desse tipo.

Daí o particular interesse em estudar o sistema escravista e seu colapso. Era preciso explicar como a opinião pública, que até então permanecera anestesiada, despertou para a consciência do paradoxo. Tratava-se de analisar o comportamento dos vários setores da sociedade: senhores de escravos, a incipiente classe média e os escravos. Numericamente superiores nas zonas rurais, unidos pela desventura, por que estes não se rebelaram coletivamente contra o regime que lhes fora imposto? Por que não efetuaram um massacre geral de brancos, uma revolução sangrenta? Como fora possível abolir uma instituição que sobrevivera por três séculos sem que isso tivesse causado uma tremenda convulsão social? Essas eram as questões que guiaram a pesquisa.

O livro fazia um recorte que excluía da análise as transformações que se operavam no mundo com o avanço do capitalismo e da Revolução Industrial na Inglaterra e o abandono da escravidão nas colônias inglesas e francesas. Embora a autora estivesse plenamente consciente das conexões entre esse processo e a transição do trabalho escravo para o trabalho livre no Brasil, preferiu localizar as mudanças econômicas, sociais, políticas e ideológicas que se operavam internamente, colocando a conjuntura internacional entre parênteses. Deixou claro, no entanto, que a escravidão estivera intimamente ligada ao sistema colonial e seu desaparecimento estava relacionado com a crise desse sistema. O ritmo da transição, contudo, fora diverso nas várias colônias, dadas as diferentes circunstâncias internas. O processo tivera sua especificidade em cada uma delas. Os homens que lutaram para manter a escravidão ou para eliminá-la, os que lutaram por soluções radicais ou os que preferiram reformas moderadas e paulatinas agiram sempre dentro de uma tradição que não era idêntica nas várias colônias, e a ação que desenvolveram em prol da emancipação dos escravos esteve limitada pelas mudanças que se operavam na economia e na sociedade. Somente uma análise dessas condições permitiria compreender a marcha do processo abolicionista e a transição do trabalho escravo para o trabalho livre. Era preciso avaliar no jogo das influências recíprocas a importância das condições econômicas, sociais, políticas e ideológicas, o papel da ação humana, os limites de sua liberdade de ação e de escolha, o grau de consciência possível em cada momento. Era preciso confrontar a visão que os homens tinham da realidade em que viviam com a própria realidade que os transcendia e os limitava.

Essas palavras definiam em linhas gerais os propósitos da autora. Esboçava-se aí um verdadeiro método de pesquisa. Havia

DA SENZALA À COLÔNIA: QUARENTA ANOS DEPOIS 151

nele um desejo de aprimorar as abordagens marxistas existentes até então na historiografia brasileira, evitando os economismos e reducionismos mecanicistas, a rigidez estruturalista de algumas análises, respeitando a autonomia relativa das várias instâncias, reintroduzindo a ação dos homens e mulheres na história, sem desconhecer os limites que as estruturas lhes impõem. Tratava-se de definir a consciência de classe como um processo, capturar a subjetividade dos indivíduos e a objetividade das circunstâncias históricas que os moldam e por eles são moldadas e examinar as múltiplas formas que a luta de classes pode assumir ao longo do tempo.

Os debates intelectuais sobre marxismo que inspiraram as obras de E. P. Thompson, Raymond Williams, Eric Hobsbawm e muitos outros do outro lado do Atlântico também se travavam no Brasil. Para aqueles, como para a autora, o marxismo não oferecia um modelo a ser copiado, não era uma ortodoxia, mas um método de análise a ser adequado a circunstâncias, diversas de espaço e tempo. Isso explica a existência de tantas e variadas leituras do marxismo que a perseguição, de um lado, e a ortodoxia soviética, de outro, conseguiram obscurecer.

A autora de *Da senzala à colônia* acreditava, e ainda acredita, a despeito dos pós-modernos, que a História não é ficção. Apesar de as qualidades literárias do texto serem imprescindíveis, a História tem características de uma ciência social específica, com um método que lhe é próprio. A autora estava convencida de que se podia não só chegar ao máximo grau de consciência possível em determinado momento, como também a uma compreensão mais objetiva do processo histórico, de cuja realidade nunca duvidou.

A partir de uma leitura flexível de Marx, a primeira parte de *Da senzala à colônia* foi dedicada ao estudo das transformações das forças produtivas, isto é, das condições naturais de clima e solo que favoreciam a plantação do café; da força de trabalho, escrava e livre, nacional e estrangeira utilizada em sua produção; o aperfeiçoamento dos métodos de transporte e vias de comunicação, do carro de boi e lombo de burro para a estrada de ferro, mudanças do método de produção, beneficiamento do produto, emprego de maquinário em substituição aos métodos manuais primitivos como o pilão e a secagem ao ar livre no terreiro.

152   BRASIL: HISTÓRIA, TEXTOS E CONTEXTOS

As mudanças introduzidas ao longo do tempo, à medida que as fazendas se deslocavam para novos espaços em busca de terras virgens mais produtivas, levaram à alteração do ritmo de trabalho e à especialização crescente das fazendas. Liberaram também mão de obra e facilitaram a transição do trabalho escravo para o livre. Na mesma direção atuou a lei que fez cessar o tráfico. Aprovada sob pressão inglesa em 1831, ficou, no entanto, sem efeito. Apesar da perseguição inglesa dos navios ligados ao tráfico, o contrabando de escravos continuou sem trégua até 1850, sob os olhares complacentes das autoridades brasileiras. Por volta dessa data, no entanto, os senhores estavam abarrotados de escravos e o Estado brasileiro, passado o período de instabilidade da Regência, achava-se mais competente para reprimi-lo. A pressão inglesa também aumentara. Dessa forma, a nova legislação teve condições de ser implementada. Finalmente o tráfico externo cessou, tendo sido substituído pelo interno, que passou a encaminhar escravos de regiões decadentes ou das cidades para as áreas cafeeiras, resultando não só na concentração de escravos nessas regiões como na alta progressiva dos preços de escravos. A partir de então, as experiências com a imigração multiplicaram-se. A Lei do Ventre Livre deu mais um passo na direção da Abolição. Apesar de seus efeitos serem sentidos apenas mais tarde, devido a medidas que os fazendeiros introduziram na legislação por seus representantes no Parlamento, a lei teve um efeito psicológico profundo, uma vez que interferia no direito de propriedade. Ao mesmo tempo, a nova legislação levou ao envelhecimento progressivo da população escrava. O número de escravos diminuiu em relação à população livre.

A segunda parte do livro, intitulada "Aspectos da vida dos escravos nas zonas urbanas e rurais", é a menos desenvolvida e a mais literária. É também a que foi mais complementada pela historiografia desde então. O objetivo era analisar as transformações ocorridas na vida dos escravos, o desaparecimento gradual do escravo urbano, substituído pelo trabalhador livre, sua concentração nas zonas rurais. Utilizando as posturas municipais, a autora detém-se na análise dos métodos de repressão e disciplina usados nas cidades. Com auxílio das obras de viajantes, estuda o mesmo fenômeno no campo, revelando a importância que os senhores

DA SENZALA À COLÔNIA: QUARENTA ANOS DEPOIS 153

atribuíam à religião como meio de controle social. Examina também as formas de associação religiosa ou leiga utilizadas pelos escravos (associações, confrarias, irmandades, caixas de empréstimo, juntas de alforria, capoeiras) e outras formas de resistência. Ao mesmo tempo que frisa as formas de solidariedade entre os escravos, a autora aponta as divisões internas e conflitos entre eles. Aborda também aspectos do cotidiano dos escravos, horários de trabalho, habitação, vestuário, doenças mais comuns, epidemias, mortalidade, família e situações ambíguas que a escravidão gerava (irmãs que mantinham irmãos no cativeiro, por exemplo).

O quadro não é estático. É sincrônico e diacrônico. Aqui também se observam alterações que foram sendo introduzidas ao longo do tempo não só pela legislação (a lei de 1869 que proibiu a separação de pais e filhos menores de 15 anos, por exemplo), como também em virtude do movimento abolicionista e o apoio que homens livres passaram a dar a escravos (o caso de Luís Gama, recorrendo aos tribunais, ou os caifazes de Antônio Bento que ajudavam os escravos a fugir) e, finalmente, pelas mudanças na própria consciência de escravos e senhores (por exemplo, marcas de castigo que antes depunham contra o escravo passaram a depor contra os senhores). Os ideais de tolerância e benevolência fixados nos códigos, que haviam permanecido letra morta até então, encontraram enfim condições para se efetivar.

A segunda parte conclui com um capítulo sobre o protesto do escravizado. Depois de examinar várias formas de protesto que sempre existiram em sociedades escravistas, desde assassinatos de senhores até a fuga e as insurreições, mostra a importância que a fuga em massa das fazendas teria nos anos que antecederam a Abolição, quando a população escrava em São Paulo decresceu de 100 mil para 40 mil em poucos meses. A agitação chegou a tal ponto que a Assembleia Legislativa de São Paulo acabou solicitando ao Parlamento, por unanimidade, que fosse feita a emancipação.

Finalmente, na terceira parte, intitulada "Escravidão e ideologia", a autora examina as transformações do pensamento escravista e emancipacionista desde a Independência até 1888, ligando-as às mudanças na economia e na sociedade. Um exame dos Anais do Parlamento revela que, com o passar do tempo, escravistas e emancipadores foram mudando de posição: os primeiros passaram a encarar a possibilidade de emancipação desde que fosse feita com indenização; os emancipadores deixavam sua posição gradualista para se converterem em abolicionistas, enquanto as ideias abolicionistas foram ganhando peso. Depois de examinar as bases sociais do abolicionismo e os métodos por eles usados, a autora mostra que as posições se radicalizaram. À medida que a opinião pública se convertia às ideias abolicionistas, a senzala passava a agir de forma organizada em defesa própria e abandonava em massa as fazendas.

Quando a Câmara se reuniu em 1888, os deputados encontraram-se diante de uma situação de fato: João Alfredo, chamado pela princesa Isabel para assumir o Ministério, apresentou a proposta do Executivo para que se convertesse em lei a extinção imediata e incondicional da escravidão. Contrariamente aos vaticínios de alguns, a nação não se viu arruinada. O que houve foi um abalo de fortunas e a ruína de alguns proprietários, cuja situação já estava abalada anteriormente e que tinham posto todas as esperanças em uma indenização que não veio. Muitos escravos abandonaram as fazendas e partiram em busca da liberdade. O movimento abolicionista extinguiu-se com a Abolição. Fora principalmente um movimento de homens e mulheres em sua maioria brancos e livres. O abolicionismo nascera mais do desejo de libertar a nação do "fardo da escravidão" do que do desejo de libertar a raça escravizada em benefício dela própria. O liberto foi abandonado à sua própria sorte.

O MOVIMENTO REPUBLICANO EM ITU. OS FAZENDEIROS DO OESTE PAULISTA E OS PRÓDROMOS DO MOVIMENTO REPUBLICANO (NOTAS PRÉVIAS)*

Para a explicação da gênese do movimento republicano, muito contribuiriam as monografias sobre o mecanismo das atividades republicanas locais. Só depois dessas visões parciais poder-se-á, um dia, proceder a uma síntese verdadeiramente científica, que deixe de ser simples construção do espírito, sem base documental firme – fruto de generalizações –, para tornar-se um conhecimento solidamente fundamentado na pesquisa. Foi pensando nisso que abordamos um estudo sobre o movimento republicano em Itu, entre 1870 e 1873, quando aí se realizou a Convenção que procurou congregar os representantes dos vários núcleos regionais para lançar as bases do Partido Republicano Paulista.

Os acontecimentos que rodeiam a Convenção de Itu (18 de abril de 1873) têm sido exaustiva e minuciosamente descritos. Mas seu conteúdo social e psicológico não foi totalmente extraído. A análise do movimento em Itu, desde a fundação do Clube Republicano até a Convenção e o estudo desta, nos permitirá reafirmar certas posições e sugerir outras. Quem eram os republicanos? Isto é, a que grupo social pertenciam em sua maioria?

---

* Publicado originalmente em 1954 como separata do n.20 da *Revista de História*.

156 BRASIL: HISTÓRIA, TEXTOS E CONTEXTOS

Quais seus ideais? Por que se filiam ao partido? Como se organizam? Como funciona um Partido Republicano local? Eis uma série de questões a ser esclarecidas. Não pretendemos apresentar uma explicação completamente nova desse movimento, desde que o estudo apenas local não permite generalizações. Mas podemos relatar os fatos, tentar interpretá-los e sugerir problemas. É isso o que desejamos.

I – Antecedentes da Convenção Republicana em Itu

a) Fundação do Clube Republicano em Itu

A fundação do Clube Republicano em Itu está ligada ao "revoar de ideias novas" que, a partir de 1860-70, pairam sobre o Brasil. Positivismo, darwinismo, cientificismo, evolucionismo – modalidades diversas do pensamento europeu do século XIX – encontram expressão no pensamento nacional, "determinando notável progresso do espírito crítico. Tudo se critica e se discute".[1]

Ao lado dessas, a ideia republicana que já existia em estado latente na psique nacional desde o Brasil Colônia se fortalece. Sua apresentação oficial data de 1870, quando, através do Manifesto Republicano publicado no jornal *A República* a 3 de dezembro de 1870, se pretende delinear os fundamentos do partido.

O clima era propício ao desenvolvimento dessa ideia. Era grande a fermentação política da época. De um lado, a tradição republicana – o ideal dos revolucionários de 1817, 1824, 1835 (na Bahia) e 1837 (no Rio Grande do Sul); de outro, o exemplo dos países americanos e da França que proclamava a Terceira República; a abundante literatura revolucionária importada da França; a Espanha, que através de Castela animava nossos idealistas republicanos à ação. Exemplo estrangeiro estimulante, sobretudo levando-se em conta o espírito "colonial" do brasileiro preso intelectualmente à Europa e que buscava nas fórmulas europeias a solução dos problemas brasileiros.

---

1 Costa, *O desenvolvimento da filosofia no Brasil no século XIX e a evolução histórica nacional*, p.125.

O MOVIMENTO REPUBLICANO EM ITU. OS FAZENDEIROS... 157

A essas condições que proporcionavam a formação de uma ideologia republicana difusa, sem formas nítidas, sem ação organizada, se sobrepuseram fatores imediatos – consequentes do panorama político nacional que vieram precipitar a reação. O descontentamento dos partidos que se revezavam no poder pela intromissão da vontade imperial através do mecanismo do "poder moderador" punha à disposição do pensamento republicano os espíritos mais violentos e radicais em suas concepções. As críticas que choviam contra o regime político em vigor – a Monarquia –, mesmo da parte dos partidos monarquistas, eram favoráveis ao seu florescimento. Em 1868, a queda do Gabinete Zacarias, por incidente pessoal havido com o imperador, acelerou a cisão do Partido Liberal entre os elementos mais radicais e os moderados. A ala radical que então se formara começou a publicar em 1869 no *Correio Nacional* e seu programa evoluiu quase todo para a ideia republicana. Aí nascera o projeto da criação de um clube republicano e da publicação do referido manifesto, apresentando um apelo aos simpatizantes para que se reunissem e se armassem na luta por esse ideal. Em resposta, organizaram-se em muitas regiões clubes republicanos, à semelhança do que se fizera no Rio de Janeiro.

Em 20 do mesmo mês (dezessete dias após a publicação do Manifesto), o Clube Radical de São Paulo comunicava ao núcleo do Rio de Janeiro, em um ofício assinado por Américo Brasiliense, sua transformação em Clube Republicano.[2]

Já nessa ocasião João Tibiriçá Piratininga, posteriormente um dos mais ativos próceres da ação republicana em Itu e futuro presidente da Convenção de 1873, estava em contato com o núcleo de São Paulo,[3] frequentando Américo Brasiliense. Outro fazendeiro abastado da região de Itu, homem viajado e culto como o primeiro, igualmente adepto das ideias republicanas – José Vasconcelos de Almeida Prado, recém-chegado da Europa –, aparecia também

---

2 *Correio Paulistano*, jan. 1871.
3 Santos, *Os republicanos paulistas e a Abolição*, p.97; Piratininga estudara seis anos na Europa e voltara também adepto incondicional das ideias liberais e republicanas (Viagem a Itu em 1868, *Gazeta de Campinas*, abr. 1873).

BRASIL: HISTÓRIA, TEXTOS E CONTEXTOS

frequentemente ao lado dos membros do Clube Radical, depois transformado em Republicano, fazendo a apologia entusiástica de ideias revolucionárias. São esses dois elementos os principais responsáveis pela instalação do Clube Republicano em Itu. A 10 de setembro de 1871 há uma reunião geral dos simpatizantes das ideias republicanas em Itu, sob a presidência de Piratininga, secretariando a sessão o engenheiro Francisco de Paula Souza e Inácio Xavier de Campos Mesquita, na qual se procura organizar o Partido Republicano com a formação de um clube.[4] A diretoria eleita ficou constituída dos acima citados e mais João Tobias Aguiar e Castro, então delegado da cidade, e Francisco Emídio da Fonseca. Nessa reunião deliberou-se a adesão oficial ao clube do Rio de Janeiro. Dentre os assinantes da ata de presença há um grande número de lavradores: Francisco Emídio da Fonseca – "bacharel e lavrador", Manoel Elísio Pereira de Queiroz – "lavra-dor e tenente-coronel". Estanislau Campos Pacheco, Bento Dias de Almeida, Joaquim Galvão de França Pacheco, José Antônio Sousa, Antônio Alves Pereira de Almeida, Virgínio de Pádua Castanho, Lourenço Tibiriçá, Manoel da Costa Falcato, Antô-nio Freire da Fonseca e Souza, Antônio Nardy de Vasconcelos, Antônio Leite de Almeida Prado, Antônio Rodrigues de Sampaio Leite, Manuel Custódio Leme, José Antônio Freire, Luiz Ferraz de Sampaio, Elias Leopoldino de Almeida Prado, Joaquim R., Rafael Aguiar Paes de Barros, José Vasconcelos de Almeida Prado, Manuel Fernando de Almeida Prado, José Joaquim Rodrigues Arruda, todos esses reconhecidamente lavradores. Os demais se definem como negociantes, artífices, capitalistas, alguns de ocu-pação não declarada, e finalmente proprietários – expressão dúbia que tanto poderia se referir a capitalistas como a lavradores –, daí a dificuldade de se calcular a porcentagem destes, que talvez estivesse perto dos 50%. É curioso notar que entre aqueles que se dizem lavradores há muitos antigos bacharéis formados pela Faculdade de Direito de São Paulo. São ex-alunos da faculdade que, como José Vasconcelos de Almeida Prado, Francisco Emídio da Fonseca, João Tobias Aguiar, Rafael Aguiar Paes de Barros e

---

4 *Livro de Atas do Partido Republicano de Itu* (cópias), Museu Republicano.

O MOVIMENTO REPUBLICANO EM ITU. OS FAZENDEIROS... 159

outros, acabaram se tornando fazendeiros. Alguns deles exerciam ao mesmo tempo a função de fazendeiros e de funcionários públicos: delegado, juiz de paz etc.

Na mesma reunião de 10 de setembro foi também fundada uma escola noturna em Itu.[5] Esse método de propaganda era frequentemente de iniciativa dos maçons. Assim é que em 1873, na *Gazeta de Campinas*, encontramos referências a escolas mantidas por estes, por exemplo a criada pela Loja Fidelidade em janeiro de 1873 em Campinas, onde, além do ensino primário gratuito, fornecia-se aos alunos pobres compêndios, papel, penas etc.[6] Uma ideia surge imediatamente: dada a divulgação da maçonaria nesse tempo, seria de se esperar que alguns desses republicanos fossem maçons. Quem seriam eles? Haverá, como no movimento da Independência, alguma relação entre a ação republicana e a maçonaria? São questões a ser esclarecidas.

O fato é que essa escola, então criada, foi mantida à custa de donativos, sobretudo daqueles que eram destacadamente republicanos.[7] Em ata da sessão realizada a 31 de dezembro de 1871, verificamos que a escola contava com 25 alunos e aí lecionavam elementos do partido, por exemplo Paula Souza. Pode-se calcular o quanto a escola seria um ambiente de proselitismo a favor do pensamento republicano. De fato, era esta a finalidade do clube: propagar a ideologia.

Os membros mais ativos do ramo ituano, principalmente José Vasconcelos de Almeida Prado e João Tibiriçá Piratininga, mantinham-se em contato com os sócios do clube, com sede na capital da província. Foi aquele que, encontrando-se no início de janeiro de 1872 em uma de suas viagens a São Paulo com Américo Brasiliense, instou-o a reunir o grupo de republicanos do interior que casualmente se encontrava na capital: Manoel Ferraz de Campos Sales, Francisco Quirino dos Santos e Jorge de Miranda (de Campinas), Francisco de Paula Cruz (de Jundiaí), Bernardino de Campos (de Amparo). Julgava Almeida Prado

---

5 Ata da reunião de 10 set. 1871, *Livro de Atas do Clube Republicano de Itu*.
6 *Gazeta de Campinas*, dez. 1872, jan. 1873.
7 Existe no Museu Republicano de Itu um livro de registro dos donativos que mantiveram a escola.

160 BRASIL: HISTÓRIA, TEXTOS E CONTEXTOS

que os núcleos republicanos da província deveriam encetar uma campanha mais ativa e mais coordenada em prol da ideia que professavam.[8]

Américo Brasiliense envia, pois, a 14 de janeiro, uma carta circular a cada um dos republicanos então presentes em São Paulo, convidando-os para uma reunião às 19h do dia 17, em casa de sua mãe, no Largo da Sé.

Aí compareceram os representantes de Amparo, Campinas, Jundiaí e de Itu, antes referidos, bem como Américo de Campos, Azevedo Marques, Jaime Serva, Olímpio da Paixão, Luiz Gama, Vicente Rodrigues, José Ferreira de Menezes. Aproveitou-se essa oportunidade para traçar-se as diretrizes da política republicana no interior e imaginar-se uma forma de ação conjunta entre os vários núcleos. Decidiu-se que esses funcionariam independentes, ficando o da capital simplesmente como coordenador. Discutiu-se ainda a necessidade de serem criadas novas seções regionais e nesse sentido muito provavelmente as informações de Campos Sales devem ter sido animadoras, pois este acabara de chegar de Rio Claro, onde participara de uma assembleia realizada a 6 de janeiro na qual tivera oportunidade de falar, fazendo um veemente apelo aos presentes pela causa republicana, atacando a Monarquia, o Poder Pessoal, criticando a má situação em que se encontravam as classes produtoras e observando que não eram os destroços dos Partidos Conservador e Liberal que haviam constituído o Partido Republicano, mas sua elite, a "flor" desses partidos.[9]

O resultado mais importante da reunião em casa de Américo Brasiliense foi a decisão de se convocar "um congresso de representantes dos clubes locais", o qual se realizaria na capital ou em qualquer outro ponto da província, conforme fosse mais conveniente à maioria. Prenunciava-se a futura Convenção de Itu. Discutia-se a reunião de uma convenção – o que só um ano depois pôde ser realizado.

---

8 Santos, op. cit., p.115.

9 Atas do Partido Republicano Paulista de Rio Claro, copiadas por Francisco de Arruda Camargo e autenticadas por este e por José Vasconcelos de Almeida Prado em 1917 (Museu Republicano).

O MOVIMENTO REPUBLICANO EM ITU. OS FAZENDEIROS... 161

No dia seguinte, 18 de janeiro, foi distribuída uma circular que procurava divulgar as principais disposições estabelecidas na véspera. O interesse em manter as boas simpatias dos lavradores, evitando que eles se afastassem atemorizados com a questão da abolição, evidencia-se na maneira pela qual esta é abordada. Considera-se "intrigas da oposição" o "boato adrede espalhado, de que o Partido Republicano proclama e intenta pôr em prática medidas violentas para a realização de sua política e para a abolição da escravidão".[10] Essa observação, constante da circular, foi provavelmente fruto de considerações feitas pelos fazendeiros presentes, principalmente José Vasconcelos de Almeida Prado, que conheciam de perto os problemas da lavoura e a opinião da classe, e que compreendiam que o boato poderia ser nocivo à propaganda republicana. Muitos fazendeiros, ideologicamente simpáticos à República, teriam receio em aderir a um movimento que se declarava abertamente pela abolição. Isso explica a decisão emanada da reunião na casa de Américo Brasiliense, apesar de nela estar presente um de nossos maiores abolicionistas: Luiz Gama.

Diante dessa atitude esquiva dos republicanos paulistas em face da questão da escravatura, quiseram alguns explicar sua adesão ao movimento republicano em 1871 e a marcha deste para a Convenção, como uma reação à Lei do Ventre Livre de 28 de setembro de 1871.

Parece incoerência de muitos o fato de serem republicanos e temerem a Abolição. Se lembrarmos, entretanto, dos republicanos franceses que pregavam igualdade, liberdade e fraternidade, mas que, quando Robespierre ameaça a propriedade – o *direito de propriedade* – procurando pôr em prática o princípio da igualdade, esses bons burgueses da Revolução Francesa mandam-no para a guilhotina,[11] compreenderemos a atitude de nossos republicanos. Era em termos de *direito de propriedade*, sagrado e inviolável, que se formulavam sempre as questões da escravatura e abolição. As discussões na Câmara e Senado o demonstram.

---

10 Brasiliense, *Os programas dos partidos e o Segundo Império*, p.106.
11 Morazé, curso ministrado na Faculdade de Filosofia, Ciências e Letras da Universidade de São Paulo em 1951.

162   BRASIL: HISTÓRIA, TEXTOS E CONTEXTOS

Na realidade, muitos republicanos eram senhores de escravos. Mas precisamos ter sempre em mente que foram os fazendeiros do Oeste, entre os quais se recrutavam muitos dos membros do partido, os primeiros a procurar a introdução da mão de obra estrangeira em suas lavouras e mais posteriormente a libertar seus escravos bem antes da Abolição, o que irritava muito alguns fazendeiros do Vale do Paraíba. A diferença de problemas e situações entre uns e outros se reflete claramente na carta de um fazendeiro de Lorena – o sr. Rodrigues Azevedo –, que diz:

> Infelizmente o Norte não é igual ao Oeste, onde a uberdade da terra e a grande produção convidam ao trabalho livre e dão-lhe compensação. Aqui não temos nem poderemos ter colonização tão cedo, enquanto não houver uma transformação na cultura, não se pode dispensar o braço escravo ou nacional. Isso por causa do baixo rendimento da terra. [...] Não vejo razão para se querer impor-nos uma opinião que não temos e um procedimento igual ao daqueles que, sendo ricos podem dispensar certos serviços que nós não estamos na condição de fazê-lo. Se acham que presentemente o trabalho escravo já não remunera, que libertem os seus os que assim pensam, independentemente de lei, mas não venham obrigar aos que de modo contrário e por necessidade divergem de semelhante inteligência a terem igual procedimento.[12]

A lavoura do Oeste Paulista não era tão escravocrata quanto a do Vale do Paraíba. Daí a dificuldade de se empregar nessa região a associação causal: Abolição-República, da mesma forma que ela tem sido aplicada a outras áreas. Eles possuíam escravos e "apesar" disso eram republicanos – mas é difícil dizer que em 1871 eram republicanos por serem escravocratas. Lembramos o caso de Itu, por exemplo. A pequena repercussão da Lei do Ventre Livre, nos jornais e documentos contemporâneos locais, não nos permite acreditar que a adesão dos fazendeiros ao Clube Republicano a 10 de setembro de 1871 fosse uma reação a essa lei datada de 28 do mesmo mês. A razão nos parece outra.

---

12 Azevedo, Última etapa da vida do barão de Santa Eulália: o ocaso do Segundo Império através de documentos inéditos, *Revista de História*, n.10.

O MOVIMENTO REPUBLICANO EM ITU. OS FAZENDEIROS... 163

O que explica a atitude esquiva da circular à qual nos referimos, redigida na reunião de janeiro de 1872 em casa de Américo Brasiliense e que procurava contornar o problema da Abolição, é, repetimos, o desejo de conservar as simpatias no meio agrário, demonstrando que a República não era uma ameaça de Abolição, violenta, imediata e imperativa. Procurava-se dessa forma conservar as simpatias mesmo daqueles mais retrógrados que, embora diante das experiências que se multiplicavam com relativo sucesso no Oeste Paulista, não enxergavam na imigração uma maneira de resolver o problema da mão de obra.

O Partido Republicano Paulista nascente dirigia suas vistas para os lavradores. Era a estes que pretendia agradar e conquistar. E com razão, pois elementos da lavoura, ao lado de alguns poucos membros da burguesia, representavam a força política da província.

Em Itu, durante todo o ano de 1872, sucederam-se as reuniões do clube. Sugeriu-se a criação de um jornal republicano em Itu (na sessão de 9 de junho de 1872).[13] Mas as dificuldades de impressão e sobretudo seu elevado custo desanimaram os associados. Opinando contra a fundação desse jornal, disse um dos presentes à reunião que, em uma "sociedade ultramontana" como era a ituana, o jornal dificilmente encontraria leitores.[14] O número de republicanos ainda não era suficiente para sustentá-lo.

É curioso notar a pequena participação do clero no movimento republicano de Itu e de maneira geral no Brasil. Foram poucos aqueles que, como o padre João Manuel, aderiram a ele. Isso se evidencia nas expressões do republicano que acreditava na difícil circulação de um jornal do partido, pelo caráter ultramontano da sociedade local. É sabido que Itu congregava um grande número de padres e freiras. Numerosas eram as igrejas e os colégios religiosos aí localizados. Isso nos fizera pensar, de início, que essa seria uma das explicações para a realização da Convenção em Itu. Principalmente porque o clero andava desgostoso com a Monarquia por causa da questão religiosa. E disso temos

---

13 Atas citadas.
14 Ibid.

164 BRASIL: HISTÓRIA, TEXTOS E CONTEXTOS

prova pela pouca simpatia manifestada na cidade de Itu, quando da visita do imperador. Nessa ocasião, tendo ele feito uma visita ao Colégio das Irmãs de São José (o Colégio do Patrocínio), foi friamente recebido pelas irmãs que demonstraram, ao contrário do que era lícito esperar, um certo desagrado que as próprias alunas puderam sentir.[15] Seria, pois, normal que os elementos da Igreja um pouco descontentes com o monarca se voltassem para a causa republicana. Mas nada disso é verdade. No Clube de Itu não havia nenhum representante do clero. Nem posteriormente na Convenção. A explicação talvez esteja no fato de que grande parte, senão a maioria dos republicanos, era composta de livre--pensadores e anticlericais.[16] Era uma doença da moda que imunizava até certo ponto a atividade do clero, tornando aos seus olhos relativamente suspeito esse movimento revolucionário.

A orientação do jornal A Província de São Paulo, saído em 1875, do qual eram acionistas alguns desses republicanos de Itu (jornal tipicamente republicano nessa época), reflete a quase hostilidade entre estes e os membros do clero. Referindo-se às insurreições do Nordeste, por ocasião da revolta dos "quebra--quilos", acusa os padres e principalmente os jesuítas de serem coparticipantes e demonstra nítidas tendências anticlericais. A tal ponto que uma verdadeira contenda surgiu entre os periódicos: o Apóstolo, órgão do pensamento religioso, e A Província de São Paulo.

República e clero estavam, pois, aparentemente divorciados. O que dizia o correligionário de Itu na reunião de 9 de junho, mostrando a impraticabilidade de se publicar um jornal republicano em uma sociedade "ultramontana" e católica, parece que tinha sua razão de ser.

O clube ituano continuava a se reunir com frequência. No mês de julho seguinte, nova sessão, e esta muito mais importante, pois se pretendia decidir sobre a atuação nas eleições próximas. O presidente, considerando o partido demasiadamente novo para participar de maneira ativa, observava que sua finalidade era

---

15 Informações prestadas por uma das almas do Colégio do Patrocínio: Emília A. Viotti.

16 Martins, O patriarca e o bacharel, p.39.

O MOVIMENTO REPUBLICANO EM ITU. OS FAZENDEIROS... 165

sobretudo a propaganda das ideias democráticas e manifestava-se pela abstenção. Contra essa opinião levantou-se Paiaguá, que era favorável ao desempenho político do clube. Essa sugestão foi aceita pela maioria.[17] Para isso foi convocada uma assembleia geral a 15 de agosto de 1872, na qual se procurou fazer uma eleição prévia para escolha do nome daqueles nos quais deveriam os membros do partido "descarregar" os votos. Quarenta e sete cédulas apontaram João Tobias Aguiar e Castro, lavrador; Francisco Antônio Barbosa, advogado; Antônio Francisco de Paula Souza, engenheiro civil; Francisco Emídio Pacheco da Fonseca, lavrador; Antônio Basílio de Souza Barros Paiaguá, lavrador; José Vasconcelos de Almeida Prado, idem; Francisco Januário de Quadros, artífice; Ignácio Xavier de Campos Mesquita, médico; José Inocêncio do Amaral Campo, solicitador; major José Egídio da Fonseca, lavrador; Antônio Nardy Vasconcelos, idem; Bento Dias de Almeida Prado, idem; José Custódio Pereira de Almeida, capitalista (mais de 50% eram lavradores).

Depois dessa reunião houve nova sessão, quinze dias mais tarde, a 1º de setembro de 1872 – quando se fez a eleição prévia para vereadores e juízes de paz. E outra a 8 de setembro para mudança de diretório.

Enquanto o núcleo de Itu trabalhava diligentemente, o de São Paulo, que deveria ser coordenador dos movimentos locais, parecia ter abandonado o projeto do Congresso, pois só em outubro (decorridos portanto nove meses da data em que ficara decidida sua convocação), por iniciativa do sócio Malaquias Guerra, da seção regional de São Paulo e presidente da reunião de 28 de outubro de 1872, secretariado por Américo de Campos, foi enviada aos correligionários uma circular lembrando a necessidade de se fazer uma grande assembleia republicana preparatória do Congresso.[18] Sugeriu-se que aquela poderia ser realizada em Campinas, no mês de novembro. As respostas demoraram a chegar. Em Itu, só a 20 de novembro acusou-se o recebimento da carta enviada da capital e contestou-se de forma afirmativa à convocação. Outras seções devem igualmente ter retardado as

17 Atas citadas.
18 Brasiliense, op. cit., p.110.

166 BRASIL: HISTÓRIA, TEXTOS E CONTEXTOS

respostas,[19] pois nova circular foi enviada em 24 de novembro, convidando para a reunião a 25 de dezembro em Campinas ou Itu. Em princípios de dezembro recebia São Paulo a adesão de Bragança, Campinas, Atibaia, Itapetininga, Amparo, Jundiaí, Tietê, Jaú e Itu. Observe-se que todos esses núcleos eram localizados no Centro-Oeste Paulista. Nenhum representante do Vale do Paraíba. Daí provavelmente ter a escolha recaído em uma cidade da depressão periférica: Campinas ou Itu, para sede da convenção. A 10 de dezembro, nova circular participava a decisão da maioria de fazer realizar a 25 do mesmo mês, em Campinas, a referida reunião. Mas os preparativos se eternizavam. Chegado o Natal e o Ano-Bom, ela ainda não tivera lugar. Em Itu, a 31 de dezembro, houve na casa de Carlos Vasconcelos de Almeida Prado um baile,[20] onde esteve presente a aristocracia fazendeira do município. Mais parecia um comício republicano. Muito se discutiu e se falou da Convenção. A mocidade agrária do Tietê era francamente republicana. Pensou-se na maneira de atrair o maior número possível de correligionários por ocasião da Convenção[21] e fazê-la coincidir com a inauguração da Estrada de Ferro Ituana, e essa pareceu a solução indicada. Com os trens especiais que correriam nessa ocasião, poderia vir muita gente. Essa sugestão, aventada por José V. de Almeida Prado em São Paulo, foi vista com simpatia e viu-se reforçada em março por um acontecimento que sacudiu a inércia dos republicanos paulistas: o assalto que sofreu a sede do jornal A *República* no Rio de Janeiro. Isso irritou os republicanos de São Paulo, estimulando-os à luta aberta. A 5 de março eram publicados no *Correio Paulistano* os relatos dos acontecimentos. Dias depois concordavam eles com a necessidade urgente de se fazer a Convenção em Itu.[22]

b) O que é Itu em 1873

Itu em 1873 é uma pequena vila com 10.821 habitantes, incrustada em plena zona rural. Sede de comarca e comando

---

19 Ibid., p.110.
20 Santos, op. cit., p.122.
21 Brasiliense, op. cit., p.111.
22 Santos, op. cit., p.122.

O MOVIMENTO REPUBLICANO EM ITU. OS FAZENDEIROS... 167

superior da Guarda Nacional. Sua importância estava ligada desde fins do século XVIII à paisagem agrária. Até então fora a cana; agora uma nova riqueza, o café, surgia no município. São os fazendeiros da redondeza, alguns dos quais têm casa na cidade, como Carlos Vasconcelos de Almeida Prado, ou o barão de Itaim – Bento Dias de Almeida Prado –,[23] que ajudam a movimentar a vida da cidade. São importantes os negócios de café e ainda da cana, embora estes comecem a decrescer em benefício daquele. É a função de centro abastecedor das áreas vizinhas, tendentes à monocultura exclusivista, que ela desempenha. Surgem numerosas casas comerciais. Ao lado dessa função, o aspecto de centro cultural e religioso (possuía catorze templos católicos) completa o quadro de seu significado geográfico.

Ao que nos parece, a escolha dessa cidade para sede da Convenção de Itu está relacionada com sua função de centro regional da zona cafeeira, onde grande era o número de fazendeiros republicanos, bem como ao fato de se tornar ponta de estrada de ferro, agora atingida pela Ituana. Situada na depressão periférica que assistia à vigorosa expansão da cultura do café, ao alargamento das áreas cultivadas e ao afluxo de contingentes novos de população, Itu rivalizava com Campinas em importância. Uma ou outra poderia ter sido escolhida para sede da Convenção que procurava congregar os representantes do interior. Ambas eram vigorosos centros de propaganda. O esforço dos republicanos mais notáveis de Itu, principalmente dos Almeida Prado e dos Piratininga, aliado ao fato de se inaugurar a estrada de ferro – o que oferecia uma ótima oportunidade e pretexto –, acabou por firmar a escolha nessa cidade.

II – A convenção de Itu

Foram as notas deixadas por Cesário Mota, que acompanhou seu pai à Convenção, que serviram até hoje para reconstituir os

---

23 *Almanaque Luné* para o ano 1873 da cidade de Itu. Algumas informações úteis, mas referentes a 1860 aproximadamente; em Zaluar, *Peregrinação pela província de São Paulo.*

168 BRASIL: HISTÓRIA, TEXTOS E CONTEXTOS

acontecimentos em Itu aos 17 e 18 de abril de 1873. Fundamentadas nessa sua descrição, que hoje se encontra no Museu Republicano (que se ergue na casa onde se reuniram os convencionais), se construíram todos os relatos até hoje feitos sobre esse episódio. A cidade engalanada assumira aspecto festivo com suas ruas embandeiradas e enfeitadas de palmeiras e flores, para acolher o presidente da província que viria inaugurar a estrada de ferro, mas também para receber os republicanos. Curiosa simbiose! Alguns vieram de *troly*, como os que, saídos de Porto Feliz a 16 de abril, chegaram pela manhã seguinte a Itu. Outros só chegaram no dia da inauguração, com a comitiva oficial, servindo-se dos trens especiais que circulavam na ocasião.

Os festejos da inauguração corresponderam à ornamentação da cidade. Foram ruidosos e entusiásticos. Discursos e vivas, saudações, banda de música e foguetes.[24] Muita alegria, muita emoção. Os republicanos se animavam. Pedindo a palavra o sr. Barata Ribeiro quando se realizavam as comemorações oficiais, acabou dizendo: "Um dia o povo é rei!".[25]

Depois houve o lanche, onde amistosamente se encontraram o presidente da província, seus acompanhantes e os republicanos que tinham vindo para a Convenção: Américo de Campos, Ubaldino Amaral, Quirino dos Santos, Antônio Carmo Cintra, Martim Francisco e outros, bem como aqueles fazendeiros de Itu cuja iniciativa tornara possível a execução da rede ferroviária. O resultado não se fez esperar: acabaram por se fazer brindes aos "mais enérgicos democratas", terminando com um à "República Federativa"[26] feito em face do presidente da província, na época João Teodoro Xavier de Matos! Tudo isso desencadeado por um brinde de Martim Francisco Filho, que se lembrou de saudar os ituanos por seu espírito empreendedor, que demonstrava assim "não mais precisar o povo da tutela do governo" (*sic*).[27]

Terminado o lanche, continuaram os festejos, que se prolongaram até o dia 18. Foi essa a data escolhida para a assembleia

---

24 Mota, Manuscrito do Museu Republicano de Itu.
25 Santos, op. cit., p.135.
26 Mota, op. cit.
27 Ibid.

O MOVIMENTO REPUBLICANO EM ITU. OS FAZENDEIROS... 169

republicana. À tarde, houve em casa de Piratininga uma sessão prévia na qual se decidiu a marcha dos trabalhos da Convenção. Foram deixadas de lado as questões doutrinárias ou de programa.[28] À noite reuniram-se os convencionais na residência de Carlos de Almeida Prado. Estavam convidados não apenas os representantes oficiais dos clubes municipais, mas todos os que, declarando-se republicanos, quisessem aderir à Convenção. Presidiu-a Tibiriçá Piratininga, secretariado por Américo Brasiliense. Ficou resolvida a organização do Congresso a realizar-se em São Paulo e que deveria constituir o PRP – Partido Republicano Paulista – e ao mesmo tempo elaborar o projeto da Constituição Política e as leis orgânicas. Para isso seria escolhida uma comissão permanente que dirigiria o partido ou, em seu impedimento, uma outra expressamente nomeada. O sistema eleitoral seria o do sufrágio universal, bastando para ser eleitor ter 21 anos e provar não ter condenação criminal.[29] Após terem sido traçadas as linhas básicas do partido, discutiu-se o problema da utilização da imprensa como propaganda, sugerindo-se que se auxiliasse o jornal A República do Rio de Janeiro ou se criasse um outro jornal paulista. Os debates se prolongaram, nada tendo ficado assente a esse respeito. Fizeram-se considerações em torno da necessidade de melhor organização do Partido no sentido de coordenar a ação dos grupos regionais e aumentar a propaganda. Resolveu-se ainda que fosse expedida a todos os municípios da província um relatório das decisões da Convenção, convidando os republicanos a procederem à eleição de seus representantes ao Congresso. As discussões estenderam-se das 19h30 até as 21h30, quando foi encerrada a sessão.[30]

À saída uma escrava, na porta da casa, pedia esmola para comprar sua alforria. Conta-nos Cesário Matos que "Quirino dos Santos, com palavras cheias de maior sentimentalismo, propôs que as pessoas presentes concorressem para aquela redenção" e diz: "Todos contribuíram para isso".

---

28 Santos, op. cit., p.138.
29 Atas da Convenção de Itu, Museu Republicano.
30 Ibid.

BRASIL: HISTÓRIA, TEXTOS E CONTEXTOS

A essa reunião haviam comparecido os representantes de Amparo, Botucatu, Bragança, Campinas, Capivari, Indaiatuba, Itatiba, Itapetininga, Itu, Jundiaí, Jaú, Mogi Mirim, Monte-Mor, Piracicaba, Porto Feliz, Rio de Janeiro, São Paulo, Sorocaba e Tietê. Com exceção de São Paulo e Rio de Janeiro, todas as demais cidades eram do Centro-Oeste Paulista. Entre os 133 convencionais, 78 eram lavradores, todos fazendeiros dessa área, na qual o café estava em franco progresso e que entre 1860-86 foi considerada zona pioneira na expansão dessa cultura. Confirmava-se mais uma vez a existência de uma maioria de lavradores no Partido Republicano Paulista.[31]

III – A participação dos fazendeiros no movimento republicano

Aqui se formula o problema da participação dos vários grupos no movimento republicano no Brasil e especialmente em São Paulo. A relação de nomes daqueles que eram sócios do clube republicano de Itu, ou de Rio Claro (constantes das Atas), assim como daqueles que compareceram à Convenção de Itu, dá uma porcentagem muito elevada de lavradores. É esse o grupo a que a maior parte dos convencionais desses republicanos militantes diz pertencer.

Frequentemente, tem-se dito que o movimento republicano no Brasil e a queda do Império estão relacionados com o

---

31 Essa predominância continuaria quando, em 1875, ao lançar-se o jornal de tendências republicanas A Província de São Paulo, foram seus principais subscritores os fazendeiros de Campinas e Itu. Esse aspecto continuará com o passar dos anos. Os principais representantes do partido eleitos para a Câmara foram em sua maior parte fazendeiros (Santos, op. cit., p.195). E isso não é de se estranhar numa área em que a maioria dos votantes qualificados, como verificamos em algumas listas eleitorais desses distritos, era constituída de fazendeiros. Acompanhando o movimento republicano em São Paulo, poderemos reafirmar o que diz José Maria dos Santos: "Todos os núcleos do Partido Republicano em São Paulo, exceptuando-se o município da capital, eram formados sobretudo por agricultores" (op. cit., p.195). E acrescentar principalmente ou quase exclusivamente gente do Oeste Paulista.

O MOVIMENTO REPUBLICANO EM ITU. OS FAZENDEIROS... 171

desenvolvimento da burguesia, ligado ao crescimento urbano, às profissões liberais e ao progresso industrial e comercial, orientado no sentido capitalista. Esses representantes da burguesia que cresciam de importância na segunda metade do século XIX teriam por seu espírito liberal e progressista se oposto à tradicional e conservadora aristocracia rural, baluarte das ideias monárquicas e estáveis.[32] Aqueles seriam abolicionistas e republicanos, estes, escravocratas e monarquistas. O advento das ideias liberais corresponderia ao declínio da vida rural e aumento da industrialização.[33]

O quadro, válido nas linhas gerais, é complexo quando observado no detalhe. Se em muitas regiões do mundo esse esquema pode ser aplicado,[34] isso se dá devido à estabilidade e estratificação mais rígida das camadas sociais. No Brasil, na diversidade das paisagens sociais – tanto no sentido geográfico como em sua evolução histórica (basta compararmos certos aspectos do Norte açucareiro e patriarcal, ou mesmo do Vale do Paraíba, com as progressivas fazendas de café do Oeste Paulista) –, é difícil sua aceitação de uma maneira absoluta. Em algumas áreas, a "grande mobilidade" na organização social, determinando a interpenetração das várias camadas, não permitiu uma caracterização rígida e definida, impedindo, portanto, uma real oposição de modo de pensar e de sentir entre elas.

Mesmo no Nordeste açucareiro, mais estabilizado, em uma longa tradição histórica, os representantes do grupo rural – os senhores de engenho que deveriam, segundo a concepção mais generalizada, encarnar o espírito conservador, transformaram por vezes suas casas em "areópagos" onde se conspirava pela liberdade, pelas ideias liberais e revolucionárias.[35]

Gilberto Freyre mostra para o Nordeste o papel dos bacharéis – filhos de fazendeiros – que, na maioria estudantes da Faculdade de Direito, viajando para o exterior algumas vezes, de maneira geral influenciados pelas correntes ideológicas europeias,

---

32 Sodré, *Formação da sociedade brasileira*, p.316; Besouchet, *Mauá e seu tempo e outros*.
33 Sodré, op. cit., p.313.
34 Freyre, em *Sobrados e mucambos*, também faz essa observação na p.85.
35 Ibid., p.83-5.

172 BRASIL: HISTÓRIA, TEXTOS E CONTEXTOS

impregnados de liberalismo, se levantaram contra o conservadorismo paterno, forçaram a desorganização do patriarcalismo e criaram uma nova ordem, em oposição aos interesses paternos que encarnavam os da aristocracia rural.[36] Na maioria, esses bacharéis abandonavam o campo pela cidade e se urbanizavam. Raros eram aqueles que, ao voltar da Europa ou dos cursos nas faculdades superiores, preferiam tornar à casa-grande e integrar-se ao meio rural.

Através desse processo, assinala Gilberto Freyre a transferência do poder da aristocracia rural para a burguesia intelectual, embora seja o primeiro a reconhecer que as distinções rígidas são pouco aplicáveis ao fenômeno brasileiro.

A mesma oposição bacharel-patriarca, mas interpretada sob um novo ponto de vista – o da psicologia coletiva –, fundamentada em explicações freudianas, foi adotada por Luiz Martins, que procurou mostrar como a geração dos filhos – bacharéis urbanizados, filiados aos ideais liberais, cultivados na Faculdade de Direito – se opõe aos pais, fazendeiros, conservadores, procurando acabar com o Império. Derrubar em um movimento de rebelião o imperador que encarnaria a figura do pai.

> [A] rebeldia liberal, republicana e abolicionista, teria retomado no Brasil o espírito revolucionário da horda primitiva que derrubou a entidade dominadora do pai [...] entidade essa encarnada particularmente nos potentados rurais e coletivamente na figura centralizadora de Pedro II, admirável símbolo paternal, contra o qual ia convergir toda a rebeldia filial concretizada em um *transfert* político.[37]

Para o autor, são os filhos de fazendeiros – bacharéis intelectualizados – que, desadaptados no ambiente rural, se fixam nos núcleos urbanos dedicando-se a outras atividades (daí a decadência de numerosas famílias de fazendeiros), tornando-se advogados, juízes, banqueiros ou chefes de casas comissárias;[38] são estes, repetimos, os elementos progressistas: os abolicionistas fer-

---

36 Ibid., p.300 ss.
37 Martins, *O patriarca e o bacharel*, p.10. Prefácio de Gilberto Freyre.
38 Ibid., p.103-4.

O MOVIMENTO REPUBLICANO EM ITU. OS FAZENDEIROS... 173

renhos, os republicanos ativos. Nesses termos acentua mais uma vez a divergência entre a sociedade urbana e a rural, mostrando que o "desenvolvimento da indústria e do comércio como forças de influência social no Brasil coincide com a expansão do liberalismo político"[39] e que os filhos de fazendeiros foram elementos de renovação em seu meio, transformando-se em republicanos.

Sem querer aprofundarmos a interpretação psicanalítica dada ao fenômeno, acreditamos, entretanto, que muitas vezes o caso citado de Luiz Carmo Cintra, convencional de Itu, filho do barão de Campinas – chefe conservador e monarquista, proprietário de terras e escravocrata –, tenha se repetido e que o jovem bacharel, educado na Faculdade de Direito, influenciado pelas ideias novas que então se discutiam, familiarizado com os teoristas franceses e a mentalidade revolucionária que precedera os anos de 1870 na França, tornara-se adepto incondicional da causa republicana, sentira-se desajustado nas fazendas, abandonara a lavoura e se urbanizara.

O perigo está nas generalizações. Em querer ver em todos os casos a mesma situação.

Há vários tipos de sociedades agrárias: as conservadoras e as que são receptíveis às ideias revolucionárias.

Não se pode fazer coincidir o movimento republicano com a transferência de poder da aristocracia rural para a burguesia intelectual das cidades, em nosso Estado e principalmente no Oeste Paulista, nessa época que estudamos, quando nas listas de qualificação de eleitores verificamos a predominância absoluta de lavradores e as atas dos clubes republicanos estão cheias de referência à sua participação em prol dessa causa. Ainda mais pelo fato de que a aristocracia e burguesia aqui se interpenetram. Quando muito, poderíamos acentuar o prestígio crescente do elemento citadino. Mas eram ainda lavradores muitos dos que se filiavam aos núcleos republicanos regionais.

Para se compreender a atuação desses no movimento republicano no Brasil, o ponto de partida, voltamos a dizer, é a lembrança da variedade de condições sociais, políticas e econômicas dentro do quadro geral do país, e até mesmo no ambiente mais

---

39 Ibid., p.105.

174   BRASIL: HISTÓRIA, TEXTOS E CONTEXTOS

restrito da província de São Paulo. O esquema rígido bacharel-
-burguesia-República, aristocracia rural-Monarquia, só se aplica
a determinadas regiões do Brasil.

Diante da diversidade de condições histórico-geográficas, o
que é válido para o sedentário e estático Nordeste açucareiro,
patriarcal e conservador em suas linhas gerais, no Segundo Império, não se aplica, muitas vezes, à dinâmica paisagem cafeeira
do Oeste Paulista,[40] e mesmo entre o Vale do Paraíba e as terras
roxas da Paulista e da Mogiana é flagrante, basta ter em vista a
sugestiva carta de Rodrigues Azevedo citada anteriormente. Uma
diferença profunda no conteúdo social, econômico e psicológico
separa as duas regiões.

Por outro lado, o poder político parecia, por volta dessa época,
estar muito mais nas mãos dos aristocratas e patriarcais senhores
do Vale do Paraíba ou do Nordeste do que entre esses novos proprietários da região "pioneira" do Oeste. Essa nova elite poderosa
do ponto de vista econômico, intrinsecamente diferente, que se
desenvolve, irá desequilibrar a situação, procurando de maneira
insensível forçá-la a seu favor. Buscaria inconscientemente um
meio de ascensão política, em um quadro já organizado, que não
lhe oferece muitas oportunidades para suas aspirações?

Mas voltemos ao problema anterior. Essa relativa receptividade às ideias republicanas, em certos meios rurais paulistas,
parece-nos estar intimamente relacionada com o desenvolvimento
da cultura cafeeira no Oeste; com as condições de organização
social e psicológica do chamado "pioneirismo", da tão propalada
marcha para o Oeste, que se revestiu de condições próprias, sob
muitos aspectos às áreas urbanas.

Dentre os convencionais de Itu, destacaram-se os representantes dos núcleos situados nas regiões "pioneiras" do ponto de
vista da introdução da cultura do café, quer nas áreas de recente
povoamento, quer naquelas onde ela se substituiu a outras culturas. Já chamamos a atenção para o curioso fato de não encon-
trarmos nenhum convencional do Vale do Paraíba. Todos vêm do
Centro-Oeste, dessa área onde a cultura cafeeira se generaliza. A
análise de sua expansão ajuda a esclarecer o problema.

---

40 Freyre, *Problemas brasileiros de antropologia*, p.85.

O MOVIMENTO REPUBLICANO EM ITU. OS FAZENDEIROS... 175

Foi no período que decorreu entre 1854 e 1886 que aí se incrementou nitidamente o plantio cafeeiro. Se na zona central (Campinas, Itu, Monte-Mor, Itapetininga, Jundiaí, Piracicaba etc.) ele já existia anteriormente, o aumento da produção verifica--se nessa época. Essas zonas de povoamento antigo são rejuvenescidas por novos contingentes humanos que para aí afluem, bem como pela introdução dessa nova cultura no panorama geográfico. Paralelamente há uma revolução na mentalidade.

Em 1854 era ainda o Centro-Oeste muito menos importante que o Vale do Paraíba. Enquanto a produção deste montava a 2.737.639 arrobas, aquele não ia além de 431.397.[41] Nessa ocasião, o café se dirigia para as terras excepcionalmente boas de Campinas, Bragança, Itu e Jundiaí.

Passados vinte anos em 1873, estamos na fase de pleno progresso dessa região. Ampliam-se as áreas cultivadas, cresce o número de fazendas nos territórios de povoamento antigo. Em outras regiões ainda não ocupadas, abrem-se fazendas em plena mata. Na zona central a cultura açucareira, que tinha sido até então o esteio da lavoura local, perde terreno para a plantação de café.

É entre 1874 e 1886 que toda a zona da Mogiana e Paulista se transformou na maior produtora do estado, ao lado da zona central. Estamos pois em 1873, quando da realização da Convenção de Itu, na fase típica de pioneirismo, no avanço da franja pioneira nessa área de onde vêm os principais membros da Convenção.

A população crescia concomitantemente. Novos núcleos urbanos se desenvolvem. Amparo, Araras, Rio Claro (onde surgira o núcleo republicano de 1872), Araraquara, Limeira, São Carlos. Na zona central a população aumentou 77,9% entre 1854 e 1874, e na Mogiana, 113,8%. Em Campinas, entre 1854 e 1886, a produção de café aumentou 374% e a população, 190,5%.[42] Esse contingente adicionado à população – constituído de gente dos mais variados grupos sociais –, heterogêneo em sua composição

---

41 Milliet, *Roteiro do café e outros ensaios*, p.18.
42 Camargo, *Crescimento da população no estado de São Paulo e seus aspectos econômicos*, v.I, p.67.

176 BRASIL: HISTÓRIA, TEXTOS E CONTEXTOS

social e portanto em suas concepções de vida, altera a organização mental dessa sociedade agrária.

Por volta de 1868, o fazendeiro dessa área já se destacava por seu espírito progressista, mesmo nas zonas de povoamento mais antigo. Não era mais "o emperrado e rotineiro de alguns anos passados";[43] agora empregando maquinário moderno e inventando outros, incentiva e melhora a cultura, preocupa-se com a introdução da mão de obra estrangeira, estimula a imigração. Os primeiros imigrantes haviam sido introduzidos em 1847 na fazenda Ibicaba do senador Vergueiro. Depois de vencidos muitos transtornos e dificuldades, 28 anos mais tarde, existiam em São Paulo noventa núcleos coloniais.[44] Em 1866 havia 2.080 imigrantes na província, fruto da iniciativa individual. Nenhuma outra se esforçara mais para provocar a substituição do escravo. Em nenhuma houve maior número de núcleos coloniais de iniciativa particular (38 no oeste, 6 no litoral e zona norte, em 1866 – localizados principalmente em Campinas, Limeira e Rio Claro).[45] Desde 1871, quando pela primeira vez o governo abre fundos para a imigração, organiza-se uma companhia de fazendeiros: a "Associação auxiliadora de colonização e imigração para a província de São Paulo".[46] Um dos mais ativos elementos no incentivo da imigração foi Martinho Prado Júnior, fazendeiro do Oeste Paulista, típico pioneiro que se deslocou atrás de terras férteis e virgens e que fez várias viagens à Europa para tratar da introdução de colonos em São Paulo. Fundou em 1886 uma Sociedade Promotora da Imigração. Foi também um dinâmico colaborador na construção de estradas de ferro no estado. Apesar de descender de família conservadora, "era republicano por temperamento".[47]

O espírito de iniciativa e progresso, peculiar à maioria desses fazendeiros, levava-os a subscrever capital para a ampliação da rede ferroviária. Para formar a Companhia Paulista em 1868, 654

---

43 Taunay, *História do café no Brasil*, v.III, p.222.
44 Ibid., p.195.
45 Ibid., p.203.
46 Monbeig, *Pionniers et Planteurs de São Paulo*, p.92.
47 Nogueira, *A academia de São Paulo: tradições e reminiscências*. Turma de 1861-4.

O MOVIMENTO REPUBLICANO EM ITU. OS FAZENDEIROS... 177

associados levantaram um capital de 5 mil contos, sendo a maioria deles fazendeiros.[48] A Companhia Ituana foi também levada a termo graças aos esforços desses fazendeiros que se achavam interessados no prolongamento dos trilhos. Os jornais de 1868[49] atestam isso. Antônio Cândido da Rocha, ao assumir a presidência da província em fevereiro de 1870, fala à Assembleia Provincial louvando a atitude do município de Itu, onde se conseguira 1.260 contos de réis para a construção da via férrea.[50]

Não seria de se estranhar se, dotados de tal atividade e empreendimento, visão larga e ousada, pelo menos, ou mesmo por formação universitária, convívio com os livros e teorias políticas republicanas, por temperamento ou audácia juvenil, alguns deles aceitassem e aderissem a ideais republicanos. É o gosto pelas coisas novas: "amor às tendências inovadoras" de que nos fala Gilberto Freyre, ao caracterizar o paulista.[51] É a psicologia do bandeirante que permanece, "o inovador, o renovador, o experimentador por excelência". Aqui se aplicaria a expressão de Cassiano Ricardo[52] de que o bandeirismo se "opera hoje em horizonte cultural renovado em seus objetivos econômicos" e em suas novas condições sociológicas, psicológicas e culturais.

A psicologia do "pioneiro" é favorável às inovações. Albert Demangeon, estudando o fenômeno do pioneirismo em outras partes do mundo, conclui: "*Pour une nation posseder un front de colonization c'est une fortune exceptionnele que implique le goût et la recherché du noveau, la volontè de ne pas s'en tenir a l'héritage du passé, la manifestation d'une puissante vitalité*".[53]

Inegavelmente há um mecanismo psicológico no pioneiro caracterizado pelo amor ao risco, aos empreendimentos corajosos, e que por tudo isso o predispõe à aquisição de ideias novas, avançadas. Era preciso muita ousadia e coragem, espírito de aventura

---

48 Monbeig, op. cit., p.86.
49 *O Ytuano*, 1868.
50 Taunay, op. cit.
51 Freyre, *Problemas brasileiros de antropologia*, p.85.
52 Ibid.
53 Demangeon, Pionniers et front de colonization, *Annales de Géographie*, p.636.

178   BRASIL: HISTÓRIA, TEXTOS E CONTEXTOS

e de jogo para se "abrir" uma fazenda no Oeste Paulista, na região que figurava nos mapas do século XIX como "zona de índio",[54] para transformar a mata selvagem em uma paisagem humanizada, com extensos cafezais, prédios de residência e construções de colônias, em locais isolados, longe das vias de comunicação. As biografias de pioneiros estão cheias de referências às dificuldades que enfrentavam, auxiliados por sua vontade e obstinação.

Além dessa atitude mental peculiar ao pioneiro, tudo contribuía para dar à sociedade agrária paulista características muito diversas de outras regiões, onde a sociedade estabilizada não apresentava nada que se assemelhasse à diversificação e mobilidade da zona pioneira.

Uma das principais explicações do republicanismo das áreas pioneiras, da participação dos fazendeiros do Oeste Paulista, reside nessa mobilidade social, grandemente acentuada pelo caráter novo, imaturo dessa região de povoamento recente. Aqui sim há uma verdadeira interpenetração das várias camadas sociais, desaparecendo nesse processo as linhas de diferenciação e oposição que comumente, quando elas se organizam de forma mais rígida, caracterizam suas relações. Quem são esses fazendeiros? De onde vêm? A que se dedicavam em outras áreas? Tinham uma tradição agrária? A análise da constituição social esclarece muito a respeito da maneira de pensar de um grupo. O que encontramos na franja pioneira é uma grande variedade de indivíduos das mais variadas procedências e ocupações. Há aqueles que já eram fazendeiros em outras regiões e que se deslocaram em busca de terras novas, por iniciativa própria, ambição pessoal ou por sugestão de parentes e amigos. Há os que, fazendeiros em zonas ainda de alto rendimento, se locomovem por desejo de colecionar fazendas ou por amor acentuado à aventura e ao lucro. Muitos são filhos e genros de fazendeiros que deixaram a casa paterna indo abrir fazendas em outras áreas. Mas o que é mais importante: muitos são típicos representantes da burguesia urbana: bacharéis, homens de negócio, comerciantes, sem tradição agrária, mas que, atraídos

---

54 Mapa de 1870. Província de São Paulo. Instituto Brasileiro de Geografia e Estatística.

O MOVIMENTO REPUBLICANO EM ITU. OS FAZENDEIROS... 179

pela miragem do Oeste Paulista, penetram pelo sertão afora, abandonando a vida urbana pelas fazendas. São representantes das cidades travestidos em fazendeiros.

O que Monbeig constatou em sua viagem por São Paulo, através das fazendas de café – homens novos da cidade, antigos alunos das escolas de agronomia, médicos, engenheiros de São Paulo e Rio de Janeiro, abrindo fazendas –, não é fenômeno novo.[55] É quadro comum por volta de 1870.

Um exemplo típico de pioneiro é o dr. Alfredo Ellis, inicialmente médico e que depois do seu casamento transformou-se em um verdadeiro pioneiro, perfeitamente adaptado ao ambiente agrário: abrindo fazendas, plantando café, lutando e construindo.[56] Como este, os exemplos poderiam ser multiplicados.

Alguns eram mineiros que, descendo a Mantiqueira, penetraram em Limeira, Araras, Pinhal, Casa Branca, Ribeirão Preto.[57] Criadores de gado, comerciantes que mudam de profissão, advogados transformados em lavradores.

Ao lado desses fazendeiros improvisados, há os que pertenciam a famílias tradicionalmente ligadas à lavoura, como os Almeida Prado. Um exemplo: Paulo de Almeida Prado que, ajudado por seus irmãos e cunhados, lavradores em Porto Feliz, abre fazendas em Botucatu, em 1865, seguido por homens de Piracicaba, Limeira e Indaiatuba. Também Martinico Prado, cujo pai era fazendeiro no município de Araras, fundou fazendas perto da região de Ribeirão Preto.[58] Este era bacharel formado pela Faculdade de Direito e adepto incondicional das ideias republicanas.

O fenômeno que observam Luiz Martins e Gilberto Freyre, este para o Nordeste, aquele para São Paulo: bacharéis que, depois

---

55 Monbeig, op. cit., p.108.
56 Ellis Júnior, *Um parlamentar paulista da República*.
57 Monbeig, op. cit., p.118.
58 O avô, oriundo de Iguape, tinha feito o comércio de burros entre Bahia, Goiás e São Paulo, e foi presidente da primeira sucursal do Banco do Brasil, em São Paulo. O pai, Martinho Prado, completara suas atividades comerciais e bancárias, tornando-se chefe de uma plantação de cana em Campo Alto, Engenho Velho e Araras. Monbeig, op. cit., p.122-3.

180 BRASIL: HISTÓRIA, TEXTOS E CONTEXTOS

de um estágio nas escolas de Direito, desadaptados da vida rural, abandonam a casa-grande pelo sobrado, a lavoura pelas carreiras liberais, encontra aqui muitos exemplos opostos. São numerosos os que, como Martinico Prado, depois de saírem das Arcadas, se lançam em empreendimentos agrícolas, trocando o pergaminho pela vida de fazenda. Alguns seguiam a tradição familiar, outros se instalavam pela primeira vez no campo. Alguns vinham do Vale do Paraíba, onde haviam sido advogados, juízes ou funcionários, e se estabeleciam no Oeste como lavradores de café. Tal é o caso de Cândido José de Andrade,[59] formado na turma de 1869 da Faculdade de Direito e que, depois de ser promotor e juiz em Jacareí, acabou por se dedicar à lavoura em Rio Claro. Muitos vinham de outros estados, como Francisco Leite Ribeiro Guimarães, mineiro que, depois de ter casa comissária no Rio de Janeiro, se dedicava ao plantio de café[60] no Oeste Paulista. Braz Barbosa da Silva, paulista de Bananal, formado pela Faculdade de Direito em 1854-8, foi ser fazendeiro em Sertãozinho – Ribeirão Preto.

É típico o caso de Manuel de Moraes Barros que, iniciando sua carreira de advocacia em 1864, conseguiu enriquecer, comprando então umas terras. Daí por diante era ao mesmo tempo advogado e fazendeiro. Nos nove volumes de *A academia de São Paulo: tradições e reminiscências*, de Almeida Nogueira, há inúmeras referências a jovens que cursaram a Academia de Direito, os quais muitas vezes, depois de alguns anos de vida urbana, passaram a integrar a sociedade rural. Alguns, como notamos, tinham laços familiares: eram filhos, irmãos ou cunhados de fazendeiros e isso fora o fator decisivo na orientação de sua vida. Outros, pela amizade com companheiros de faculdade, embora sem tradição agrária, acabaram casando-se em famílias rurais, aderindo à lavoura. Muitos eram pela primeira vez fazendeiros. Eram burgueses "ruralizados". Esses lavradores de raízes urbanas levavam frequentemente para os cafezais ideias que haviam seguido no tempo da Arcadas.

A difusão de ideias republicanas entre os moços da Faculdade de Direito é notada por todos aqueles que a ela se referem. Isso

---

59 Nogueira, *A academia de São Paulo: tradições e reminiscências*. Turma de 1869.
60 Ibid., turma de 1860-1864.

O MOVIMENTO REPUBLICANO EM ITU. OS FAZENDEIROS... 181

não quer dizer que, contaminados pelo vírus revolucionário, todos os jovens saídos dessa faculdade fossem mais tarde membros militares do Partido Republicano, filiados às tendências liberais. Muitos daqueles que por aí passaram distinguiram-se posteriormente como defensores da Monarquia: membros ilustres do Partido Conservador ou Liberal. Talvez, se fizermos um balanço, eles constituirão a maioria. Alguns sofreram do "mal republicano" na juventude, na fase das ideias revolucionárias que ataca a maioria dos adolescentes pela exaltação típica da idade, amor pelas reformas sociais e ideais avançados, mas depois se esqueciam desse entusiasmo juvenil. É o caso de Afonso Celso. Outros passaram pelas Arcadas sem nunca terem se apaixonado pela causa republicana. Questão de temperamento, de inclinação, de oportunidade. Mesmo assim, muitos eram republicanos.

O curioso é notar, como já tivemos ocasião de fazer, que entre os convencionais de Itu e os membros dos núcleos republicanos há muitos (a maioria?) que haviam sido bacharéis. Alguns seguiam a carreira: José Pinto do Carmo Cintra, Américo Brasiliense, Martim Francisco Ribeiro de Andrada. Outros eram fazendeiros: Manuel de Moraes Barros, José Vasconcelos de Almeida Prado, Carlos Nardy Vasconcelos, João Tibiriçá Piratininga, Rafael Aguiar Paes de Barros, Rafael Tobias de Aguiar e outros.

A mobilidade na disposição das classes sociais, comum a todo país novo, aqui é reforçada pelas características de zona pioneira, de povoamento recente, acentuada pela mobilidade econômica e financeira que impede que se fale em burguesia e aristocracia rural e sobretudo em uma oposição ideal e psicológica entre elas, em face do movimento republicano.

A própria organização da propriedade rural nessas áreas contribui para dar mais ênfase a esse fenômeno. O café no Oeste, mais monopolizador do que em outras áreas, é uma cultura exclusivista e comercializada. Nas propriedades abandona-se o cultivo de outros produtos[61] que serviam de manutenção, daí uma dependência cada vez maior em relação à cidade, aos núcleos

---

61 Milliet, op. cit., p.24.

182 BRASIL: HISTÓRIA, TEXTOS E CONTEXTOS

urbanos. Já em 1858 José Manuel da Fonseca,[62] no Senado, assinalava o fato, mostrando que as tradicionais fazendas de açúcar onde se cultivavam outras plantas como o milho e o feijão foram substituídas pelas de café, nas quais se eliminavam as outras culturas de gêneros alimentícios. Isso, aliado à facilidade de comunicações, aumenta a dependência dessas áreas rurais à cidade que se transformava em centro abastecedor.

Como é diversa a relação entre o proprietário e a terra nessas empresas de caráter puramente comercial e as do Vale do Paraíba ou do Nordeste, que são um pequeno mundo: o quadro onde vive o proprietário, de uma maneira quase independente do exterior, autarquicamente; onde há exemplos de lavradores que se gabam "de só ter de comprar ferro, sal, pólvora e chumbo, pois o mais davam de sobra suas terras".[63] Nas fazendas de café do Oeste, o fazendeiro torna-se um tipo citadino, mais do que rural, sujeito às influências urbanas. Para ele, a propriedade é, em primeiro plano, um meio de vida, uma fonte de renda.[64] O domínio agrário se aproxima em "muitos dos seus aspectos de um centro de exploração industrial. Às vezes ele reside uma certa parte do ano na cidade e outra na fazenda". As receitas de bem produzir não se herdam pela tradição, pelo convívio, através de gerações sucessivas, mas são aprendidas por vezes nas escolas e nos livros.[65] Quadro muito diverso do que existia nas fazendas do Nordeste e no Vale do Paraíba, onde a agricultura seguia moldes rotineiros e tradicionais, a propriedade era mais autônoma, vigorando o regime patriarcal. Aí o velho fazendeiro quase não frequentava a cidade, habitando com sua família numerosa, permanentemente, a fazenda.[66] São duas estruturas diferentes, duas atitudes psicológicas diversas. A segunda muito mais tipicamente rural do que a primeira.

A urbanização do fazendeiro viu-se reforçada pelo fato de muitos continuarem a desempenhar outras funções. Alguns, como assinalamos, eram advogados, outros juízes, delegados

---

62 Holanda, *Raízes do Brasil*, p.259.
63 Ibid., p.257-8.
64 Ibid., p.258.
65 Ibid., p.261.
66 Monbeig, op. cit., p.160.

O MOVIMENTO REPUBLICANO EM ITU. OS FAZENDEIROS... 183

etc. Manuel Moraes Barros era advogado e fazendeiro, Antônio Francisco Aguiar de Barros exercia cargo público e tinha casa comanditária, além de ser fazendeiro.[67] Muniz de Souza era deputado na Assembleia Provincial. Elias Antônio Pacheco Chaves, fazendeiro, industrial, capitalista, juiz de órfãos, chefe policial, deputado provincial e finalmente vice-presidente da província.

Fazendeiros urbanizados eram esses, facilmente acessíveis por toda a sua construção mental ao movimento de ideias republicanas.

Poderosos sob o ponto de vista econômico e financeiro, a riqueza lhes abrira novos horizontes: as viagens à Europa, os livros etc. Graças a todas essas vantagens, estavam eles a par das transformações econômicas e das revoluções políticas da Inglaterra, França e Alemanha. Era normal que procurassem aí se inspirar.[68]

Conclusão

Dessa forma, as condições que presidiram a formação da sociedade cafeeira no Oeste Paulista, na chamada zona pioneira, criaram um ambiente que possibilitava o florescimento da ideia republicana entre o grupo de elite que nesse tempo é representado pela figura do fazendeiro. Ao compulsar as Atas do Partido Republicano de Itu e Rio Claro, ao observar a proveniência dos convencionais de 1873, verificamos a coincidência da localização dos principais núcleos que se fizeram representar na zona Centro-Oeste Paulista, bem como a presença de grande número de lavradores entre seus correligionários. Aqui é o fazendeiro, é a aristocracia rural em grande parte, que compõe a ala de vanguarda que aparece nas fileiras do Partido Republicano, em um aparente anacronismo com as explicações habituais que veem exclusivamente na burguesia urbana a protetora dessas ideias e que acreditam na oposição entre esta e a aristocracia rural que encarnaria por sua vez a tradição, o conservadorismo social e político, isto é, a fidelidade à Monarquia.

---

67 Nogueira, op. cit., p.155.
68 Monbeig, op. cit., p.84.

Isso se explica. Essa área que fora fértil na proliferação de clubes republicanos é, na ocasião, zona de expansão da cultura cafeeira: "zona pioneira", com todos os aspectos que a caracterizam, ela se diferencia do comum das zonas rurais. À produção de café que aumentava de maneira extraordinária, substituindo nas regiões de povoamento mais antigo outras plantações, conquistando em outros setores terras virgens, correspondia um proporcional crescimento da população: em vinte, trinta anos – 150%, 200% até 500%. Afluxo de população das mais diversas origens e profissões, muitas vezes sem tradição agrária. Burgueses, comerciantes que se improvisavam em fazendeiros, levando todo o seu contexto mental para o campo. Intelectuais saídos da Faculdade de Direito – foco de agitação revolucionária – que se estabelecem nas fazendas. Fenômeno inverso do que em geral se verifica em outras áreas, quando os jovens de família tradicionalmente ligada à terra, depois de suas experiências universitárias e citadinas, abandonam a vida rural pela urbana.

A mobilidade social nessa região, determinando a interpenetração das várias camadas, contrasta com outras áreas mais sedimentadas, onde a penetração de ideias novas se faz de maneira mais lenta e difícil e ela se torna, em geral, baluarte das ideias conservadoras. Daí não haver, no Centro-Oeste Paulista, em face do ideal republicano, uma nítida oposição entre fazendeiros e burgueses das cidades. A mobilidade atenua a rigidez dos contornos, as linhas que separam os interesses desses dois grupos. O que é reforçado pela própria organização da propriedade cafeeira na região. Imbuída de caráter puramente comercial e monocultor, elimina, em seu exclusivismo, outros produtos de subsistência, tornando maior a dependência do campo em relação à cidade – centro abastecedor vital para sua sobrevivência. Estreitam-se as relações, os contatos. Campo e cidade aproximam-se, favorecendo mais do que nunca a difusão das ideias e a troca de influências. As fronteiras perdem sua importância.

Some-se a isso a psicologia característica do homem das zonas pioneiras: espírito aventureiro, empreendedor, toma a seu cargo a construção das primeiras estradas de ferro, procura em uma tentativa ousada introduzir a mão de obra estrangeira, criando sociedades de imigração e colonização. Experimenta métodos de

O MOVIMENTO REPUBLICANO EM ITU. OS FAZENDEIROS...

cultivo e introduz novos maquinários. Amigo de inovações, visão larga, ousada, menos preso às tradições, mais acessível às ideias novas e à propaganda republicana. Todos esses fatores ajudam a explicar a coincidência da localização dos clubes republicanos na zona pioneira, a presença numerosa dos lavradores no rol dos republicanos e a escolha de Itu como importante centro regional da zona cafeeira para sede da Convenção.

1932: IMAGENS CONTRADITÓRIAS*

Como toda revolução, a de 1932 gerou sua mitologia. Os contendores apresentaram imagens contraditórias do evento. Na opinião de Vargas, o movimento era revanchista e reacionário. Visava a restaurar o passado, recuperar posições perdidas. Os políticos derrotados tentavam uma contrarrevolução para reaver prerrogativas que lhes permitissem continuar dilapidando o erário público, mediante todas as formas de corrupção administrativa a que estavam habituados e contra as quais os revolucionários de 30 tinham se batido. Pior ainda: os paulistas ambicionavam impor o predomínio de um Estado sobre os outros, atentavam contra a fraternidade nacional, sonhavam separatismos, cometiam dessa forma um crime de lesa-pátria.

No Brasil renascente, essa revolta constitui a derradeira investida para a restauração da velha mentalidade oligárquica, sustentáculo dos clãs familiares, cujos reprováveis processos políticos se traduziam em conchavos e acordos clandestinos, feitos ao sabor dos apetites e segundo a conveniência dos poderosos do

---

* Publicado originalmente em 1982 por Edições Arquivo do Estado.

momento – processos que inutilizaram os esforços construtores de várias gerações de brasileiros.[1]

Para os revolucionários paulistas, a versão era bem outra. A Revolução de 1932 fora uma luta contra as manipulações da ditadura varguista que se instalara no poder. Uma revolta em defesa das mais legítimas tradições democráticas, traduzindo as aspirações de toda a população paulista. Não fora obra de uma classe social, mas de todas as classes unidas em um ideal comum. Todas irmanadas no mesmo ideal. Camadas populares, classes liberais, lavoura, comércio e indústria, a mocidade que cursava as escolas superiores – todos imbuídos "dos mais puros ideais cívicos".[2] Até mesmo os operários tinham se solidarizado com a revolução: muitos deles se alistaram e os que não o fizeram continuaram a trabalhar com dedicação e entusiasmo. Justificando o movimento, Paulo Nogueira Filho repudia aqueles que nele viram um cunho separatista, dizendo que essa ideia era apenas a de um pequeno grupo de intelectuais. A exacerbação dos sentimentos regionalistas em São Paulo resultara, em sua opinião, de uma indignação profunda contra as *constantes e ignominiosas discriminações* impostas aos paulistas pela ocupação militar que se seguira à Revolução de 1930. Os paulistas se levantavam contra a usurpação do poder pela ditadura, movidos pelos ideais puros do constitucionalismo. Os paulistas tinham sido traídos. Esperavam o apoio de outros Estados, mas este não viera. Foram os grandes derrotados. A lembrança da revolução continuou alimentada pelas hostilidades contra Vargas, reavivadas em 1945, quando este foi forçado a deixar o poder e mais tarde passou a ser ponto de referência obrigatório de todos aqueles que lutaram contra o getulismo e seu legado. Por isso permaneceu tão viva na história.

A versão getulista e a antigetulista continuaram vivas na memória. Os mitos nascidos no calor da luta dificultaram a compreensão desse processo. Aos participantes não era dado perceber que o movimento de 1932 não era senão o desenvolvimento

---

1 Silva, *1932: a guerra paulista*, p.298.
2 Nogueira Filho, *Ideais e lutas de um burguês progressista: a guerra cívica; 1932: ocupação militar*, p.XXIV-XXV.

1932: IMAGENS CONTRADITÓRIAS

inevitável das contradições da Revolução de 1930. De fato, grupos os mais diversos tinham se aliado na derrubada de Washington Luís. A oposição era uma amálgama de interesses contraditórios e dos mais variados projetos. Por um momento, todos tinham se unido para derrubar o governo, mas, encerrada essa fase, os conflitos já emergiam.

Em São Paulo, os homens do Partido Democrático esperavam assumir a liderança e derrotar as "oligarquias"; mas encaravam com desconfiança os antigos tenentes com os quais tinham momentaneamente se associado. E não confiavam em Getúlio, a quem tinham ajudado a colocar no poder. Os vencidos também esperavam uma revanche. Os homens do PRP, que tinham tido o controle da máquina do poder em São Paulo por tanto tempo, não se resignavam facilmente ao ostracismo e contavam com uma participação no Estado que se formava. Os comunistas, que tinham se colocado em uma posição de observadores, eram percebidos como uma ameaça por todos os partidos que representavam as classes dominantes.

Mas, além dos quadros partidários e de agrupamentos políticos variados, ocultavam-se conflitos mais profundos. Os operários tinham exigências que as classes dominantes não eram capazes de satisfazer. Os industriais também tinham seus projetos, que frequentemente iam em direção oposta aos dos operários. No conflito entre capital e trabalho, Vargas ocupava a difícil posição de mediador. A lavoura paulista, por sua vez, também tinha reivindicações a fazer. A situação se agravara com a profunda crise econômica que atingira a economia mundial. Os conflitos eram portanto inevitáveis. E seria impossível para o novo governo satisfazer a todos os grupos.

Em São Paulo, as contradições eram mais perceptíveis do que em qualquer outro estado. Não era só aí que a lavoura – no passado tão poderosa – se sentia mais abalada pela crise, como era aí que a indústria se desenvolvia e o movimento operário assumia proporções mais significativas. Fora São Paulo também um estado líder durante a Primeira República e as elites políticas paulistas não estavam dispostas a abrir mão de sua hegemonia. Para a maioria delas, a Revolução de 1930 fora uma *journée des dupes*. Isso ficou claro quando Vargas nomeou para a interventoria de

São Paulo o tenente João Alberto, que logo despertou suspeitas nos quadros do Partido Democrático. Assustou as elites com suas medidas favoráveis ao operariado. Mais irritados ainda ficaram quando legalizou o Partido Comunista. A aliança entre João Alberto e os operários, no entanto, duraria pouco. Cedo estes descobriram os limites de suas concessões. Vítima dos inúmeros conflitos de interesse, João Alberto foi afastado. As tentativas de encontrar um substituto que satisfizesse os paulistas serviram para acirrar ainda mais a luta pelo poder.

Nesse processo, os inimigos de ontem se aliavam: PRP e PD caminham para uma frente única de oposição ao que caracterizavam como a ocupação de São Paulo. Políticos novos e velhos, cujas dissensões no passado não tinham jamais representado divergências estruturais, homens que pertenciam às mesmas classes e não raro frequentavam as mesmas rodas ou se relacionavam por laços de negócio e de família puderam então esquecer as animosidades passadas e se aliaram contra o inimigo comum: Vargas, as legiões revolucionárias nas quais os tenentes tinham um papel saliente, o Clube 3 de Outubro. Pouco a pouco, a aliança que levara Vargas ao poder se polariza. O processo caminha pra a secessão. A conciliação é tentada de lado a lado, mas falha inevitavelmente.

A essas contradições básicas somam-se conflitos pessoais: militares descontentes, burocratas insatisfeitos movidos por ciumeiras profissionais e frustrações nas nomeações de cargos.

A iniciativa vem de cima, mas é fácil mobilizar as massas descontentes; estas apoiam ruidosamente os comícios promovidos pela Frente Única, que reivindica eleições para uma assembleia constituinte. Delineia-se a palavra de ordem constitucionalista – capaz de unir a gregos e troianos. A mística paulista é construída. Apela-se para o povo de São Paulo. O entusiasmo mobilizador cresce. A visão das demonstrações populares dá às elites a certeza de sua força. Começa a conspiração em nível nacional. Surgem esperanças de que o ditador possa ser derrubado. As últimas tentativas de conciliação em torno de Pedro de Toledo – nomeado interventor de São Paulo – falham. Vargas acedera à nomeação de um civil e paulista para aplacar os paulistas. Marcara o prazo para as eleições. Os paulistas continuaram desconfiando dele e de seus aliados. As falas das legiões revolucionárias e do Partido

1932: IMAGENS CONTRADITÓRIAS

Popular Progressista, o tom desafiante de Miguel Costa e dos membros do Clube 3 de Outubro – tudo era motivo para que os paulistas se mobilizassem. A revolução começou de forma quase inesperada. Tropas paulistas moveram-se em direção ao Rio. Pediam a resignação do ditador. A população paulista foi mobilizada com *slogans*. Ouro para o bem de São Paulo. A juventude se alistou pela glória do Estado e da nação, em nome da constituição e contra a ditadura. Os conflitos reais que tinham levado à Revolução de 1932 desapareciam. Os meses que se seguiram ao início do levante de 9 de julho foram meses de propaganda dos dois lados. Os dirigentes paulistas conclamavam a população do Estado e do país a se aliarem a eles. Panfletos circulavam. De seu lado, o governo federal não descansava e distribuía uma versão diferente dos acontecimentos, conclamando a população a não seguir os revanchistas. As notícias de jornais que circulavam em São Paulo vendiam a esperança de uma revolução que progredia vitoriosa. Na realidade a situação era bem diversa. A força pública, que aderira à revolução, tinha muitos elementos favoráveis a Vargas. Também entre os militares não havia perfeita unanimidade. Nos grupos dirigentes havia hesitações. Cedo se verificava que os paulistas enfrentavam sérios reveses. São Paulo encontrava-se sozinho. Os aliados (Minas Gerais, Rio Grande do Sul, Rio de Janeiro) não tinham correspondido às expectativas dos paulistas. Isolado, São Paulo cedia. Começam as defecções. A 29 de setembro, Klinger pede suspensão das atividades. Pouco depois Getúlio faz convênio com a Força Pública de São Paulo.

O entusiasmo dos primeiros meses arrefece. Uns poucos querem ainda resistir e não aceitar o armistício que lhes era oferecido. Gesto de desespero. A elite paulista vencida apressava-se em rever suas posições. Nos campos de batalhas ficaram os mortos. Na memória dos homens que participaram da revolução, uma história que fala mais de seus sonhos e suas paixões do que sobre a realidade que os gerou.

BRANCOS E PRETOS EM SÃO PAULO*

Para avaliar a importância da obra de George Reid Andrews, *Blacks and Whites in São Paulo, Brazil, 1888-1988*, devemos inseri--la no contexto da historiografia das relações raciais no Brasil. Talvez nenhum outro tema tenha atraído mais a atenção de cientistas sociais e historiadores norte-americanos que estudam as relações raciais no Brasil. Desde o século XIX, visitantes norte--americanos e ingleses intrigavam-se com as diferenças entre as relações raciais nos Estados Unidos e no Brasil. O primeiro passou por um sistema brutal de escravidão e um sistema institucionalizado de discriminação racial, que contrastavam com o sistema supostamente moderado e relativamente sem percalços de escravidão e relações raciais no Brasil. Essa imagem impressionista, dicotômica, conquistou legitimidade nos Estados Unidos do século XX por intermédio de pesquisadores tão renomados quanto Frank Tannenbaum e Stanley Elkins. A percepção deles encontrou sustentação na obra de Gilberto Freyre. Expressando uma crença comum entre muitos brasileiros, Freyre enaltecia a ideia de que o povo brasileiro foi o único no mundo a criar uma ver-

---

* Publicado originalmente em 1992 em *Luso-Brazilian Review*, n.29.2. Tradução de Sonia Midori Yamamoto.

dadeira democracia racial. Ele encontrou a razão dessa excepcionalidade brasileira na tradição ibérica, que reunira pessoas de diversas raças e as ensinara a conviver sem conflitos fundamentais. Como herdeiros dessa tradição, segundo Freyre, os colonizadores portugueses no Brasil haviam demonstrado especial tolerância a diferenças raciais. Ele considerava que a miscigenação racial generalizada levaria, com o tempo, ao "branqueamento" da população brasileira, assim eliminando as bases da discriminação racial, que ele acreditava residir nas diferenças fenotípicas.

Pesquisadores brasileiros e norte-americanos desse período compartilhavam vários pressupostos. Primeiro, o de que diferentes percepções eram produto de diferenças culturais. Segundo, o de que o preconceito era uma reação a distinções "raciais" objetivas (definidas seja em termos fenotípicos, seja em termos genéticos). Terceiro, o racismo era um legado direto da escravidão. Quarto, havia uma diferença fundamental entre a escravidão nos Estados Unidos e no Brasil; e, assim, sistemas escravagistas diversos levaram a padrões raciais diversos: preconceito, discriminação e segregação nos Estados Unidos e democracia racial no Brasil. Havia exceções: Stanley Elkis acrescentou nova dimensão ao cenário ao atribuir a graus diferenciados de desenvolvimento capitalista as maneiras distintas como brancos e negros se relacionavam no Brasil e nos Estados Unidos, um ponto mais tarde sistematizado por Van der Berghe. Marvin Harris também se afastou da corrente dominante ao frisar a dependência portuguesa em relação à mão de obra de negros livres, uma questão mais tarde reinterpretada por Carl Degler.

Todavia, existia uma distinção fundamental à qual, na época, ninguém pareceu dar muita atenção. Freyre definia raça em termos meramente fenotípicos: a cor definia quem era preto e quem era branco. Daí ele vislumbrar, na miscigenação racial, a solução para a questão racial brasileira. Na América, porém, raça era definida em termos hereditários: a ascendência definia quem era negro ou branco. Assim, quando brasileiros e norte-americanos falavam de "negros", eles se referiam a coisas diferentes. No Brasil, o mulato era tido como uma evidência de que a população se tornava branca; na América, a de que se tornava negra. Foi a essa diferença que mais tarde Carl Degler chamou de "saída de

BRANCOS E PRETOS EM SÃO PAULO 195

emergência do mulato" (*mulato escape hatch*) e à qual ele (alheio à natureza tautológica de seu raciocínio) atribuiu os diferentes padrões raciais. Existia outra distinção determinante: desde o século XIX, os brasileiros reconheciam a importância dos componentes culturais africanos e indianos em sua cultura, ao passo que os norte-americanos haviam até então ignorado, menosprezado e trivializado esses componentes.

Ironicamente, o modelo de Tannenbaum-Elkins-Freyre popularizou-se exatamente no momento em que o movimento negro nos Estados Unidos contestava o preconceito, a discriminação racial e a segregação, ao passo que, no Brasil, apesar da ausência de um movimento negro significativo, a crescente luta pela democratização questionava o mito da democracia racial. Como era previsível, a historiografia revisionista que veio na esteira desses movimentos políticos, em ambos os países, reverteu todo o quadro inicial. Pesquisadores brasileiros da década de 1960 retrataram a escravidão como um sistema muito mais penoso do que outrora admitido e atestaram a existência de preconceito e discriminação contra os negros no Brasil, refutando o mito da democracia racial. Estudiosos norte-americanos reavaliaram a experiência escrava e destruíram a imagem do *sambo* que retratava os escravos como vítimas passivas de um sistema extremamente opressivo. Ao mesmo tempo, uma nova geração de pesquisadores nos Estados Unidos começou a estudar a cultura afro-americana. Mas é importante notar que, enquanto os brasileiros ressaltaram a importância da cultura africana na formação de sua cultura (assim salientando sua unidade), nos Estados Unidos a cultura afro-americana era percebida como distinta da norte-americana em voga (assim salientando sua separação – uma separação que era, e é, refletida até na estrutura departamental de universidades, onde os Estudos Afro-Americanos ficam ao lado dos Estudos Norte-Americanos).

Desde a década de 1970, os caminhos trilhados pela nova historiografia da escravidão no Brasil e nos Estados Unidos tenderam a convergir. De modo significativo, enquanto a pesquisa da década de 1960 no Brasil, influenciada pelo marxismo, havia seguido as abordagens estruturalistas e os modelos explanatórios baseados na teoria da modernização ou da dependência,

196 BRASIL: HISTÓRIA, TEXTOS E CONTEXTOS

a nova historiografia tornou-se menos teórica e mais empírica, preocupando-se mais com a experiência do que com as estruturas. Simultaneamente, os estudos sobre a escravidão passaram a tentar recuperar a experiência escrava, trazendo ao centro das atenções os escravos e os negros livres. Essa mudança coincidiu com renovadas tentativas da parte dos negros, em sua maioria de classe média, de formar as bases de um movimento negro que buscou inspiração nos Estados Unidos.

Ironicamente, enquanto nos Estados Unidos movimentos separatistas negros eram contestados pela ideia de Jesse Jackson sobre a coalizão arco-íris (*rainbow coalition*), pesquisadores norte-americanos e seus seguidores no Brasil, preocupados com a fragilidade do movimento negro por lá, demandavam um movimento político que organizasse os negros a abordar questões que lhes diziam respeito como um grupo à parte. Muitos criticaram o que consideraram uma preocupação ilusória de cientistas sociais e historiadores brasileiros com as questões de classe e sua negligência em relação à raça. E, embora seguissem os caminhos trilhados por estudiosos brasileiros da década de 1960 – que haviam documentado amplamente a existência de preconceito e discriminação racial contra os negros –, os revisionistas da década de 1980 rejeitaram essa interpretação e começaram a buscar outras. Florestan Fernandes, que, na década de 1960, havia sido pioneiro na crítica ao mito da democracia racial no Brasil, tornou-se um dos principais alvos da crítica deles, em particular por argumentar que a opressão sofrida pelos negros durante a escravidão tornava-os despreparados para competir no mercado de trabalho por ocasião de sua emancipação.

Na década de 1980, os pesquisadores abandonavam o pressuposto de que distintas formas de racismo, discriminação e segregação na sociedade moderna derivavam de distintos sistemas escravagistas, ou que os diferentes padrões contemporâneos de raça poderiam ser explicados pelas diferenças tradicionais nas percepções de raça no mundo anglo-saxônico e ibérico. Também repudiavam a noção de que a escravidão havia incapacitado os negros e argumentavam que os problemas que eles enfrentavam após a alforria tinham a ver com práticas discriminatórias adotadas pelas elites brasileiras. O novo pensamento acadêmico preferia

BRANCOS E PRETOS EM SÃO PAULO 197

um modelo histórico mais complexo, ressaltando que raça não era uma categoria objetiva, mas sim um conceito histórico em constante modelagem e remodelagem, no contexto das lutas de poder e da disputa pela mais-valia social.

É nessa conjuntura que o livro de Reid Andrews deve ser inserido. *Blacks and Whites in São Paulo, Brazil, 1888-1988* é provavelmente a melhor síntese em língua inglesa da literatura sobre as relações raciais no Brasil. Recorrendo a uma variedade de fontes primárias e secundárias, Andrews mostra que as atitudes dos brasileiros brancos contra os negros, bem como as percepções que os negros tinham de si mesmos, haviam mudado no decorrer do tempo. Ele argumenta que os estereótipos negativos formados durante a escravidão foram mantidos após a alforria. A chegada de uma massa de imigrantes acarretou a exclusão dos negros dos setores mais produtivos da economia, tanto no campo quanto na cidade. Para mim, contudo, não está claro se Reid Andrews considera essa exclusão mais como uma consequência do preconceito e da discriminação por parte dos empregadores (como ele sugere na p.59, quando diz que, "ao optar por investir recursos em trabalhadores europeus e recusar-se a fazer investimentos semelhantes nos brasileiros, os agricultores da província, e o aparato governamental que eles controlavam, haviam deixado bem claras suas preferências étnicas e raciais") ou da maior resistência dos negros a obedecer a ordens, levando os empregadores a preferir a mão de obra imigrante (uma ideia que Andrews também sugere). A declaração atribuída a uma mulher negra que, ao ser pressionada por um supervisor a trabalhar com mais afinco, respondeu: "Quem você acha que eu sou, uma italiana?" (citado por Thomas Holloway em *Immigrants on the Land*), parece dar respaldo à segunda hipótese. O êxodo maciço das plantações nas semanas que antecederam e sucederam a alforria aponta na mesma direção, assim como a maior parte das evidências apresentadas pelo próprio Andrews. Pode-se, portanto, concluir que a relutância dos proprietários de terras a contratar negros tinha menos a ver com preconceitos do que com a resistência dos negros à escravidão e, por conseguinte, à exploração e sua relutância em trabalhar nas plantações. Empregadores no Brasil, como em toda parte, queriam mão de obra barata e submissa. Não se tratava de uma questão racial.

198 BRASIL: HISTÓRIA, TEXTOS E CONTEXTOS

Andrews, então, mostra como os negros foram marginalizados nos estágios iniciais da Revolução Industrial, e também nesse ponto não fica claro se essa marginalização era resultante de uma política deliberada por parte dos industriais que discriminavam os negros ou se era produto de solidariedade étnica. Sabe-se bem que, por serem eles próprios imigrantes, muitos empresários preferiam recrutar trabalhadores entre seus compatriotas, como fez Matarazzo, uma figura proeminente na indústria brasileira, no começo da carreira. Qualquer que fosse sua origem, porém, a preferência por mão de obra imigrante logo cedeu lugar à hostilidade, como Andrews demonstra. Quando os imigrantes começaram a liderar um movimento trabalhista rumo a uma trajetória de aguerrida luta de classes contra seus patrões, os industriais brasileiros parecem esquecer-se de seus preconceitos iniciais contra os negros. Limitaram a entrada de imigrantes e voltaram-se, de bom grado, aos trabalhadores brasileiros. Foi então que um grande número de negros, muitos das áreas rurais, começou a adentrar a força de trabalho como trabalhadores fabris. Todavia, homens negros eram confinados a empregos de operário, e, embora as mulheres negras também começassem a trabalhar em fábricas, a maioria delas continuava a servir como empregadas domésticas. Por causa dos baixíssimos salários, as oportunidades de mobilidade social eram limitadas. Muito poucos negros nesse período (1900-30) conseguiam ascender à classe média. Andrews concluiu que isso se devia em parte ao preconceito e à discriminação racial nas práticas de recrutamento e demissão, embora também se pudesse argumentar que, dada a falta de recursos econômicos e instituições de ensino, os negros (muitos dos quais haviam chegado recentemente do interior brasileiro) tinham dificuldade em concorrer por cargos administrativos que exigiam algum grau de escolaridade. Não é de estranhar que fosse difícil para os negros separar a questão racial da questão de classe. Os dados fornecidos por Andrews, no entanto, parecem sugerir que os negros encontravam mais oportunidades de ascensão social no setor público do que no privado. Isso poderia ser explicado pela importância do clientelismo, que transpôs barreiras de raça e cor, tornando difícil para os negros criar um movimento negro.

A análise realizada por Andrews em duas empresas privadas sobre as práticas de recrutamento e demissão, bem como o desempenho no trabalho, revela certo grau de preconceito contra os negros. Isso era mais perceptível em funções administrativas, mas o preconceito nunca levou a qualquer forma de segregação ou conflito racial mais sério. A falta de barreiras visíveis continuou a dificultar o desenvolvimento de uma identidade racial pelos negros. A situação mudou nos últimos trinta anos, como Andrews mostra. O último censo revelou que os negros haviam feito considerável progresso. Uma porcentagem maior deles frequentava escolas e universidades no Brasil e desfrutava de relativa mobilidade social. Naturalmente, isso coincidiu com uma conscientização crescente da discriminação racial.

Na parte final do livro, Andrews examina as dificuldades enfrentadas pelos negros ao tentarem organizar um movimento negro em torno de questões raciais. Aqui, Andrews oferece uma variedade de *insights* às ambiguidades que permeavam o movimento negro: a composição elitista da liderança, recrutada em grande parte entre intelectuais e artistas ou outros setores da pequena classe média negra; sua dificuldade em transpor diferenças de classe dentro da comunidade negra; sua própria ambivalência quanto ao mito da democracia racial (tão evidente nos comentários de Joel Rufino de que o mito ao menos trouxera aos brasileiros a consciência da positividade da igualdade racial); sua falta de recursos econômicos para realizar campanhas ou promover seus próprios candidatos; sua dependência de apoio governamental; a fragmentação e os conflitos internos oriundos de lideranças concorrentes, diferentes filiações partidárias e diferentes opiniões sobre a melhor estratégia a seguir; e, acima de tudo, a falta de suporte dos eleitores negros. Apesar desses problemas enfrentados pelo novo movimento negro no Brasil, Andrews termina seu livro em tom otimista. Se a conduta democrática continuar a ser seguida, acredita ele, os negros no Brasil provavelmente vão continuar a fazer progresso, e o movimento negro vai crescer. Sua trajetória, contudo, será diferente do que a seguida pelo movimento de direitos civis nas décadas de 1960 e 1970. Qual poderia ser essa trajetória é algo que ele não nos diz.

200 BRASIL: HISTÓRIA, TEXTOS E CONTEXTOS

Uma questão fundamental não é levantada no livro de Andrews. Embora os negros constituíssem uma grande parcela da população brasileira e embora haja ampla evidência de que existia preconceito e discriminação contra eles, por que os líderes negros tinham tanta dificuldade em recrutar o apoio das massas? Por que foram incapazes de formar um movimento negro do tipo que surgiu na África do Sul e nos Estados Unidos?

Sem dúvida, há preconceito e discriminação racial contra os negros no Brasil. Sem dúvida, a maioria dos negros continua na base da sociedade. Se é assim, como explicar as dificuldades dos negros em organizar um movimento negro? Parece-me que a resposta está na falta de uma discriminação formal. É verdade que tem havido segregação em hotéis e clubes da elite, mas nada no Brasil compara-se às formas de discriminação e segregação comuns nos Estados Unidos antes do movimento de direitos civis. A ausência de barreiras formais tornou difícil aos negros desenvolver uma forte identidade racial. Assim, pode-se perguntar, se as elites brasileiras tinham preconceito contra os negros, por que não ergueram barreiras raciais como fizeram os sul-africanos e os norte-americanos? A resposta parece óbvia: porque haviam conseguido, nos séculos XIX e XX, manter o poder (ou, em outras palavras, a hegemonia). E, quando esse poder foi contestado na década de 1960, isso ocorreu por uma coalizão de brancos e negros, uma coalizão que poderia ser mais facilmente rechaçada pela retórica da Guerra Fria do que por apelos ao racismo. (Os "esquerdistas" passaram a desempenhar o papel dos negros nos Estados Unidos.)

Revertendo-se pressupostos anteriores sobre raça e racismo, pode-se sugerir que não foram as percepções de cunho racial que causaram racismo e discriminação, mas o contrário: a intenção de discriminar, a prática da discriminação, modela as percepções de raça. Percepções raciais e relações raciais têm a ver com lutas de poder e controle da mais-valia. Raça, gênero e outras formas de discriminação são armas nessas lutas. A identidade racial, como qualquer identidade, é um conceito histórico. É construído com base em ideologia assim como é construído e reproduzido no cotidiano. É ritualizado; aparece em símbolos públicos, na literatura e na poesia. É legitimado pela lei, exibido no uso do espaço.

BRANCOS E PRETOS EM SÃO PAULO

Quanto mais uma elite branca se sente ameaçada pelos negros, mais ela tende a discriminá-los. Essa ameaça pode ser objetiva ou subjetiva, e uma alimenta a outra. Uma vez que identidades raciais são construídas por um lado como um instrumento de opressão, exploração e exclusão, e por outro como uma arma de resistência, essas identidades podem obscurecer qualquer outra, como aconteceu nos Estados Unidos, onde identidades raciais contribuíram para cegar as pessoas às diferenças de classe (como argumentei em meu ensaio "The Myth of Racial Democracy", em *The Brazilian Empire: Myths and Histories*).

No Brasil, porém, ocorreu o contrário. As identificações de classe cegaram as pessoas às identificações raciais. A ausência de barreiras raciais institucionalizadas (segregação); o poder de coesão dos cultos africanos (candomblé e umbanda) que atraíam um grande número de negros e brancos; os esforços integradores da Igreja Católica; a retórica paternalista e populista da elite que minimizava as questões raciais; as políticas integracionistas dos sindicatos e o movimento trabalhista em geral; a permissividade do mito da democracia racial e seu repúdio à discriminação e à segregação racial explícita – tudo isso inibiu o desenvolvimento de uma identidade racial. Contudo, ainda mais importante foi o fato de que ambos, negros e brancos, foram privados dos direitos de cidadania, e os dois grupos partilharam pobreza e opressão. Num país onde desemprego e subemprego afetam mais da metade da população; um país onde o salário mínimo vale menos de cinquenta dólares por mês, e os pobres, sejam eles negros ou brancos, convivem em favelas, pertencem aos mesmos sindicatos, costumam dançar nas mesmas gafieiras, trabalham juntos, usam os mesmos meios de transporte e frequentam as mesmas escolas primárias; um país onde a grande maioria de negros e brancos é igualmente desprovida de assistência médica, moradia decente e oportunidades de educação, é difícil, se não impossível, para a maioria das pessoas separar as questões raciais das questões de classe. É entre os negros da classe média que a consciência racial é mais aguda. Ironicamente, porém, sua posição social torna-lhes difícil estabelecer a ponte necessária para organizar a maioria dos negros de classe baixa acerca das questões raciais. Apesar do óbvio preconceito e discriminação racial contra os negros que Andrews

202 BRASIL: HISTÓRIA, TEXTOS E CONTEXTOS

tão bem descreve, para a maior parcela da população brasileira (exceto o pequeno número de negros da classe média), pobres e ricos parecem ser categorias muito mais inteligíveis do que as de negro e branco.

Não há razão por que a luta pela emancipação dos negros no Brasil não deva caminhar lado a lado com a luta pela emancipação do povo brasileiro como um todo. Isso não significa dizer que o movimento negro não deva manter sua autonomia. Ao contrário, a existência de um movimento negro vital que, *junto* a outros movimentos (como o feminista, o indígena ou o de arrendatários, para citar apenas alguns), vá lutar contra a discriminação e o preconceito racial, pela ampliação dos direitos de cidadania e por uma parcela maior dos recursos sociais e econômicos para todos os membros da sociedade brasileira – negros ou brancos – que foram deles privados é um passo necessário rumo à democratização da sociedade brasileira. Isolados e competindo entre si, diversos movimentos sociais podem ser aniquilados. Juntos, porém, é possível que, no longo prazo, eles consigam transformar o mito da democracia racial em realidade.

SÉRGIO BUARQUE DE HOLANDA
E *RAÍZES DO BRASIL**

O tempo é minha matéria
O tempo presente
Os homens presentes,
A vida presente

Carlos Drummond de Andrade

Em 1902, nascia Sérgio Buarque de Holanda, um dos mais celebrados historiadores brasileiros, autor de vários livros e artigos de história e literatura, dos quais o de maior impacto, a julgar pelo número de edições, foi *Raízes do Brasil*.[1] Ao falecer, em 24 de abril de 1982, já era um escritor consagrado nacionalmente, tendo recebido em 1979 o título de intelectual do ano e o prêmio Juca Pato, que lhe foi conferido pela União Brasileira de Escritores e pelo jornal *Folha de S.Paulo*. No mesmo ano, a Câmara Brasileira do Livro concedeu-lhe o prêmio Jabuti, por sua contribuição à literatura. A partir de então, sua vida e sua obra têm sido louva-

---

* Publicado originalmente em set. 2002 em *Ethnos Brasil*, ano I, n.2.

1 Para uma lista das obras de Sérgio Buarque de Holanda, veja Horch, Bibliografia de Sérgio Buarque de Holanda. In: Nogueira et al. (orgs.), *Sérgio Buarque de Holanda: vida e obra*, p.121-60; consulte ainda Prado (org.), *O espírito e a letra: estudos de crítica literária*.

204 BRASIL: HISTÓRIA, TEXTOS E CONTEXTOS

das em numerosas publicações. Sérgio tem sido alvo de crônicas, ensaios, livros, seminários e de várias homenagens de parte de profissionais da cultura. Nesse processo, transformou-se em um ícone, de proporções quase míticas.[2] Novas tiragens de *Raízes do Brasil*, editado pela primeira vez em 1936, revelaram o interesse crescente do público, não obstante o próprio autor ter considerado o livro superado e datado, numa entrevista que concedeu à revista *Veja*, em 1976.[3]

> Jamais escreveria de novo *Raízes do Brasil*. Principalmente porque o livro ficou no nível do ensaio. Não sou contra a ensaística ou a interpretação. Mas a pesquisa deve ser rigorosa e exaustiva. Senão o resultado serão apenas elucubrações, às vezes brilhantes, mas desvinculadas da realidade.

Em sua conhecida modéstia e com a argúcia que sempre demonstrara no exercício da crítica, Sérgio desautorava sua obra de juventude, após quarenta anos de sua publicação. Julgava-se agora segundo os cânones da história científica e da perspectiva do historiador que se profissionalizara. Diante disso, é de se perguntar a que se deve o interesse invulgar que sua obra despertou e continua a despertar. Poder-se-ia argumentar que, além do inegável prazer estético que sua leitura oferece, o interesse da obra reside hoje em seu valor documental. A grande maioria dos leitores, no entanto, vê no livro não o passado mas o presente, não um testemunho histórico, mas uma mensagem. Buscam em suas páginas uma explicação para os problemas da nação: nossa eterna dependência,

---

2 Veja lista das resenhas, homenagens, entrevistas e dos numerosos trabalhos publicados sobre Sérgio Buarque de Holanda, até 1988, em Horch, op. cit., p.146-58. Acrescente Wegner, *A conquista do Oeste: a fronteira na obra de Sérgio Buarque de Holanda*; Candido (org.), *Sérgio Buarque de Holanda e o Brasil*; Barbosa (org. e intr.), *Raízes de Sérgio Buarque de Holanda*; Salomão, *Sérgio Buarque de Holanda: Terceiro Colóquio da UERJ*; Barbosa, *Revista do Brasil*, número especial dedicado a Sérgio Buarque de Holanda; Santiago (org.), *Intérpretes do Brasil*. Para um julgamento crítico, veja Leite, *O caráter nacional brasileiro*.

3 Entrevista concedida a João Marcos Coelho, *Veja*, 28 jan. 1970, p.6., apud *Sérgio Buarque de Holanda: vida e obra*.

SÉRGIO BUARQUE DE HOLANDA E *RAÍZES DO BRASIL* 205

nossa miséria, nossa dificuldade em criar uma democracia. Como muitos dos companheiros da longa jornada de Sérgio Buarque de Holanda, iniciada há um século, estão à procura de soluções. Curiosamente, publicada pela primeira vez em 1936 pela editora José Olympio, apesar de muito bem recebida pela crítica, *Raízes do Brasil* só veio a ter uma segunda edição doze anos mais tarde, em 1948, e uma terceira em 1956. Até as vésperas do golpe militar contra João Goulart em 1964, o livro teve quatro edições. Seguiu-se uma quinta edição, em 1969. Portanto, em 33 anos, de 1936 a 1969, o livro tivera cinco edições, o que, embora fosse na época um número respeitável, em se tratando de um ensaio sobre cultura brasileira, não se compara ao que estava para acontecer. O interesse pelo livro cresceu à medida que o governo militar tornava-se cada vez mais repressivo e autoritário, e a sociedade civil se organizava na luta em prol da "abertura". Em oito anos, entre 1971 e 1979, foram publicadas oito edições novas. Entre 1979 e 1987, quando se iniciava a fase de redemocratização do Brasil, o livro ganhava seis novas edições. Nenhum outro livro de Sérgio Buarque de Holanda alcançou igual prestígio. *Cobra de Vidro*, uma coleção de admiráveis ensaios de crítica literária que veio a público pela primeira vez em 1944, teve até 1988 duas edições. *Monções*, livro dedicado a reconstituir as entradas fluviais nos séculos XVII e XVIII em São Paulo, Mato Grosso e Goiás, lançado em 1945, teve apenas duas edições, no mesmo período. O mesmo sucedeu com *Caminhos e fronteiras*, talvez sua obra histórica mais interessante, em que o autor, utilizando um método histórico-etnográfico, estuda o contato entre portugueses e índios, analisando em detalhe a cultura material dos paulistas no período colonial. O livro veio à luz em 1957 e teve uma segunda edição em 1975. *Visão do Paraíso*, os motivos edênicos no descobrimento e colonização do Brasil, tese apresentada em concurso para provimento da cátedra de História da Civilização Brasileira da Faculdade de Filosofia, Ciências e Letras da Universidade de São Paulo, em 1958, teve, em trinta anos, três edições: a primeira em 1959, a segunda em 1969, e a terceira em 1977.[4]

---

4 Deixamos de mencionar aqui as obras traduzidas e publicadas no exterior. Para essa informação, consultar o artigo de Horch, op. cit.

206   BRASIL: HISTÓRIA, TEXTOS E CONTEXTOS

Mesmo que levássemos em consideração o aumento do público leitor – fator que afetaria todas as suas obras e não apenas *Raízes do Brasil* – ou as qualidades estilísticas de sua escrita, que aliás estão presentes em todos os seus escritos, ou ainda se considerássemos o grande número de amigos influentes nas letras e artes e nos meios de comunicação que Sérgio Buarque de Holanda adquiriu ao longo da vida, admiradores sempre prontos a manifestar publicamente apreço por sua obra e, finalmente, se salientássemos o caráter ensaístico do livro, tão do gosto do público brasileiro, ainda assim o sucesso extraordinário de *Raízes do Brasil* demandaria explicação.

Uma análise dessa obra, a respeito da qual Antonio Candido corretamente afirmou que já nascera um clássico, permite-nos compreender seu sucesso editorial e sua atualidade e, ao mesmo tempo, oferece uma chave para compreensão do projeto cultural de Sérgio Buarque de Holanda e sua atualidade.[5]

Os anos que antecederam a publicação de *Raízes do Brasil* foram anos de grandes mudanças no Brasil e no mundo. São Paulo, que possuía aproximadamente 65 mil habitantes, em 1890, passaria a 580 mil em 1920 e atingiria pouco mais de 1 milhão em 1936.[6] Com o crescimento da cidade, vinha a modernização dos estilos de vida. Uma modernização parcial, seletiva, que atingia diferentemente as classes sociais e as várias regiões do país, mas mesmo assim uma transformação inegável. O número de empresas industriais crescia a olhos vistos. Novos contingentes imigrantes afluíam às cidades, criando bairros novos. Multiplicavam-se os meios de comunicação. O espaço público alargava-se com a criação de novos bares, confeitarias e cinemas. Se bem que ainda restrito, o mercado cultural se ampliava. Jovens aspirantes à liderança intelectual, como Sérgio, disputavam um lugar nas colunas dos jornais e nas páginas das revistas que surgiam.[7] Os representantes

---

5 Caldeira, *Atualidade de Sérgio Buarque de Holanda*.
6 Singer, *Desenvolvimento econômico e evolução urbana*, p.58.
7 Sobre a vida intelectual no Rio de Janeiro durante a Primeira República no Rio de Janeiro e em São Paulo, veja, respectivamente, Sevcenko, *Literatura como missão: tensões sociais e criação cultural na Primeira República*; *Orfeu estático na metrópole de São Paulo: sociedade e cultura nos frementes anos 20*. Consultar ainda Miceli, *Intelectuais e classe dirigente no Brasil 1920-1945*.

da Belle Époque haviam desaparecido entre os escombros deixados pela guerra. Os que sobreviveram, meros fantasmas de um período glorioso, pareciam nada mais ter a dizer aos jovens. Mal saído da adolescência, mas já de posse de uma cultura apreciável que adquirira no Colégio São Bento, onde fora aluno do historiador Affonso d'Escaragnolle Taunay, e em suas leituras na Biblioteca Municipal, Sérgio viria se juntar à nova geração de intelectuais e artistas à qual pertenciam Mário de Andrade, Oswald de Andrade, Tácito de Almeida, Sérgio Milliet, Rubens Borba de Morais, Di Cavalcanti, Guilherme de Almeida, e muitos outros mais novos e mais velhos. Influenciados pelas mudanças ocorridas a sua volta e atraídos pelas novas ideias que circulavam no mundo do pós-guerra, lançaram-se em um projeto de renovação cultural que ficou conhecido como "Modernismo". Constituíam estes a vanguarda intelectual a que Francisco de Assis Barbosa qualificou com bastante propriedade de *jeunesse dorée*.[8] Reuniam-se nas confeitarias, bares e livrarias, ou no escritório dos amigos mais velhos, já estabelecidos. Desde a época das reuniões na Vila Kyrial, a vida dos jovens intelectuais mudara, mas não tanto.[9] Os tradicionais saraus em que se discutiam as novas tendências literárias e artísticas europeias continuavam a existir, as discussões travavam-se talvez com mais entusiasmo e menos preciosismo. O que mudara era o estado de espírito e o programa.

Enquanto no Rio de Janeiro jovens militares desafiavam as estruturas de poder e se rebelavam no Forte de Copacabana, os jovens "modernistas" lançavam-se contra o academicismo, levantavam-se contra todas as restrições. Pregavam a liberdade de criação e a fantasia ilimitada. Em 1922, organizaram a Semana de Arte Moderna, que abalou os meios artísticos e literários de São Paulo. Suas carreiras e atividades intelectuais, no entanto, ainda dependiam, em grande parte, da patronagem das elites. O mercado literário, se bem que em fase de expansão, era ainda bastante restrito. Segundo Francisco de Assis Barbosa, os modernistas,

---

8 Barbosa, Verdes anos de Sérgio Buarque de Holanda: ensaio sobre sua formação intelectual até *Raízes do Brasil*. In: *Sérgio Buarque de Holanda: vida e obra*.

9 Broca, A *vida literária no Brasil – 1900*.

208   BRASIL: HISTÓRIA, TEXTOS E CONTEXTOS

em sua maioria, eram acomodados à situação. Alguns estavam ligados por laços de família às oligarquias e tinham conexões nos meios oficiais. Muitos viam com pouca simpatia os movimentos operários. O que não impediu que alguns, como Oswald de Andrade, tentassem se aproximar do Partido Comunista, alguns anos mais tarde.[10]

Nessa época, os valores da sociedade agrária e o estilo de vida das elites tradicionais pareciam ameaçados pela agressividade dos capitais que procuravam novas áreas de investimento e pelos novos ricos que invadiam circuitos os mais fechados. Empresários estrangeiros, como Percival Farquahar, ganhavam imediata projeção e despertavam desconfiança, e até mesmo oposição.[11] Empresas americanas vinham aos poucos substituir as inglesas que até então haviam dominado o mercado, exacerbando os sentimentos nacionalistas que a guerra alimentara. O movimento feminista crescia nos meios urbanos mais importantes, desafiando as estruturas patriarcais. Nas cidades, as manifestações operárias sucediam-se com regularidade impressionante. Em 1919, dois anos após a famosa greve de 1917, milhares de operários paulistas desfilaram pelas ruas centrais de São Paulo cantando a Internacional. Sérgio tinha 17 anos nessa ocasião e não poderia ter sido indiferente ao que se passava a sua volta. A "questão social" começava a ser discutida na imprensa e provocava debates na Câmara dos Deputados. A Revolução Russa atemorizava as elites, que, diante da agitação operária, se apressavam em tomar medidas repressivas. Prisões e deportações de líderes operários, empastelamento de jornais radicais por agentes da polícia, nada parecia deter suas reivindicações.[12]

O fim da Primeira Guerra provocara grande efervescência nos meios intelectuais europeus. Buscando inspiração na recém--criada União Soviética, o escritor francês Henri Barbusse, cujas

---

10 Barbosa, op. cit., p.35.
11 Sobre o assunto, consulte Bandeira, *Presença dos Estados Unidos no Brasil: dois séculos de história.*
12 Sobre o pensamento historiográfico nessa época, consulte Costa, Sobre as origens da República. In: *Da Monarquia à República: momentos decisivos,* p.385-445.

SÉRGIO BUARQUE DE HOLANDA E *RAÍZES DO BRASIL*   209

obras *Feu* e *Clarté* tiveram grande repercussão, lançava um manifesto dirigido aos intelectuais, conclamando-os a criar uma Internacional dos Intelectuais.[13] Seu apelo encontrou resposta em vários países da Europa e das Américas. Em Cuba, no Uruguai, México, Peru, Chile e Brasil surgiram agrupamentos de militantes e ativistas em torno das revistas com o nome sugestivo de *Clarté* ou *Claridad*. Ao mesmo tempo, criaram-se partidos comunistas que se destacaram na luta em prol dos direitos dos trabalhadores, rivalizando com os anarquistas e antigos partidos socialistas que já vinham atuando nesse sentido desde o século XIX. A Igreja, apreensiva, mobilizava os cristãos na luta contra o materialismo e o comunismo. No Rio, criou-se o centro D. Vital, liderado por Jackson Figueiredo, representando a ala conservadora. Este foi apoiado por Alceu Amoroso Lima, que se converteu em 1928, depois de um período de grandes dúvidas, e adotou o nome de Tristão de Athayde.

Enquanto a esquerda e a direita ganhavam adeptos, o liberalismo entrava em crise. Na Europa, os adeptos de Hitler e Mussolini faziam avanços políticos notáveis. No Brasil, o governo "liberal" das oligarquias descontentava um número crescente de pessoas. A prática do voto a descoberto, o domínio das oligarquias, a violência eleitoral, a fraude, a instabilidade econômica e financeira, tudo levava à desilusão com o governo da República. O governo enfrentava cada vez mais a resistência de jovens militares. A partir de 1922, os quartéis se tornaram centros de conspiração, de onde saiu uma série de movimentos revolucionários que culminaram na Revolução de 1930.

Sérgio mudara-se para o Rio em 1921 e durante esses anos agitados continuara sua vida boêmia, sem abandonar as leituras, as crônicas e as polêmicas literárias. Ampliara o número de amigos nos meios literários e artísticos. Entre aqueles, contavam-se Manuel Bandeira, Carlos Drummond de Andrade, Gastão

---

13 Para detalhes sobre a expansão do movimento Clarté, veja Brett, *Henri Barbusse, sa Marche vers la clarté, son mouvement Clarté*; Vidal, *Henri Barbusse, Soldat de la Paix*. Sobre o movimento no Brasil, veja o ensaio de Hall publicado na *Revista de História*.

Cruz, Gilberto Amado, Graça Aranha, Afonso Arinos, Renato de Almeida e muitos outros, que viriam a dominar o panorama cultural brasileiro por muitos anos. Guilherme de Almeida fixara, temporariamente, residência no Rio e continuava a receber em sua casa o grupo alegre de intelectuais boêmios que aí se reuniam para discutir literatura, arte e política.[14] Estes frequentavam também os saraus na casa de Ronald de Carvalho e de Alberto Moreyra. Nos encontros, lia-se Proust, Valéry, Claudel, Cocteau, Apollinaire, Cendrars, Breton, Aragon e Éluard, e ingleses como Thomas Hardy, Joseph Conrad, Galsworthy, Katherine Mansfield, Bernard Shaw, russos como Dostoiévski, Tchekhov, Tolstói, e, em menor escala, os de outras nacionalidades: Theodor Lessing, Huizinga, Dreiser, T.S. Eliot.

Sérgio continuava a publicar crônicas no *Correio Paulistano*, na *Cigarra*, na *Revista do Brasil* e em outros jornais e revistas, do Rio de Janeiro e de São Paulo. Durante um curto tempo, colaborou na revista *Klaxon*, órgão modernista publicado entre maio de 1922 e janeiro de 1923. A seguir, fundara com Prudente de Moraes a revista *Estética*, cujo número de abertura, publicado em 1924, continha um artigo de Graça Aranha, o que de certa forma representava uma conciliação com a velha guarda. Sérgio cursava a faculdade de Ciências Sociais e Jurídicas do Rio de Janeiro, na qual se formou em 1926. Frequentava as livrarias Garnier e Leite Ribeiro, andava sempre com um livro debaixo do braço e estava sempre a ler. Adquirira fama de erudito, o que parecia destoar de sua boêmia. Frequentemente o encontravam bebendo chope no Lamas e em bares do Largo do Machado, em longas noitadas que avançavam pela madrugada, a ouvir Pixinguinha e outros cantores populares na companhia de Prudente de Moraes Neto e outros amigos. Aí o encontrara Gilberto Freyre, que deixou registro simpático dessas noitadas. Este, ao regressar de seus estudos nos Estados Unidos e na Inglaterra, fixara-se no Recife. Na época, era secretário particular do governador de Pernambuco, Estácio Coimbra, mas sempre arranjava tempo para visitar o Rio de Janeiro.

---

14 Prado, Nota breve sobre Sérgio Buarque de Holanda, p.133.

SÉRGIO BUARQUE DE HOLANDA E *RAÍZES DO BRASIL* 211

Prudente de Moraes Neto, que fora aluno de José Oiticica no Colégio Pedro II, considerava-se anarquista como o mestre. Desiludido da eficácia do movimento, acabou por se integrar ao recém-criado Partido Comunista, o qual abandonou pouco tempo depois, ao ser acusado no jornal do partido de ser agente do imperialismo, por possuir algumas ações do Banco Mercantil, que herdara do avô. Como tantos outros intelectuais de seu tempo, Sérgio também se vira momentaneamente atraído pela ideia de se filiar ao partido, mas depois de uma conversa com Otávio Brandão, que qualificou de maçante, abandonou-a de vez.

Os amigos de São Paulo também pareciam ter se desiludido e abandonado os ardores do passado. Depois do Manifesto Pau-Brasil, que Oswald de Andrade e Tarsila trouxeram de Paris, em 1924, vieram à tona todos os desentendimentos que o entusiasmo dos primeiros momentos ocultara. Os modernistas fragmentaram-se. Menotti del Pichia abandonou os amigos para se aliar ao grupo da *Anta*, comandado por Plínio Salgado e Cassiano Ricardo. A publicação da revista *Antropofagia* agravou a crise. Antigos amigos desentenderam-se. Oswald rompeu com Mário de Andrade. O grupo se desintegrava.

Do Rio, Sérgio acompanhava os conflitos que minavam os modernistas e tentava assumir uma postura racional diante da reviravolta que se anunciava. Data dessa época a crônica "O lado oposto e outros lados", publicada na *Revista do Brasil* em 15 de outubro de 1926, na qual avaliava as mudanças que tinham ocorrido nas Letras nos últimos dez anos. Manifestava mais uma vez sua lealdade aos ideais do Modernismo. Afirmava que o movimento modernista permitira "a intuição de que carecemos, sob a pena de morte, de procurar uma arte de expressão nacional". Em sua opinião, o academicismo "em todas as suas várias modalidades" já não aparecia como inimigo, porque não falava às novas gerações. Criticava também os acadêmicos modernizantes (como Alceu de Amoroso Lima) por almejarem a uma "elite de homens inteligentes e sábios embora sem grande contato com a terra e com o povo", gente bem-intencionada, mas disposta a reforçar as hierarquias e a ordem, que Sérgio considerava estranhas a nós, "uma lei morta que importamos" do Velho Mundo, para nos fazer-mos apresentáveis em troca de um bem maior: nossa liberdade.

212   BRASIL: HISTÓRIA, TEXTOS E CONTEXTOS

Acusava-os de importar as ideias (conservadoras) da Action Française, de Jacques Maritain, de Julien Benda e T.S. Eliot.[15] Sérgio continuava batalhando em favor da "autonomia da nação, a emancipação da literatura", mas era cada vez mais difícil manter a luta em face da debandada geral. Acabou decidindo distribuir seus livros entre os amigos e aceitar o convite para dirigir o jornal *O Progresso*, no Espírito Santo, de onde foi resgatado, algum tempo depois, pelos amigos que exigiram o retorno do doutor Progresso, como passaram a chamá-lo. De volta ao Rio, Sérgio reassumiu suas funções de crítico.[16] Em 1929, era enviado à Alemanha como correspondente dos *Diários Associados*. Levava consigo o projeto que alguns anos mais tarde, já profundamente alterado, se converterá em *Raízes do Brasil*. Ao deixar o Brasil, aos 27 anos de idade, Sérgio era saudado como "uma das figuras expressivas da moderna geração de escritores nacionais". A essa altura, já se tornara conhecido dos leitores de vários jornais nos quais colaborara desde 1921, com suas crônicas literárias.

Um dos objetivos de sua viagem era visitar a União Soviética. Para isso, acabou entrando em contato com Astrojildo Pereira, que, nessa época, se encontrava na Rússia, e foi à Alemanha expressamente para encontrá-lo. Desse encontro nasceu uma amizade que durou toda uma vida. Sérgio, no entanto, apesar das descrições entusiásticas de Astrojildo, deixou-se ficar na Alemanha.[17] Algo semelhante sucedeu a outro intelectual igualmente extraordinário, Mário Pedrosa, trotskista convicto, batalhador incansável, que fora à Alemanha com a intenção de viajar para a União Soviética, mas acabou abandonando a ideia devido ao agravamento das tensões entre Trotsky e Stálin. Sérgio e Mário tornaram-se amigos. Cinquenta anos mais tarde, compareceriam juntos à fundação do Partido dos Trabalhadores, na esperança de que este viesse um dia a encontrar os rumos da democracia brasileira que tanto haviam almejado.

---

15 Prado (org.), op. cit., p.224. O artigo fora publicado a 15 de outubro de 1926 na *Revista do Brasil*, da qual Sérgio era colaborador assíduo.
16 O episódio referente à distribuição dos livros foi relatado por Sérgio Buarque de Holanda em *Tentativas de mitologia*, p.29.
17 Candido, Parte II, Introdução. In: Barbosa, op. cit., p.119-29.

SÉRGIO BUARQUE DE HOLANDA E *RAÍZES DO BRASIL* 213

Da Alemanha de Weimar, Sérgio assistiu ao *crash market* de Nova York e a revolução que derrubou a Primeira República e instalou Getúlio Vargas no poder. Aproveitou o tempo que aí permaneceu para aperfeiçoar seus conhecimentos de história, escrever crônicas, entrevistar várias figuras ilustres e dar andamento ao seu projeto. Familiarizou-se como a obra de Max Weber e de vários historicistas alemães.[18] Ao regressar ao Brasil, em 1931, trazia consigo um manuscrito de mais de quatrocentas páginas provisoriamente intitulado *Teoria da América*, texto que depois de muito trabalho transformou-se em *Raízes do Brasil*.[19]

Ao chegar ao Brasil, defrontou-se com um cenário mudado. Sérgio, ao que parece, não aprovava os rumos tomados pelo novo governo. Quando setores da oligarquia paulista, descontentes com as medidas tomadas por Vargas, se rebelaram, em 1932, Sérgio foi preso no Rio, em companhia de amigos, por dar vivas a São Paulo. Derrotados os paulistas, nova agitação emergia no Rio em torno da convocação de Assembleia Constituinte. A Aliança Nacional Libertadora, liderada por Luís Carlos Prestes, ganhara adeptos e tornava-se um movimento popular radical de amplas proporções, logo reprimido pelo governo. A Assembleia Constituinte elaborou uma constituição liberal, incorporando algumas tendências social-democratas, estendendo às classes trabalhadoras vários direitos que estes vinham tentando obter havia longo tempo, sem sucesso. Também foi receptiva a algumas demandas nacionalistas. Vargas permaneceu no governo, mas com poderes limitados pela Constituinte. Comunistas e integralistas mobilizam-se. Em 1935, um levante comunista serviu de pretexto para a prisão de várias lideranças. Apesar de proibidas pela Constituição, torturas bárbaras foram usadas contra os presos. A companheira de Prestes foi deportada grávida para a Alemanha, onde desapareceu nas mãos dos nazistas. Preso, o escritor Graciliano Ramos deixou um testemunho comovente sobre a situação dos presos, no livro *Memórias do cárcere*. O espectro do autoritarismo tornava-se dia

---

18 Barbosa, op. cit.
19 Sérgio permaneceu na Alemanha um ano e meio, entre junho de 1929 e dezembro de 1930.

214   BRASIL: HISTÓRIA, TEXTOS E CONTEXTOS

a dia mais ameaçador. Estava-se longe da democracia sonhada por Sérgio.

Apesar das turbulências políticas do momento, Sérgio prosseguiu na revisão de seu texto, cuja publicação adquirira uma urgência particular, em vista do rumo tomado pelos acontecimentos. Ao mesmo tempo, retornava a seu posto de crítico, passando a colaborar no *Diário de Notícias* do Rio de Janeiro, onde assumiu o rodapé até então reservado a Mário de Andrade. Mantinha simultaneamente colunas semanais de crítica literária na *Folha da Manhã* e publicava crônicas ocasionais em outros jornais. A essas funções somaram-se outras, que lhe abriram novas oportunidades. Em 1936, tornou-se assistente do professor Henri Hauser, que fora contratado para dar aulas de História Social e Econômica na Universidade do Distrito Federal. Assistia também ao professor Tronchon, nos cursos de Literatura. Sérgio ocuparia esse cargo de 1936 a 1939, quando passou a trabalhar na Divisão de Consultas da Biblioteca Nacional e no Instituto Nacional do Livro, onde permaneceu até ser convidado para dirigir o Museu Paulista, posto que assumiria em 1946.

No período em que exerceu as funções de assistente, continuou a se aprofundar nos estudos históricos, e *Raízes do Brasil* veio à luz em 1936. Nesse ano, casou-se com Maria Amélia Alvim, que, entre 1937 e 1950, lhe deu sete filhos. O boêmio de outrora se domesticava, mas nunca perderia o espírito lúdico que encantava a amigos e conhecidos. Abandonava a posição de diletante e franco-atirador e se profissionalizava. Não largava a literatura, seu primeiro amor, mas passava a se dedicar mais à história, que julgava ser sua verdadeira vocação. Abandonou as "elucubrações brilhantes" pela "pesquisa rigorosa e científica", o ensaio pela história documental.[20] Suas crônicas perderam a forma quase singela, o sabor machadiano das primeiras horas. Tornaram-se mais complexas e eruditas. A crítica literária ganharia densidade histórica e a história, qualidades literárias, em geral ausentes da história científica. Um novo Sérgio surgia. *Monções*, o primeiro

---

20 Palavras de Sérgio referindo-se a *Raízes do Brasil*, em entrevista dada à revista *Veja* anteriormente citada.

SÉRGIO BUARQUE DE HOLANDA E *RAÍZES DO BRASIL*   215

livro de História que publicou após *Raízes do Brasil*, é produto dessa nova fase.

Sérgio não foi o único, nessa época, a abandonar a vida boêmia. Seus amigos caminhavam numa direção semelhante. Eram chamados para ocupar posições de importância na imprensa e no governo. A geração rebelde profissionalizava-se. Em 1934, Mário de Andrade aceitou o convite de Paulo Duarte, amigo do então prefeito de São Paulo, Fábio Prado, para ocupar um cargo no Departamento Estadual de Cultura; Sérgio Milliet será encarregado do Departamento de Documentação Histórica; Rubens Borba de Moraes foi indicado para dirigir a Biblioteca Municipal. Ribeiro Couto iniciava sua carreira no Itamarati e acabará seguindo o exemplo de Guilherme de Almeida, entrando para a Academia de Letras. Rodrigo de Melo Franco de Andrade integrava o escritório de advocacia de seus tios Afrânio e João de Melo Franco. Afonso Arinos dirigia o jornal *Estado de Minas* e, em seguida, a *Folha de Minas*. Prudente de Moraes Neto, o amigo dileto de Sérgio, assumira o cargo de diretor da Faculdade de Filosofia da Universidade do Distrito Federal.

O país também mudara e se institucionalizara em bases novas. Mas sonhos e mazelas do período anterior persistiam. As oligarquias, o mandonismo local, a patronagem sobreviviam. Enquanto alguns direitos eram garantidos aos trabalhadores urbanos, as populações rurais continuavam a vegetar, ignorantes e oprimidas. Embora os sinais de desenvolvimento parecessem promissores, a situação financeira do país continuava um descalabro. Tudo parecia indicar que o desejado processo de modernização não seria fácil. Um ano depois da publicação de *Raízes do Brasil*, veio o golpe de 1937. O espectro do autoritarismo tornou-se realidade. Dois anos depois, teve início a Segunda Grande Guerra. O Brasil entrou definitivamente para a órbita de influência dos Estados Unidos. Em 1941, Sérgio foi convidado a visitar aquele país. Trouxe de volta uma batelada de livros.

Para os interessados nos problemas nacionais havia, na década de 1930, vários livros novos nascidos das perplexidades do presente e das reflexões sobre o passado. Dentre estes, destacaram-se cinco livros, de abordagens bastante diversas, que viriam a exercer uma poderosa influência no pensamento brasileiro. Cada um, a

216 BRASIL: HISTÓRIA, TEXTOS E CONTEXTOS

sua maneira, parecia responder questões que preocupavam o povo letrado: Gilberto Freyre publicava *Casa-grande e senzala*, em 1933, e *Sobrados e mucambos*, em 1936. *Evolução política do Brasil*, de Caio Prado Jr., apareceu em 1933, e na mesma época veio à luz a terceira edição do primeiro volume de *Populações meridionais*, de Oliveira Vianna, cuja primeira edição datava de 1920. *Raízes do Brasil*, de Sérgio Buarque de Holanda, surgiu em 1936. O livro de Oliveira Vianna encontrou grande receptividade na época entre o público conservador, mas, com o passar do tempo, foi perdendo sua força, ao passo que os demais continuaram a ser lidos e apreciados até hoje.

A década de 1920 fora um período de introspecção nacional. Criara oportunidade para novas interpretações do Brasil. Definindo sua experiência, Sérgio, referindo-se aos modernistas, anotara que a geração de 22 se encontrou e se descobriu descobrindo o Brasil.[21] *Raízes do Brasil* era um produto dessa reflexão sobre a identidade nacional e a singularidade da experiência histórica da nação. Sérgio olhava o passado para esclarecer o presente e ajudar a construir um futuro melhor. Contrariamente a outros escritores de seu tempo, como Oliveira Vianna, Paulo Prado e outros, oferecia uma visão até certo ponto otimista. Apostava no processo de modernização que identificava com a urbanização (uma das ideias que partilhava com seus contemporâneos e que sobreviveu à sua época, transformando-se em um mito manipulado pelos grupos dirigentes, sendo ainda hoje invocado a cada passo, se bem que a história viva tenha demonstrado seu equívoco). Acreditava que nossos males vinham inicialmente de Portugal, de onde herdamos a falta de coesão social, o exacerbado personalismo, a aversão ao trabalho,[22] a concepção de que o ócio importava mais que o negócio,[23] e o predomínio da emoção sobre a razão.

Dos colonizadores nos viera o espírito anárquico, a falta de "verdadeira solidariedade". A colonização no Brasil fora menos

---

21 Crônica, *Diário Carioca*, 4 fev. 1951.
22 Buarque de Holanda, *Raízes do Brasil*, p.27. Todas as demais citações de *Raízes do Brasil* correspondem à 3.ed.
23 Ibid., p.28.

SÉRGIO BUARQUE DE HOLANDA E *RAÍZES DO BRASIL* 217

obra do planejamento que do acaso,[24] nosso colonizador encarnava melhor o tipo do aventureiro do que o do trabalhador. Almejava a títulos honoríficos, posições e riquezas fáceis.[25] Nessas passagens, Sérgio inspirava-se nos estudos de psicologia baseados na crença na existência de um caráter nacional, teoria muito em voga na época.[26] Escapava, no entanto, aos seus limites estreitos. Embora generalizasse esses traços psicológicos para toda a época colonial, argumentava que outros fatores igualmente importantes haviam contribuído para a formação da cultura nacional: as condições ecológicas, o meio e o clima, as demandas do mercado externo. Não só da psicologia do colonizador tinham sido "nossas" características. Elas provinham também do tipo de colonização rural que se desenvolvera no Brasil.[27] A escravidão negra contribuíra para desmoralizar o trabalho. A "moral das senzalas" veio a imperar na administração, na economia, nas crenças religiosas.[28]

A civilização rural que os portugueses criaram no Brasil marcou a sociedade por mais de três séculos, até que a interrupção do tráfico e a Abolição viriam minar-lhe suas fundações. A sociedade agrária e a grande propriedade que a caracterizava criaram uma sociedade patriarcal, onde os vínculos biológicos e afetivos se achavam "associados por sentimentos e deveres, nunca por interesses ou ideias", sociedade na qual a vontade do "proprietário de terras não sofria réplica"[29] e o pátrio poder era ilimitado.[30] Transportada para a cidade, a população rural trouxe consigo a

---

24 Ibid., p.34.
25 Ibid., p.39.
26 Na elaboração de *Raízes do Brasil*, Sérgio fora muito influenciado pela leitura de Max Weber, tanto de *Wirtschaft und Gesellschaft* quanto de *Die protestantische Ethik und der Geist des Kapitalismus*, até ler a crítica de Tawney, *Religion and the Rise of Capitalism*, publicada em 1936, que aparece mencionada numa nota de rodapé em edição posterior. Mas, independente dessa leitura, criou seu próprio modelo, que se distancia do original por sua maior flexibilidade e historicidade.
27 Buarque de Holanda, op. cit., p.122.
28 Ibid., p.68.
29 Ibid., p.98.
30 Ibid., p.103.

BRASIL: HISTÓRIA, TEXTOS E CONTEXTOS

mentalidade típica de sua prévia condição. Daí o apreço a certas qualidades de inteligência, de imaginação, "em prejuízo do espírito prático ou positivo", o amor à cultura ornamental, o prestígio da oratória e da erudição, a incapacidade de distinguir entre o público e o privado – traços incompatíveis com os requisitos da economia moderna.[31] No período imperial, a mentalidade forjada em longos anos de vida rural invadiu as cidades e conquistou todas as profissões.[32] Transformada em braço do Estado, a Igreja caracterizou--se pelo relaxamento, a indisciplina, a revolta contra as administrações civis, situação essa que "estava longe de ser propícia à influência das virtudes cristãs na formação da sociedade brasileira".[33] Se nossa história nos legara defeitos, também nos legara qualidades, a plasticidade, a capacidade adaptativa, o espírito de aventura, a "ausência de qualquer orgulho de raça"[34] e a cordialidade.[35] Em sua aguda capacidade intuitiva, Sérgio percebia que o que parecia defeito, da perspectiva dos países mais avançados, poderia ser virtude do outro lado.

Deixando a história para trás e analisando a sociedade de seu tempo, Sérgio afirmava que, abalada durante o século XIX, a sociedade brasileira não conseguira se constituir em bases novas.[36] As soluções procuradas não lhe pareciam adequadas. Substituir os que estavam no poder nada resolveria, a não ser que essa medida fosse precedida e, "até certo ponto, determinada por transformações complexas, estruturais da vida da sociedade". Nem seria possível transformá-la através de leis e regulamentos, como alguns pretendiam. Essa ilusão nos perseguira desde os tempos da Revolução Francesa, quando Igualdade, Liberdade e Fraternidade foram ajustadas a nossa realidade, preservando-se a forma, mas perdendo-se a substância. Apesar das lições da história, continuávamos a persistir no erro. Observava ainda que caudilhismo era a negação do liberalismo, mas ambos pertenciam

---

31 Ibid., p.108.
32 Ibid., p.114.
33 Ibid., p.108.
34 Ibid., p.51.
35 Ibid., p.209.
36 Ibid., p.258.

SÉRGIO BUARQUE DE HOLANDA E *RAÍZES DO BRASIL*   219

ao mesmo âmbito.[37] Era preciso pois vencer a antítese liberalismo-
-caudilhismo, e para isso era imperativo liquidar o personalismo
e o aristocracismo sobre o qual se assentava a vida social no país e
eliminar as sobrevivências arcaicas, "a ordem colonial e patriarcal
com todas as consequências morais, sociais e políticas que ela
acarretou e continua a acarretar".[38]

Concluía que era preciso uma revolução lenta, mas "verti-
cal", que tivesse como remate a "amalgamação, não o expurgo,
das camadas superiores, "camadas que, com todas as suas faltas
e seus defeitos, ainda contam com homens de bem". Essas palavras, que Sérgio atribuía a Herbert Smith,[39] tranquilizariam talvez
os que receavam um levante popular, mas as observações que se
seguiram – embora fraseadas no vocabulário comumente usado
pelas elites brasileiras, quando se referiam às camadas subalternas – deveriam fazê-las pensar:

> Não ouso afirmar que, como classe, os operários e tendeiros
> sejam superiores aos cavaleiros e aos grandes negociantes. A ver-
> dade é que são ignorantes, sujos e grosseiros, nada mais evidente
> que qualquer estrangeiro que os visite. Mas o trabalho dá-lhes boa
> têmpera, e a pobreza defende-os de qualquer modo, contra os maus
> costumes. Fisicamente, não há dúvida que são melhores do que a
> classe mais elevada, e mentalmente também o seriam se lhes fossem
> favoráveis as oportunidades.[40]

Sérgio encontrava evidências de que esse processo já estava
em curso nos acontecimentos do Chile e do México. Mas temia a
reação conservadora. Ao apontar os obstáculos para a realização
da democracia no Brasil, voltava ao caráter nacional, às supostas
predisposições do povo brasileiro, a nossa falta de solidariedade,
nossa inadaptação a um regime democrático, nosso personalismo. Encontrava, no entanto, elementos que possibilitavam a

---

37 Ibid., p.264.
38 Ibid., p.265.
39 Smith, autor do livro *Brazil, The Amazonas and the Coast*, viera ao Brasil
    e acabara residindo aqui vários anos.
40 Buarque de Holanda, op. cit., p.266-8.

220   BRASIL: HISTÓRIA, TEXTOS E CONTEXTOS

confluência dos ideais democráticos e certos "fenômenos decorrentes das condições de nossa formação nacional".[41] Entre eles, nossa repulsa a toda hierarquia nacional, avessa à autonomia do indivíduo; a impossibilidade de resistir a coisas novas, como a urbanização e o cosmopolitismo, a relativa inconsistência dos preconceitos de raça e de cor e nossa "cordialidade", que parecia combinar naturalmente com a crença na bondade humana, noção fundamental para a criação de uma democracia liberal, mas com frequência ausente da retórica liberal.

Concluía rejeitando os projetos integralistas e comunistas, mostrando como tinham sido marcados por nossa maneira de ser. O primeiro convertia-se em "lamentações de pobres intelectuais neurastênicos"; o segundo atraía os menos capazes de levar avante os princípios da Terceira Internacional, seus ideais combinavam antes com "a mentalidade anarquista" do que com a disciplina rígida de Moscou.[42] Suas últimas palavras expressavam a esperança de que um dia viéssemos a ser capazes de criar uma superestrutura que contivesse nossa realidade e dela emanasse, que emergisse de "suas necessidades específicas e jamais das escolhas caprichosas".[43] Estava implícita, nessa mensagem, que para isso era indispensável que conhecêssemos a nós mesmos.[44]

Raízes do Brasil pode ser lido como um documento para a compreensão dos problemas que se colocavam diante dos intelectuais de sua geração, um testemunho do esforço para entender a realidade brasileira como um todo para transformá-la, de tentar criar uma visão histórica adequada que lhes permitisse compreender o que se passava a sua volta. Revela, ao mesmo tempo, as mitologias e os limites de sua geração e de sua classe social, mitologias a que ele próprio renunciou em 1976, ao con-

---

41 Ibid., p.272.
42 Ibid., p.277.
43 Ibid., p.279.
44 Dois artigos de Antonio Candido referem-se especificamente a *Raízes do Brasil*. O primeiro, intitulado simplesmente Raízes do Brasil, p.135-52, foi publicado em *Teresina etc.*, e o segundo, A visão política de Sérgio Buarque de Holanda, contém vários comentários relativos ao tema e foi publicado em Candido (org.), *Sérgio Buarque de Holanda e o Brasil*.

siderar *Raízes do Brasil* um livro datado. Paradoxalmente, pondo de parte a brilhante execução desse ensaio e suas admiráveis qualidades literárias, seu enorme sucesso deveu-se à sobrevivência desses mitos entre as camadas cultas e o comprometimento sincero com as ideias democráticas na obra e na vida de Sérgio Buarque de Holanda.

A grandeza de Sérgio não reside apenas em sua obra. Está em sua voracidade intelectual, no desejo de emancipar-se de uma cultura colonial, sempre às voltas com modismos importados de nossas metrópoles, que mais servem para ocultar do que para esclarecer nossa realidade. Seu valor está ainda no desejo de lançar as bases de um pensamento crítico, de uma hermenêutica que lhe permitisse dar uma contribuição original à compreensão da história brasileira. Sua grandeza está sobretudo no sentido democrático, que o leva a antecipar a entrada do povo na história. Está também em sua capacidade de conciliar o espírito lúdico com a disciplina e o trabalho do pesquisador, refletindo sua trajetória de intelectual, de boêmio a pai de família, homem institucional e professor, sem nunca ter abdicado de sua liberdade de *homo ludens* para o qual o ofício de historiador era sobretudo um jogo de espírito. É esse espírito lúdico que perpassa sua vida e sua obra, permitindo-lhe escapar ao academicismo estéril e triste. Espírito lúdico que se manifesta de mil maneiras, no prazer de procurar a expressão perfeita, no prazer estético de um poema, no prazer de vasculhar bibliotecas e livrarias e de explorar um documento setecentista, o prazer de contar histórias, o prazer da convivência com amigos, o prazer da irreverência, o prazer de pensar, enfim, o prazer de viver.

GLOBALIZAÇÃO E REFORMA UNIVERSITÁRIA: A SOBREVIVÊNCIA DO MEC-USAID*

Ouve-se falar por toda parte que o sistema educacional brasileiro está em crise. O magistério assiste impotente às transformações introduzidas no ensino primário, secundário e superior, que, se resultaram no aumento das matrículas, também causaram a deterioração do ensino em todos os níveis. Os governos continuam a legislar sobre educação, sem dar ouvidos a críticas e sugestões vindas de organizações representativas do magistério, que são as mais capacitadas, por sua experiência, para fazê-las. Quando estas tentam intervir em favor do magistério, sua intervenção é ignorada e maliciosamente caracterizada como corporativismo.

Os estudos mais recentes atribuem as reformas educacionais à hegemonia mundial do projeto neoliberal, a partir dos anos 1980, o que é apenas em parte verdadeiro. Quando examinamos as modificações introduzidas no setor de educação nos últimos anos, verificamos uma grande semelhança com o projeto MEC-Usaid dos anos 1960, hoje quase esquecido. À semelhança do projeto MEC-Usaid, as reformas atuais refletem uma orientação eminentemente tecnológica, privatizante, pseudodemocratizante,

---

* Publicado originalmente em *Trajetórias e perspectivas da formação de educadores*.

224 BRASIL: HISTÓRIA, TEXTOS E CONTEXTOS

economicista, em suma, que subordina a educação aos interesses do "mercado". Vale a pena, portanto, tentar recuperar essa experiência do passado e refletir sobre sua permanência no presente. Cabe lembrar que em 1967-8 a universidade brasileira foi agitada por discussões sobre a reforma da universidade proposta pelo governo militar. O projeto aprovado pelo governo e assinado pelo ministro da Educação, Tarso Dutra, foi amplamente divulgado e discutido e encontrou séria oposição nos meios universitários, onde ficou conhecido como projeto MEC-Usaid, em virtude de os trabalhos preliminares terem sido elaborados por uma comissão de especialistas em educação, composta de professores brasileiros indicados pelo Ministério de Educação e Cultura e americanos indicados pela United States Agency of International Development (Usaid). O projeto resultara de uma série de acordos entre a Usaid e o Ministério de Educação (MEC), visando à reforma do ensino nos vários níveis, desde o primário até o ensino superior, incluindo o ensino agrícola e veterinário e a formação de professores do ensino médio, além de um convênio entre a Usaid, o MEC e o Sindicato Nacional dos Editores de Livros (SNEL) e a Comissão Coordenadora da Aliança para o Progresso (Cocap) para a compra e distribuição gratuita de 50 milhões de livros didáticos e técnicos, nas escolas públicas, no prazo de três anos. Como seria impossível cobrir assunto tão vasto e complexo em seus vários aspectos no tempo que dispomos, concentrarei minhas observações no problema da universidade.

O grande número de convênios MEC-Usaid levanta várias questões: que interesse teriam os Estados Unidos nesses projetos? Seriam eles simplesmente frutos de uma política de boa vizinhança? Por que, contando o Brasil com tantos educadores competentes, o governo brasileiro considerou necessário recorrer a essa colaboração dos Estados Unidos? Por que acolheu as diretrizes propostas nesse projeto e continuou seguindo essas normas até nossos dias?

Um exame da política norte-americana pós-guerra permite entender as motivações da Usaid nessa e em outras parcerias. Terminada a Segunda Guerra Mundial em 1945, os Estados Unidos passaram a consolidar sua posição hegemônica. As nações europeias, dizimadas pela guerra, não estavam em condições de

GLOBALIZAÇÃO E REFORMA UNIVERSITÁRIA... 225

competir com o poder econômico e militar dos Estados Unidos. O Japão fora derrotado. A China encontrava-se desorganizada pela revolução que acabou por levar os comunistas ao poder em 1949. A única nação que ainda poderia disputar essa hegemonia era a União Soviética. A partir de então, o governo americano orientou sua política externa no sentido de expandir seus mercados e sua área de influência no mundo. Iniciava-se assim, sob o governo Truman, a Guerra Fria, período que se caracterizou por enfrentamentos constantes entre Estados Unidos e União Soviética, em várias partes do mundo, culminando na queda desta em 1990. Na luta para conquistar a hegemonia, os sucessivos governos americanos viram na educação um dos instrumentos para alcançar seus objetivos.

No discurso inaugural no ano de 1949, Truman incluiu o chamado Ponto Quatro: um audacioso programa que visava, entre outras coisas, difundir conhecimento científico, industrial e tecnológico nos países emergentes. Inicialmente, os homens de negócio não viram com simpatia o Ponto Quatro. Ao contrário, fizeram pressão para que Truman, em vez de um projeto de ajuda a países periféricos, negociasse tratados que favorecessem os interesses privados. Durante um ano e meio, o Congresso tergiversou, mas acabou por votar 27 milhões de dólares para dar início a um programa técnico, em conjunto com as Nações Unidas.[1] Foi a partir de então que se fizeram os primeiros contatos visando estabelecer uma colaboração entre os Estados Unidos e o Brasil em matéria de educação.

Nos anos que se seguiram, a rivalidade entre os dois blocos, Estados Unidos e a União Soviética, foi crescendo. A vitória dos comunistas na China em 1949 e o sucesso da Revolução Cubana dez anos mais tarde contribuíram para aumentar as tensões. A partir de então, todos os movimentos revolucionários ou reformistas no mundo passaram a ser vistos como conspirações movidas pelo comunismo internacional. Diante da ameaça, os Estados Unidos procuraram estreitar laços com países da América Latina, mediante projetos de desenvolvimento patrocinados pelo Inter-American Development Bank (Banco Interamericano

---

1 LaFeber, *America, Russia and the cold war: 1945-1990*, p.80.

226   BRASIL: HISTÓRIA, TEXTOS E CONTEXTOS

de Desenvolvimento), criado em 1957, e pela Aliança para o Progresso, de iniciativa do presidente John Kennedy. A contrapartida do auxílio econômico e cultural era a assistência militar com a qual os Estados Unidos pretendiam garantir a segurança do hemisfério. Com esse objetivo, a Agency for International Development (AID) financiava, por exemplo, o treinamento de policiais latino-americanos na Carolina do Norte, no Forte Bragg e na Escola das Américas, no Panamá. Consciente da força das ideologias, o governo americano empenhara-se em expandir a influência cultural dos Estados Unidos. É a partir desse quadro internacional que se podem entender os vários convênios que resultaram no chamado projeto MEC-Usaid.

A proposta de colaboração entre os Estados Unidos e o Brasil no setor da educação data dos anos 1950, bem antes da onda neoliberal que invadiu o país trinta anos depois. No entanto, provavelmente pela resistência de alguns setores nacionalistas, essa parceria só veio a fruir plenamente depois que os militares assumiram o poder em 1964 e resolveram aproximar-se definitivamente dos Estados Unidos, pondo fim aos pruridos nacional--desenvolvimentistas de uns e aos sonhos socialistas de outros. O governo militar abandonou os projetos de desenvolvimento autônomo seguido por seus predecessores e optou por um desenvolvimento associado, comandado por grupos internacionais localizados majoritariamente nos Estados Unidos. Essa opção não foi um fato isolado. Ao golpe militar no Brasil sucederam-se outros na América Latina que obedeceram à mesma orientação. Foi nesse contexto que se procurou implantar no Brasil os projetos resultantes dos acordos MEC-Usaid.

A conjuntura histórica era muito favorável à reforma das universidades. As transformações econômicas ocorridas no país desde a Era Vargas haviam contribuído para tornar obsoleta a estrutura universitária vigente, que não conseguira acompanhar o ritmo daquelas mudanças. À medida que os pressupostos nos quais se assentavam os componentes da escola tradicional deixaram de existir, tendo se modificado as aspirações dos grupos dominantes, a universidade tornara-se anacrônica aos olhos de muitos. Não só quanto ao conteúdo do ensino, como também quanto ao padrão de organização escolar.

GLOBALIZAÇÃO E REFORMA UNIVERSITÁRIA... 227

Criada nos anos 1930, a universidade brasileira reunira um conjunto de faculdades e institutos, alguns datando do século XIX e outros organizados posteriormente, como a Faculdade de Filosofia de São Paulo, que datava de 1934. Até então, o limitado desenvolvimento industrial e o predomínio da estrutura agrária faziam que as populações não canalizadas para as atividades agrícolas fossem empregadas predominantemente no comércio, no serviço público, nas profissões liberais, nas Forças Armadas ou na Igreja. Apenas uma pequena parcela era absorvida pelo setor industrial.

As faculdades eram vistas como cabides de emprego. O recrutamento dos professores era feito segundo critérios paternalistas de clientela. A maioria via no ensino superior uma atividade secundária, um meio de obter *status*. A formação científica não constituía requisito essencial. As aulas, com raras exceções, caracterizavam-se por seu caráter livresco. O professor qualificava-se pelos dons de oratória, considerava-se habilitado a exercer várias atividades didáticas ao mesmo tempo e lecionava matérias as mais diversas. Importante estilo de pensamento dominante nos países europeus, o ensino superior não estimulava o pensamento criador, contentando-se em reproduzir conhecimentos, deixando em um segundo plano as preocupações com a pesquisa. Abertas aparentemente a todos, as universidades, de fato, recrutavam alunos entre as categorias privilegiadas. No dizer de Lévi-Strauss, até então a cultura fora uma distração de ricos. Com raras exceções, a universidade era expressão dessa realidade, os currículos visavam menos à formação científica que à bacharelesca.

Essas condições começaram a mudar a partir dos anos 1930. Os líderes da revolução atribuíam à educação um papel fundamental na transformação da sociedade, imaginando promover a renovação do país pela mudança da consciência nacional. Pleiteavam uma nova política educacional, a liberdade de cátedra, a instituição de concursos para o preenchimento de cargos. Reivindicavam a democratização da cultura, recomendando a gratuidade do ensino como meio de alcançá-la. Na prática, no entanto, não chegaram a abandonar o conceito de cultura como privilégio de elite.

228 BRASIL: HISTÓRIA, TEXTOS E CONTEXTOS

As mudanças ocorridas no país entre 1930 e 1964 – o desenvolvimento industrial, o crescimento da população, o processo de urbanização e o crescente envolvimento do capital estrangeiro em nossa economia – trouxeram novas formas de pensamento, novos procedimentos no campo da investigação, visando superar o impasse do modelo econômico adotado (nacional desenvolvimentista), impasse cada vez mais evidente na diminuição da taxa de crescimento e na intensificação dos conflitos sociais e políticos. Tudo isso levou à maior preocupação com a ciência e a tecnologia, valores que acabaram sendo transpostos para a política educacional. A partir de então, passou-se a exigir menos retórica e mais rigor científico, imprimindo à ciência, cada vez mais, uma direção nitidamente tecnológica, colocando-a a serviço dos interesses empresariais que tinham passado a desempenhar papel importante na sociedade. No entanto, pelo caráter desigual do desenvolvimento e pela influência da Igreja Católica, permaneceram na sociedade setores resistentes às mudanças, que continuaram a defender valores herdados do passado.

É nesse contexto que se podem compreender as diretrizes da política educacional dos anos 1960, presentes no projeto MEC-Usaid. A conceituação da universidade como empresa, a valorização da iniciativa privada em detrimento da formação humanística e a subordinação dos ideais de liberdade de expressão e de cátedra ao ideal de segurança nacional definido nos termos da Guerra Fria, todos esses itens estiveram presentes na política educacional do governo militar. Assim como, talvez com exceção do último item, estiveram presentes em vários projetos alternativos, apresentados na ocasião por grupos que discordavam do MEC-Usaid, mas aceitavam muitos de seus princípios, como é o caso do projeto de Darcy Ribeiro para a organização da Universidade de Brasília.

Naquela época, todos concordavam que era necessário estimular o desenvolvimento da pesquisa, que tinha sido relegada a segundo plano em favor da profissionalização que passou, em grande parte, a ser feita fora da universidade. Criticava-se também a rigidez da estrutura universitária baseada no princípio da cátedra e nos órgãos de representação a ela relacionados, o que dificultava a adaptação da universidade às transformações ocor-

GLOBALIZAÇÃO E REFORMA UNIVERSITÁRIA... 229

ridas, acarretando um desenvolvimento caótico e improdutivo. O professor universitário, interessado apenas em sua carreira pessoal, raramente orientava suas pesquisas no sentido do interesse maior da coletividade. Multiplicavam-se os estudos marcados por uma perspectiva puramente acadêmica e estéril. O individualismo da cátedra dificultava a coordenação dos trabalhos de pesquisa e a integração dos cursos. O aparecimento de novos setores de pesquisa, não previstos quando da organização dos currículos, e a necessidade de contatos interdisciplinares encontravam barreiras na estrutura universitária. Sua rigidez impedia a formação de profissionais diversificados e capacitados a se adaptarem às mudanças no mercado de trabalho, às transformações científicas e às exigências mais amplas da sociedade. Problemas semelhantes existiam em relação às atividades de divulgação e extensão, que obedeciam, em geral, mais à boa vontade de alguns professores do que a um planejamento global em razão dos interesses da coletividade. Entre os problemas da universidade, apontavam-se os baixos salários dos professores universitários, se comparados aos dos cargos de chefia nos setores industriais, o que provocava a evasão de elementos altamente qualificados. O funcionamento em tempo parcial de grande número de professores, quer por falta de verbas destinadas à contratação em tempo integral, quer porque aos profissionais de certas carreiras, como Medicina, Engenharia, Advocacia, não interessava esse regime, já que podiam auferir renda muito maior fora da universidade, era outro motivo de crítica.

Outro aspecto unanimemente condenado pelos que analisaram a crise na universidade nos anos 1960, também apontado no relatório de Rudolph Atcon, era o desenvolvimento caótico que levava a desperdícios de equipamento e ao uso ineficiente de pessoal, acarretando despesas desnecessárias e resultando em capacidade ociosa de espaço, material e pessoal. Criticava-se ainda a redundância de cursos e cadeiras. Denunciava-se o baixo índice de matrícula, o reduzido número de alunos formados e o grande número de excedentes. Em vista dos vários problemas, era opinião generalizada que a reforma da universidade era um imperativo. Restava saber que tipo de reforma.

Foi nessas circunstâncias que o governo militar baixou um decreto em 1966, que deu início à reforma universitária e fixou normas para a reestruturação das universidades federais. O objetivo expresso era utilizar de forma mais eficiente os recursos financeiros e "materiais humanos". A linguagem utilizada parecia subordinar a universidade a uma lógica de custos e benefícios, a qual, diga-se de passagem, continua a imperar em nossos dias, com resultados bastante nefastos para a educação.

Apesar de o governo brasileiro ter se comprometido a dar ampla divulgação aos convênios que estabelecera com a Usaid, que vieram a ser conhecidos como MEC-Usaid, pouco era sabido a respeito de seu conteúdo. Quando as notícias começaram a circular, a opinião pública dividiu-se entre os que os saudavam como uma importante parceria que viria ajudar o Brasil a obter fundos para a educação, eliminar o atraso das escolas e nelas implantar padrões modernos de ensino, e os que os condenavam por representar perigosa ingerência estrangeira em um assunto de importância nacional.

A recepção dos acordos não podia escapar ao clima criado pela Guerra Fria. Os que se opuseram ao MEC-Usaid foram imediatamente tachados de comunistas e agitadores; os que o apoiavam foram vistos por seus opositores como oportunistas ou entreguistas. O então deputado Márcio Moreira Alves, um dos mais eloquentes líderes da oposição, chegou a publicar em 1968 um pequeno livro, *Beabá dos MEC-Usaid*, no qual transcrevia alguns dos textos relativos aos vários convênios. No prefácio, dizia ele que a documentação que apresentava constituía "um verdadeiro beabá do imperialismo através do condicionamento de gerações".

A despeito do clima de repressão, criado após o golpe de 1964, os debates a propósito da reforma universitária originaram grande mobilização entre professores e alunos. As divergências sobre os objetivos do ensino superior, as formas de gestão e a relação da universidade com a sociedade foram temas que geraram conflitos e ressentimentos intramuros que acabaram extravasando para as ruas. As manifestações estudantis, acirradas pela violência policial, sucederam-se em um ritmo crescente. A mobilização ocorria no momento em que o governo militar se sentia ameaçado

GLOBALIZAÇÃO E REFORMA UNIVERSITÁRIA... 231

pela formação de uma Frente Ampla, integrada por Carlos Lacerda, um dos suportes da "revolução" que agora virava-se contra ela, e vários políticos afastados do poder, como o ex-presidente Juscelino Kubitschek e o deposto presidente João Goulart. A morte do presidente Castelo Branco, em setembro de 1967, em suspeito acidente de avião, aumentou a insegurança dos militares. Os protestos estudantis e as primeiras manifestações de guerrilha foram a gota d'água que provocou um segundo golpe, mais repressivo que o primeiro, cerceando ainda mais o espaço democrático e intensificando as discussões sobre a reforma universitária proposta pelo governo.

As reformas propostas pelo governo obedeciam às recomendações de Rudolph Atcon, nome que foi considerado porta-voz da comissão mista que estudava a reforma da universidade. Atcon, no entanto, não estava ligado oficialmente a ela. Em um artigo publicado em 2 de dezembro de 1966, o jornal *Folha de S.Paulo* informava ter apurado que o professor Rudolph Atcon, acusado de atuar como representante dos interesses dos Estados Unidos em assuntos educacionais na América Latina e autor de um relatório mantido em segredo pelo MEC, "é técnico de educação alemão (*sic*) radicado no Brasil há quinze anos, para onde veio a convite do prof. Anísio Teixeira para, como diretor assistente, criar a atual Capes. Não está ligado ao acordo MEC-Usaid". A notícia prosseguia observando que a comissão que estava "pondo em prática o acordo MEC-Usaid" levava em conta seu opúsculo *Reformulação estrutural da universidade brasileira*. Essa breve notícia dá bem a ideia da falta de transparência e da desconfiança que havia em torno dos trabalhos da comissão, desconfiança que ficara bem clara já no encontro realizado no dia anterior pelos reitores com os representantes da comissão, como foi noticiado pela *Folha*. O jornal também noticiava que a comissão vinha "sofrendo" críticas de diversos setores educacionais do país "e que alguns consideravam que o Brasil era autossuficiente para planejar a reforma e outros alegavam que não havia razões para buscar orientação somente nos Estados Unidos quando havia reformas bem-sucedidas na Inglaterra, Alemanha e França".

Confusão e resistência cercavam os trabalhos da comissão, e, a despeito do desmentido, Atcon acabou por ser identificado com o que veio a ser chamado de projeto MEC-Usaid para a universidade. Para isso também contribuiu o fato de ele ter trabalhado na reformulação dos sistemas universitários da Venezuela, do Chile, da Colômbia e de Honduras. No entanto, suas conexões com o projeto MEC-Usaid, que eu saiba, nunca foram esclarecidas. A publicação de seu opúsculo sobre a reforma universitária brasileira pelo MEC, em 1966, porém, esclarece muito sobre a natureza de suas ideias.

Se a um leitor desavisado eles poderiam parecer progressistas, de fato, se aplicadas promoveriam a elitização, privatização da educação e subordinação das universidades aos interesses empresariais, depois de avaliar a situação de 13 das 36 universidades federais então existentes, Atcon afirmava em seu relatório a necessidade urgente de uma reforma da estrutura universitária, apontando deficiências por todos conhecidas. Fixava, ao mesmo tempo, uma série de princípios genéricos, apresentados sob a forma de expressões vagas e indefinidas. A manobra retórica permitia conciliar na aparência intenções as mais opostas.

Uma análise do plano Atcon de reestruturação da universidade comprova o sentido específico das expressões aí empregadas, tais como: "comunidade", "reais necessidades da sociedade", "desenvolvimento econômico", e permite identificar o sentido privativista, classista, tecnicista, antinacional e antidemocrático que se oculta atrás dessas fórmulas abstratas.

Partindo do pressuposto (obviamente preconceituoso) de que o fato de o pessoal da universidade estar ligado aos cânones do serviço público era responsável por todos os vícios do sistema e origem de todos os males que recaíam sobre a universidade brasileira, o projeto Atcon sugeria como primeiríssima tarefa de reformulação universitária do Brasil a desvinculação do pessoal docente e administrativo dos canais do serviço público. Pleiteava ainda a transformação da universidade em fundação, desligada do governo e administrada por um conselho de curadores, pessoas estranhas aos quadros universitários. A intenção dessa manobra era clara: tratava-se de retirar a universidade do controle estatal para submetê-la ao controle direto dos grupos econômicos. A defesa da privatização da universidade pública estava ligada às supostas "incapacidade administrativa do Estado" e "baixa pro-

GLOBALIZAÇÃO E REFORMA UNIVERSITÁRIA... 233

dutividade" das universidades públicas. Na prática, no entanto, verifica-se que no Brasil elas foram e continuam sendo as que produziram os trabalhos de investigação mais importantes e formaram os melhores profissionais.

Atcon preconizava também a instituição do ensino pago, argumentando habilmente que o ensino deveria ser pago pelos que tinham recursos para que os menos favorecidos pudessem estudar subsidiados por bolsas. Atrás desse argumento se escondiam intuitos paternalistas, convertendo o que era direito de todos em privilégio de alguns (os que tinham a sorte de receber bolsas), transformando em caridade o que era um direito duramente conquistado, quando na realidade existia uma solução mais democrática: a taxação realmente progressiva dos bens, o que permitiria criar maior número de universidades e maior número de vagas nas escolas públicas.

A ideia de Atcon era, como vimos, transformar a universidade em empresa subordinada a um conselho de curadores que controlaria as verbas e, portanto, teria em última instância o poder de decisão. Para compor o conselho de curadores, ele sugeria pessoas "destacadas da comunidade" sobretudo entendidas de finanças como aquelas, "um grande industrial", um "destacado banqueiro", "pessoas de relevo no mundo jurídico" e "acima das considerações político-partidárias", recomendação que revela desconhecimento da dinâmica social ou má-fé. Ao lado de curadores, do reitor e do conselho universitário, Atcon colocava um administrador que, em seu dizer, deveria ser "técnico em administração, contratado de preferência na indústria", um "gerente" que traga de sua posição "hábitos estabelecidos na indústria". Para Atcon, a universidade era uma grande empresa. Tratava-se de educação em função do complexo industrial, e, dadas as conexões entre este e o militarismo, não é de se estranhar o caráter autoritário da educação proposta, muito do gosto dos militares que então governavam o país.

- Na ideologia empresarial, a educação existe para servir a empresa. Mesmo quando é apresentada como atendendo a outros fins, toda estrutura é montada para atender àquele objetivo. Os planejadores da educação, filiados a essa concepção, encaram a educação como um meio de produção, como veículo de desenvolvimento econômico, entendendo este como um processo de acumulação de riquezas por alguns setores da sociedade, o que aliás jamais é confessado. A ideologia que os inspira apresenta como idênticos os interesses do capital e do trabalho. Nessa perspectiva, os professores passam a ser vistos como força de trabalho, os alunos como matéria-prima e, quando formados, como mercadoria a ser lançada no mercado de trabalho. A frequência desses termos nos textos oficiais sobre educação denota a orientação que prevaleceu e prevalece em nossos meios.

- Para os que pensam como Atcon, "comunidade" é sinônimo de grupos dirigentes da sociedade, os que partilham dessas ideias concebem a universidade como uma fábrica de profissionais e técnicos subordinados às exigências do mercado, que é visto como senhor absoluto da sociedade. Isso significa que os grupos que tomaram o poder em 1964 abandonaram os valores humanísticos, liberais e democráticos que haviam inspirado a criação da Universidade de São Paulo em 1934.

- Pelo sistema proposto no Relatório Atcon, o Estado admite sua incapacidade e ao mesmo tempo reconhece a existência na sociedade de grupos ricos e poderosos em condições de administrar a universidade. As verbas, até então despersonalizadas nas mãos do Estado, personalizavam-se nas mãos de grupos extrauniversitários, que passavam a ter à sua disposição verbas públicas para administrar segundo seu próprio critério. A universidade que deveria servir a toda sociedade passaria a servir a grupos específicos. Ficava assim caracterizado seu caráter classista.

- Entregava-se a universidade a grupos economicamente poderosos, ligados a capitais estrangeiros, os quais, subsidiando centros de pesquisa em seus países de origem, não teriam interesse em multiplicar investimentos, dado o critério de lucratividade que os orienta. Nessas condições, é de supor que seriam preteridos projetos custosos, antieconômicos, frequentemente os mais importantes

GLOBALIZAÇÃO E REFORMA UNIVERSITÁRIA...

do ponto de vista da ciência, e os mais significativos para a maioria da população, projetos cujos ônus somente o Estado poderia suportar. Na medida em que a universidade é fator de desenvolvimento econômicos do país, teríamos mais uma vez, impostos por grupos extranacionais, limites ao desenvolvimento nacional, sob a aparência de estímulo ou ajuda.

Esses comentários sobre o projeto MEC-Usaid são aplicáveis à maioria das reformas introduzidas na universidade a partir de então. O governo militar aceitou muitas das sugestões feitas por Atcon e a universidade se transformou, embora não tão completamente quanto este teria desejado. A cátedra foi abolida e substituída por departamentos, os quais, no entanto, parecem não ter atingido os resultados que se esperava. Houve maior flexibilização nos currículos. O sistema de créditos foi mudado. O ensino pago na universidade pública ainda não foi introduzido, embora o ex-ministro Paulo Renato tenha previsto que dentro em pouco o será. Ao mesmo tempo, as universidades particulares pagas multiplicaram-se e formam hoje mais alunos do que as públicas, embora as desistências sejam muito maiores nas particulares do que nas públicas, assim como há maior número de pobres nas universidades públicas do que nas particulares, contrariamente ao que se diz. Pesquisa, ensino e extensão cultural não foram ainda dissociados completamente, mas o processo já está em curso. Finalmente, estamos na iminência de ver universidades estrangeiras funcionando no país. A insistência na subordinação aos interesses do mercado acentua-se dia a dia. As fundações multiplicam-se na Universidade de São Paulo, não obstante os protestos da Adusp. Apesar de alguns avanços nos projetos de extensão, a tendência é multiplicar os cursos pagos. Além disso, todos reconhecem que a qualidade do ensino se deteriorou, assim como deteriorou o processo de formação de professores, que foi retirado das Faculdades de Filosofia. Além disso, verbas públicas continuam a subsidiar as universidades privadas.

O espectro do MEC-Usaid continua a assombrar o país. Se os governos militares não completaram sua implementação, talvez pelas resistências que se lhe foram opostas, foi depois da

236 BRASIL: HISTÓRIA, TEXTOS E CONTEXTOS

redemocratização, já na década de 1990, sob a chamada globalização e a influência do pensamento e da prática neoliberais, que se retomou o caminho apontado na década de 1960, agora com maior vigor. Ironicamente, foi no governo de Fernando Henrique Cardoso, uma das vítimas da repressão contra a universidade da qual foi afastado pelos militares em 1969, que se renovaram as parcerias com o governo americano visando à melhoria do ensino nos termos do antigo MEC-Usaid, ao mesmo tempo que se implementavam novas medidas sugeridas pelo Banco Interamericano de Desenvolvimento, Banco Mundial e Organização das Nações Unidas.

Não cabe aqui analisar todos os passos nesse sentido, basta mencionar alguns. Brasil e Estados Unidos estabeleceram em 1997, quando da visita do presidente Clinton ao Brasil, uma parceria que foi negociada em uma série de encontros entre funcionários dos dois países pertencentes às várias agências governamentais: nos Estados Unidos, representantes do Departamento de Educação, do Departamento de Estado, da Agência de Informações, da Agência para o Desenvolvimento Internacional, da Fundação Nacional das Ciências e do National Endowment for the Humanities. Representavam o Brasil o Ministério da Educação, o Ministério das Relações Exteriores, da Ciência e Tecnologia e o das Comunicações. Como se pode ver pelo número e importância das instituições envolvidas, tratava-se de uma grande operação.

O documento que formalizou a parceria estabeleceu um amplo programa de ações específicas a serem desenvolvidas nos próximos anos em cinco áreas privilegiadas.

- Os dois governos comprometeram-se a estabelecer um diálogo com o setor privado visando a uma série de medidas para o uso de tecnologia nas salas de aula e avaliação de seus resultados para o aprendizado, expandindo simultaneamente a colaboração para o desenvolvimento da internet. Visavam ainda examinar maneiras de ligar alunos e professores dos dois países.
- Ficou estabelecido que os dois países trabalhariam na construção de um sistema estatístico e de indicadores

GLOBALIZAÇÃO E REFORMA UNIVERSITÁRIA... 237

relativos à educação e procurariam criar um diálogo visando à melhoria dos métodos de aprendizado da leitura e da Matemática no ensino de primeiro grau. Consta ainda do protocolo definir *standards* para uma educação descentralizada.

• Os signatários do acordo comprometeram-se a trocar informações sobre a melhor maneira de formar professores e administradores escolares e enfatizaram a autonomia das escolas nas decisões escolares, a melhoria do ensino e aprendizado das ciências, bem como a criação de um programa de intercâmbio entre professores dos dois países. Promove-se ainda a conexão entre as universidades brasileiras e as americanas.

• Os dois países concordaram em estimular o envolvimento na educação dos setores de negócios, a comunidade e a família, a fim de melhorar o ensino local. Afirma-se que ambos os setores empresariais, o americano e o brasileiro, estão cada vez mais engajados em "promover a melhoria da educação".

• Em outubro de 1999, a parceria foi renovada e expandida pelo ministro Paulo Renato Souza, principal artífice da política educacional do governo Fernando Henrique Cardoso, estendendo-se até 2002. Em maio de 2000, os Departamentos de Educação dos Estados Unidos e do Brasil assinaram uma carta de intenções em São Paulo estabelecendo um Consórcio para a Parceria na Educação Superior, dando sequência à parceria estabelecida em 1997.

Completando o que fora iniciado pelo MEC-Usaid e orquestrado mundialmente pelo Bird, o Banco Mundial, as agências da Organização das Nações Unidas[2] e o governo Fernando Henrique

---

2 Sobre o assunto, veja Silva Júnior, Mudanças estruturais no capitalismo e a política educacional do governo Fernando Henrique Cardoso. *Educação & Sociedade*, p.203-35; Dourado, A reforma do Estado e as políticas de educação superior no Brasil dos anos 90. *Educação & Sociedade*; e Moraes, *Ensino superior no Brasil: balanços e perspectivas a partir de 2003*.

Cardoso, mediante um sistema de parceria, colocaram mais uma vez a educação brasileira em mãos de técnicos e especialistas estrangeiros, os quais em sua maioria conhecem apenas superficialmente os problemas brasileiros e partem de uma experiência baseada em uma cultura e em uma sociedade diferentes da nossa, quando existem no país pessoas mais qualificadas para identificar nossos problemas e indicar soluções. Isso é tanto mais grave quando se sabe que o sistema educacional dos Estados Unidos também necessita de reformas urgentes. Lá, como aqui, as tendências têm sido a privatização das escolas, desenvolvimento da tecnologia e da ciência em detrimento de outras áreas de conhecimento, e o objetivo principal da educação é a formação de técnicos para servir aos interesses das corporações. No entanto, é preciso salientar que, nos Estados Unidos, o governo continua a fornecer escolas públicas gratuitas e universidades públicas relativamente acessíveis a quase toda a população, e continua também a subsidiar instituições públicas (e privadas) que se dedicam ao desenvolvimento de pesquisa científica avançada.

O destino da educação em nosso país é uma questão muito importante para ser deixada às discussões intramuros e às decisões ministeriais. De fato, é uma questão da qual depende o futuro da nação e dos que vivem nela. Precisamos de um debate nacional que envolva a participação de estudantes e professores de vários níveis, bem como outros setores interessados, a fim de que possamos definir democraticamente as reformas necessárias e as formas de parceria que nos interessam.

SUCESSOS E FRACASSOS DO MERCADO COMUM CENTRO-AMERICANO: DILEMAS DO NEOLIBERALISMO*

Criado nos anos 1950, sob a égide da Cepal e das ideias desenvolvimentistas, o Mercado Comum Centro-Americano floresceu na década seguinte. A região assistiu à diversificação da produção, ao desenvolvimento industrial e ao aumento das exportações. Sua dependência em relação aos Estados Unidos diminuiu. No final dos anos 1960, o modelo de desenvolvimento adotado apresentava sinais de esgotamento. A economia regional foi abalada pelas crises do petróleo e pelos movimentos revolucionários que varreram a região. Quando a instabilidade política arrefeceu, cogitou-se dar nova vida ao mercado comum, sob a influência do Consenso de Washington. A política econômica neoliberal beneficiou alguns setores, mas aumentou as disparidades sociais, a vulnerabilidade da economia e a dependência.

A posição do governo americano propondo a criação da Área de Livre Comércio nas Américas (Alca) levanta problemas específicos para os mercados regionais da América Latina, como

---

* Publicado originalmente em 2005 em *Projeto História*, p.91-108. Este artigo foi baseado na conferência proferida na abertura do V Congresso Brasileiro de História Econômica, realizado concomitantemente ao VI Congresso Internacional de História das Empresas, Caxambu, 7 set. 2003.

o Mercado Comum Centro-Americano, pois muitas das medidas recomendadas agora entram em conflito com as adotadas quando de sua criação. Uma avaliação histórica do funcionamento do Mercado Comum Centro-Americano tem, portanto, um especial interesse para nós.[1] As vicissitudes do Mercado Comum Centro-Americano, desde o momento de sua criação, oferecem um guia importante para aqueles que hoje tentam desenvolver experiências análogas em outros lugares. Dado seu limitado campo geográfico, restringindo-se aos países da América Central, ele possibilita examinar mais facilmente as dificuldades que tentativas semelhantes, em outras regiões, de economia mais complexa da América Latina e do mundo, poderão vir a enfrentar.

Fontes, bibliografia e historiografia

Um levantamento bibliográfico preliminar e inevitavelmente incompleto revela uma concentração de estudos em dois períodos: o primeiro cobre os anos que vão de sua fundação, durante a fase desenvolvimentista, sob a orientação da Cepal, até a aparente desintegração do Mercado Comum nos anos 1970. Depois de um hiato de quase dez anos, de 1980 a 1990, quando as tentativas de criar um mercado comum na região pareciam ter sido abandonadas, segue-se um segundo período, a partir dos anos 1990, já sob influência da nova reestruturação econômica, que levou o timbre do chamado Consenso de Washington e do neoliberalismo. Nessa última década, isto é, nos anos 1990, houve uma pletora

---

1 As principais fontes para o estudo do Mercado Comum Centro-Americano encontram-se, principalmente, na Central American Joint Planning Mission, Sieca, Agency for International Development (AID-Usaid), Institute for Latin American Integration, The Latin American Economic Data Bank, Statistical Year Book of Foreign Trade, World Bank, Unctad, e nos Anuários Estatísticos publicados pela Sieca, aos quais se somam os estudos patrocinados pela Fundação Centro-Americana para a Integração (FCI) ou pela Flacso, bem como trabalhos publicados pela Economic Commission for Latin America and the Caribbean. Eclac, Cepal.

SUCESSOS E FRACASSOS DO MERCADO COMUM... 241

de investigações, muitas das quais originadas na América Central e provenientes principalmente de Costa Rica.

O declínio da produção acadêmica e do debate intelectual sobre a viabilidade ou inviabilidade do Mercado Comum Centro--Americano nos anos 1980 explica-se pelas tensões políticas na região, perseguições a intelectuais e pelo desmantelamento da vida universitária em vários países. Para esse declínio também contribuiu o impasse enfrentado pelo modelo tradicional de desenvolvimento para dentro (substituição de importações) diante dos ataques das políticas neoliberais, que visavam sobretudo ao livre comércio e à intensificação das exportações (desenvolvimento para fora).

Com a pacificação, a partir dos anos 1990, o tema voltou a ser discutido localmente e novas pesquisas foram divulgadas pela Cepal, Flacso (Costa Rica, Guatemala e El Salvador). As demais foram provenientes de entidades financeiras como o Fundo Monetário Internacional ou o Banco Mundial (World Bank), ou ainda oriundas de universidades e instituições de pesquisas como a Friedrich Ebert Foundation (originária da Alemanha), o Social Science Research Council e a Ford Foundation, dos Estados Unidos. A maioria dessas instituições está sediada nos Estados Unidos, Alemanha e Grã-Bretanha, países que, por seu desenvolvimento histórico na região, têm se interessado pelo assunto. Dada a diversidade de interesses que motivam as pesquisas e as diferenças ideológicas que as orientam, os trabalhos publicados oferecem um desafio a quem pretende definir os aspectos mais significativos dos processos de formação e funcionamento do Mercado Comum Centro-Americano.

A análise perfunctória das publicações revela que, apesar das tentativas de formação interdisciplinar dos pesquisadores, existem grandes dificuldades de comunicação entre os especialistas das várias disciplinas: Economia, História, Sociologia e Antropologia. A estatística e a demografia, técnicas auxiliares, complicam o quadro. O resultado é que a maioria dos trabalhos continua prisioneira das categorias profissionais tradicionais e poucos são os pesquisadores que conseguem cruzar, de maneira bem-sucedida, as barreiras existentes entre as disciplinas. Os estudos sobre assunto complexo como o Mercado Comum envolvem problemas

242 BRASIL: HISTÓRIA, TEXTOS E CONTEXTOS

que interessam aos vários campos de conhecimento e demandam o domínio de técnicas as mais diversas. Para que sejam bem-sucedidos, os estudos dessa natureza requerem a colaboração de vários especialistas. Daí a publicação de obras coletivas, reunindo economistas, cientistas políticos, historiadores, sociólogos e antropólogos. No mais das vezes, no entanto, essas obras apenas conseguem produzir discursos paralelos.

Com algumas notáveis exceções, a maioria dos trabalhos publicados oscila entre três tipos: ou são estudos institucionais que descrevem o funcionamento das várias instituições e apontam os problemas enfrentados do ponto de vista institucional; ou são pesquisas que abordam aspectos diversos: econômicos, políticos, institucionais e sociais, sem relacionar uns e outros. A esses somam-se estudos exclusivamente voltados para a economia, isolando-a de influências consideradas espúrias, como a situação política e social, migrações internas, efeitos ecológicos do processo de desenvolvimento e seu impacto negativo na economia e na sociedade, distribuição da renda, nível de emprego e poder aquisitivo das populações: aspectos que na realidade são fundamentais para a compreensão do que se passa na economia.

A falta de coordenação e integração entre os estudos desses múltiplos aspectos é complicada pelas diferenças regionais e nacionais entre os países que compõem o Mercado Comum Centro-Americano – Guatemala, Honduras, El Salvador, Nicarágua e Costa Rica – ou ainda pelo uso de dados globais (relativos às nações como um todo) e escassez de informações locais que dizem respeito à situação interna em cada um desses países, o que dificulta a análise do impacto do Mercado Comum no comércio regional.

Some-se a isso as dificuldades de acesso à documentação referente a negociações entre o Mercado Comum e o mundo exterior e suas repercussões no mercado intrarregional. É difícil avaliar, por exemplo, de que maneira as modificações introduzidas em virtude de pressões dos Estados Unidos ou da Comunidade Europeia, ou impostas por crises internacionais, provocadas pela alta do petróleo, em 1973 e novamente em 1979, ou ainda as resultantes das exigências das instituições financeiras internacionais, o FMI ou o Banco Mundial, afetaram o funcionamento do Mercado Comum.

SUCESSOS E FRACASSOS DO MERCADO COMUM... 243

A falta de uniformidade e compatibilidade cronológica dos dados estatísticos constitui outro impedimento à avaliação. Os dados estatísticos frequentemente foram colhidos nos vários países em anos diferentes e segundo critérios diversos, o que dificulta a interpretação. Assim, também, a utilização de índices nacionais globais, tais como renda/ gastos públicos sociais *per capita* (*public social expenditure per capita*), GNP (Produto Nacional Bruto, PNB) ou GDP (Produto Interno Bruto, PIB), porcentagem de pessoas vivendo abaixo do nível de pobreza, dados relativos a emprego e subemprego, é frequentemente elusiva, não permitindo a avaliação do impacto regional e local do funcionamento do mercado nos diferentes setores que compõem a sociedade.[2]

Finalmente, mesmo quando há dados mais confiáveis, há inevitavelmente divergências de interpretação resultantes de fatores ideológicos. Por exemplo, os autores estruturalistas, contrários à reestruturação neoliberal, insistem no efeito negativo que esta tem tido sobre os setores mais pobres da população, enquanto seus adeptos, que seguem a ortodoxia neoclássica, apoiando-se em dados que parecem demonstrar o contrário, tendem a negar que esses setores tenham sido prejudicados.[3]

Criação do Mercado Comum na América Central: do desenvolvimento ao neoliberalismo

Em 1974, Jeffrey Nugent, em um livro sobre a integração econômica na América Central, já registrava a criação de mercados comuns em várias partes do mundo. Além da constituição da Comunidade Europeia, ele apontava o mercado comum árabe, reunindo Egito, Síria, Iraque e Jordânia, ou da África do Leste

---

2 Veja, por exemplo, os dados relativos aos progressos na região em Cohen, Import Substitution, Economic Integration and the Development of Central America, 1950-1980. In: Cardennas; Acampo; Thorpe (orgs.), *An Economic History of Twentieth Century Latin America*, v.3, p.317.

3 Essa tensão nota-se, por exemplo, na resenha The Ticos: Culture and Social Change in Costa Rica, publicada no *Journal of Latin American History*, v.32.

244   BRASIL: HISTÓRIA, TEXTOS E CONTEXTOS

abrangendo Quênia, Tanzânia e Uganda, o da África Central, reunindo Camarões, Gabão e Congo, as experiências de integração de países da África do Sul e do sul da Ásia, além de tentativas análogas no Oriente Médio, reunindo Paquistão, Irã e Turquia.[4] Tentativas de formação de áreas integradas na América Latina foram estimuladas pelas Nações Unidas, desde os primórdios de sua criação. A Latin American Free Trade Association, ou Lafta, envolvendo Argentina, Bolívia, Brasil, Chile, Colômbia, Equador, México, Paraguai, Peru e Venezuela, foi uma das primeiras iniciativas, seguida pela constituição do Grupo Andino em 1965.

As discussões sobre a necessidade de promover a integração da América Central com o objetivo de ampliar o mercado e criar condições mais favoráveis à produção e ao comércio, ampliar a autonomia da região e melhorar as condições de vida da população datam dos anos 1950. Nessa época, a América Central passou de uma abundância de divisas, acumuladas durante a Segunda Guerra Mundial, para uma crise na balança de pagamentos dada a queda nos termos externos de troca, revelando as limitações do modelo de desenvolvimento até então existente, baseado nas exportações de produtos tradicionais como o café, o algodão e bananas. A crise desencadeou a busca de novos produtos de exportação e estimulou um processo de substituição de importações, levando ao desenvolvimento de indústrias. Com esse objetivo, à semelhança do que sucedera em outros países da América, reconheceu-se a necessidade de dar incentivos fiscais à indústria, estimular a iniciativa privada, nacional e estrangeira, e desenvolver uma infraestrutura de transportes, comunicação e energia elétrica, tudo isso à custa do Estado. Promoveu-se uma reforma tarifária com o fim de proteger as indústrias locais e ao mesmo tempo aumentar a arrecadação. Visava-se a criar uma estrutura tarifária que beneficiasse a importação de insumos, maquinarias e matérias-primas necessárias ao desenvolvimento industrial. Aos trabalhadores da indústria foram estendidos minimamente os benefícios da seguridade social e ampliou-se a rede escolar.

---

4 Nugent, *Economic Integration in Central America: Empirical Investigations*.

SUCESSOS E FRACASSOS DO MERCADO COMUM... 245

Datam dessa época os primeiros esforços para integrar os estados centro-americanos, com a criação, em 1951, da Organização dos Estados Centro-Americanos (Odeca), uma instituição essencialmente política. Esta foi reforçada por uma série de tratados bilaterais de comércio livre entre as diferentes repúblicas. Estimulado pela Cepal, criou-se em 1952 o Comitê de Cooperação Econômica, integrado pelos ministros de Economia dos vários países, o qual passou a se reunir regularmente a partir de agosto de 1952. O tratado multilateral de livre-comércio foi assinado em 1958, estabelecendo uma área aduaneira comum. Na mesma data, fez-se um acordo para a integração das indústrias, provocando forte reação dos Estado Unidos, que via nele o propósito de criar empresas apoiadas pelo Estado com direitos exclusivos ao mercado.[5]

Nos anos que se seguiram, estabeleceu-se a uniformização das tarifas de importação. Finalmente, em 1960, deu-se um passo importante para a transformação de uma área, até então de livre-comércio, numa comunidade econômica. Guatemala, El Salvador e Honduras, seguidos posteriormente por Nicarágua e Costa Rica, assinaram um tratado geral de Integração Econômica da América Central, reforçado mais tarde por novo acordo sobre incentivos fiscais à indústria.

Iniciava-se assim o processo de integração regional, sob a égide da Comissão Econômica para América Latina (Cepal). Com esse objetivo, criaram-se várias instituições: o Banco Centro-Americano para Integração Econômica, o Instituto Centro-Americano para Pesquisas Industriais e Tecnológicas, localizado na Guatemala, o Instituto Centro-Americano de Administração Econômica (Sieca), o Conselho Executivo, um Conselho Monetário, composto pelos diretores do Banco Central, o Conselho Econômico Centro-Americano, reunindo os ministros de Economia de todos os países etc.[6]

---

5 Irwin; Holland, *Central America: The Future of Economic Integration.*
6 Furtado, *Economic Development of Latin America: Historical Background and Contemporary Problems.*

246 BRASIL: HISTÓRIA, TEXTOS E CONTEXTOS

Resultados positivos do Mercado Comum

Criado numa época em que prevaleciam as teorias desenvolvimentistas, o Mercado Comum Centro-Americano floresceu nos anos 1960, produzindo resultados bastante positivos. Segundo Jeffrey Nugent, o comércio inter-regional do Mercado Comum Centro-Americano, que representava 5% do comércio total da região em 1950, já em 1970 correspondia a 25%. A dependência em relação aos Estados Unidos no que diz respeito às importações e exportações declinou, de 1953 a 1971, de 2/3 para 1/3 do total do comércio regional. A dependência em relação à produção bananeira e cafeicultora também declinou, de 80% que ela representava nas exportações em 1953, para cerca de 40% em 1968-9. Durante esse mesmo período, a porcentagem de produtos manufaturados cresceu de pouco mais de 10% do GDP para 25%.[7]

Vários tipos de produtos não tradicionais foram incorporados à exportação, como flores, vegetais, camarões, produtos minerais e outros. A porcentagem de produtos agrícolas no GNP passou em 37,9% em 1953 para 28% em 1968, enquanto a participação da indústria cresceu de 11% em 1959 para 16,5% em 1968, e 25% em 1980, empregando 1/5 da força de trabalho. Tudo parecia indicar que as políticas desenvolvimentistas de substituição de importações e o Mercado Comum Centro-Americano estavam beneficiando os países da América Central, a despeito da óbvia desigualdade na distribuição dos benefícios entre os países de renda nas camadas superiores, gerando tensões que levariam à desestabilização da política regional. Essas desigualdades contribuíram para desencadear uma década de tensões, confrontos e revoluções, que abalaram principalmente a Nicarágua, El Salvador e Guatemala, deixando atrás de si um saldo de destruição e milhares de mortos.

A derrubada do presidente reformista Jacob Arbenz, na Guatemala, em 1954, na qual os Estados Unidos desempenharam importante papel, e a guerra civil que a sucedeu, que durou mais de trinta anos nesse país; o confronto militar entre Honduras e El

---

7 Cohen, op. cit., p.316.

Salvador, em 1969, a luta de guerrilhas nesse país; e, finalmente, a Revolução Sandinista na Nicarágua (1979) e a guerra dos *contra*, que acabou por derrubar o governo revolucionário em uma eleição que teve lugar em 1990, todos esses confrontos militares afetaram negativamente a economia da região e contribuíram para o desmantelamento do Mercado Comum.

Já nos anos 1970, no entanto, o Mercado Comum Centro--Americano começara a mostrar os primeiros sinais de esgotamento. Entre 1960 e 1978 ele apresentara um crescimento anual de 6% ao ano. Mas, em 1982, os dados foram negativos. A inflação, que inicialmente fora negligenciável, crescera paralelamente ao déficit, que passou de 3,8% do PIB em 1977 para 9,3% em 1984. O serviço da dívida chegara a 1,8 bilhão de dólares por ano, parte do qual se destinava a pagar os juros relativos à dívida externa, que na época já montava a 15 bilhões de dólares contra 2,4 bilhões em 1977. O valor do comércio inter-regional declinou. Em 1985, ele correspondia a menos de 40% do que fora em 1981, e o *per capita* regredira aos níveis de 1960.

Entre as várias causas desse fracasso, apontam-se primeiro a existência de um regime de privilégios e o protecionismo que geraram um ineficiente sistema de produção; segundo, a excessiva dependência na importação de insumos, criando um desequilíbrio na balança comercial; terceiro, a queda dos preços dos produtos exportados, à qual se poderia acrescentar a alta dos produtos importados, tais como matéria-prima, maquinarias, inseticidas e fertilizantes; quarto, as políticas financeiras e o desequilíbrio dos termos do câmbio; quinto, o crescimento da dívida, ao que se poderia adicionar o impacto negativo do conflito militar e da fuga de capitais nos anos 1980.[8]

A esses fatores deve-se acrescentar que o desenvolvimento econômico anterior só fora possível graças ao estrito controle dos salários e à superexploração da força de trabalho, o que agravou a desigualdade social.

Em um estudo sobre Costa Rica, Andrew Zimbalist observa que o sucesso das exportações foi mais aparente do que real, porque a utilização da terra para produtos exportáveis levou ao

---

8 Irwin; Holland, op. cit.

abandono dos produtos básicos de alimentação, que passaram a ser importados, onerando as camadas subalternas, que ficaram assim duplamente exploradas. Observa ainda que o sucesso da Costa Rica na exportação de arroz para os Estados Unidos provocou políticas retaliatórias por parte desse país, forçando os produtores daquele país a buscarem outros mercados.[9] Fenômeno semelhante ocorreu em outros países da América Central em relação a produtos de exportação como o açúcar e a carne.

Durante a chamada década perdida, isto é, os anos 1980, o relativo *boom* que o incipiente Mercado Comum exibira na década de 1960 cedeu lugar ao desmantelamento do que até então fora construído. Esse período assistiu também, como vimos anteriormente, a um declínio da produção intelectual sobre o Mercado Comum. As atenções voltaram-se para os acontecimentos políticos, que inevitavelmente passaram a ser avaliados dentro da polarização leste-oeste característica dos paradigmas originados pela Guerra Fria.

Emergência das políticas neoliberais e o futuro do Mercado Comum

Com a pacificação regional, houve um renovado interesse por parte dos governantes em recriar o Mercado Comum, mas agora em bases novas. Abandonaram-se os esquemas da primeira fase, que enfatizavam o papel do Estado, a industrialização, a substituição das importações e o mercado interno. Em seu lugar adotaram-se políticas neoliberais, que priorizam as exportações. O livre-comércio e a iniciativa privada reduziram a interferência do Estado na área econômica e na área social (relações de trabalho, saúde, educação, legislação trabalhista), de acordo com o ideário neoliberal implantado desde os anos 1980 por Margareth Thatcher na Inglaterra e Ronald Reagan nos Estados Unidos e adotado em vários países desde então.

---

9 Irwin, Costa Rica. In: Paus (org.), *Struggle against Dependence: Non--Traditional Export Growth in Central America and the Caribbean*, p.21-40.

Essa mudança de orientação econômica criou problemas novos, provocando um grande debate, que se prolonga até hoje, sobre o futuro do Mercado Comum Centro-Americano e suas possibilidades de sobrevivência.[10] Pergunta-se até que ponto as políticas neoliberais são compatíveis com os princípios que regeram a integração econômica da América Central. Discute-se como corrigir as distorções de seu funcionamento resultantes da desigualdade na distribuição dos benefícios e ao mesmo tempo evitar os problemas criados pelos impactos negativos desse novo tipo de desenvolvimento na população e no meio ambiente.[11]

Inicialmente, o propósito da criação de mercados comuns, como vimos, fora estimular o desenvolvimento, a independência, a autonomia e a soberania das várias nações envolvidas, assim como resolver problemas econômicos e sociais que afetavam países que se conceituavam como subdesenvolvidos. O novo estilo de política econômica favorável ao livre-comércio e às exportações baseada em vantagens comparativas ameaça a integração econômica em nível regional, torna as nações mais dependentes do exterior, põe em risco sua autonomia e soberania e agrava ao mesmo tempo os problemas sociais, causando ainda sérios danos ecológicos. Isso fica claro quando examinamos o que se passa na América Central hoje.

Medidas de reestruturação e seu impacto na sociedade: índices de pobreza

Medidas de reestruturação adotadas nos últimos anos nos países da América Central têm tido impactos negativos sobre setores da população, como provam estudos sobre o crescimento do desemprego, do subemprego e da pobreza.

Os índices de pobreza nos países da América Central são realmente espantosos, se bem que algumas estatísticas demons-

---

10 Bulmer-Thomas, *Reflexiones sobre la integración centro-americana*.
11 Barry, *Roots of Rebellion: Land and Hunger in Central America*. Ver ainda Bulmer-Thomas; Funkhouser; Sáinz.

trem que o índice de pessoas abaixo do nível da pobreza decresceu um pouco. Entre 1992 e 1996, na Guatemala, ele passou de 79% a 73% da população; em Honduras, de 79% a 75%; em El Salvador, no entanto, o índice permaneceu o mesmo, por volta de 43% da população; e na Nicarágua aumentou de 43% para 62% da população. Bulmer-Thomas registra uma queda de 5% no PIB *per capita* ao ano entre 1981 e 1989.[12] Os dados revelam uma estreita conexão da pobreza com a dinâmica do mercado de trabalho.[13] Por outro lado, contrariamente ao que se verifica no passado, os índices de pobreza são mais altos nas zonas urbanas do que nas rurais.[14]

Força de trabalho

Em seu estudo sobre mercado de trabalho, reestruturação e pobreza na América Central, Edward Funkhouser e Juan Pablo Pérez Sáinz chegaram à conclusão de que houve uma dinamização do mercado de trabalho nos países que intensificaram o comércio de exportação, com exceção da Nicarágua, fenômeno atribuído à falta de financiamento nesse país.[15] Também foi observada absorção de mão de obra no setor exportador e declínio no setor público e outro setores.

De fato, na Guatemala, os novos produtos agrícolas de exportação (flores, vegetais de inverno para o mercado americano, por exemplo) absorveram de 50% a 300% mais mão de obra do que as atividades agrícolas tradicionais. Na Costa Rica, o número de trabalhadores em *maquiladoras* (fábricas de montagem de peças

---

12 Funkhouser; Sáinz (orgs.), *Centroamérica en reestructuración. Mercado laboral y pobreza en Centroamérica: ganadores y perdedores del ajuste estructural*; Sáinz, *Globalización y fuerza laboral en Centroamérica*.

13 Bulmer-Thomas, *A Long Run Model of Development for Central America*; Id., *Studies in the Economics of Central America*; Id., *The Political Economy of Central America since 1920*; Bollin, *Centroamérica: situación y perspectivas del proceso de integración a finales de los 90's*.

14 Funkhouser; Sáinz, op. cit., p.309 ss.

15 Ibid., p.276.

ou roupas) passou de 5.600 em 1982 para 46.100 em 1990, e, na Guatemala, entre 1986 e 1994, aqueles passaram de 5.689 para 54.274. Nesse sentido, a globalização e a reestruturação teriam tido efeitos positivos na geração de empregos no setor exportador. No entanto, esse fenômeno não se reproduziu em outros setores. Contrariando essa tendência, o setor público, como vimos, demonstrou em vários países uma perda bastante notável de trabalhadores, embora o impacto tenha sido diverso, conforme os países. Na Guatemala e em Honduras, onde não se aplicaram medidas visando a reduzir os gastos públicos e a favorecer a privatização, isso não se deu, enquanto em El Salvador, Costa Rica e Nicarágua a redução do setor público foi mais dramática. A situação mais grave, como era previsível, verificou-se na Nicarágua, em virtude do desmantelamento do Estado sandinista e, consequentemente, do setor público.

Desemprego. Aumento do setor informal. Migrações internas e participação das mulheres

Por outro lado, uma análise do setor informal, que, em geral, funciona como válvula de escape em momentos de retração do mercado de trabalho, demonstrou que, se na maioria dos países ele tendeu a crescer, na Nicarágua ele atingiu um nível de saturação tal que foi incapaz de absorver mão de obra deslocada de outros setores, resultando no aumento das taxas de desemprego ou na migração da mão de obra para outras regiões, principalmente Costa Rica. Em El Salvador, o emprego informal foi o fenômeno mais notável em termos da reestruturação do mercado de trabalho nas áreas urbanas.[16] Na Costa Rica, o setor informal teve menor peso. O setor de subsistência apresenta, em geral, perda de trabalhadores.

As pesquisas também revelaram que, com exceção de Guatemala, onde o desemprego parece ter diminuído (o que talvez se explique pelo grande número de pessoas mortas na guerra civil),

---

16 Ibid., p.292.

BRASIL: HISTÓRIA, TEXTOS E CONTEXTOS

e na Nicarágua e Costa Rica, onde o desemprego aumentou, ele estacionou nos demais países. O valor desses dados, no entanto, é prejudicado pelas migrações internas e pela informalização. Registrou-se também em todos os países um aumento notável da participação de mulheres na força de trabalho, bem como um crescimento da escolaridade da força de trabalho. A incorporação de mulheres, entretanto, não resultou na superação das desigualdades estruturais de gênero que caracterizavam a força de trabalho.[17]

Salários

Quanto aos salários, houve uma deterioração geral no setor de subsistência e no setor público. Mesmo nos setores mais dinâmicos não parece ter havido melhoria. Em um livro publicado em 1998 verificou-se que, na quase totalidade dos países, os ingressos (ganhos/salários) continuaram comparáveis aos da década de 1980.[18] Os autores concluíram que, apesar de algumas melhorias setoriais, a globalização, contrariamente ao que eles esperavam, não gerou de maneira automática ganhadores entre os trabalhadores. Talvez o resultado mais dramático tenha sido o aumento dos índices de pobreza, em alguns países, o que põe em questão os esforços de reestruturação regional e as tendências a estimular a exportação em detrimento de políticas anteriormente voltada para o mercado interno.

A deterioração dos ingressos (ganhos/salários) levou à crescente integração de membros da família ao mercado de trabalho, daí a maior participação das mulheres. Simultaneamente, as oportunidades de emprego diminuíram drasticamente. O desemprego e as migrações em busca de emprego em outros mercados de trabalho se intensificaram e representam hoje um dos mecanismos mais significativos do ajuste do mercado de trabalho centro-americano, acarretando desestruturação de famílias e ocasionando outros problemas sociais.

---

17 Ibid., p.276.
18 Ibid., p.298.

SUCESSOS E FRACASSOS DO MERCADO COMUM... 253

Apesar dos esforços de alguns autores para demonstrar que é possível neutralizar as evidentes tendências à pauperização, desde que as famílias saibam aproveitar as novas oportunidades que estão emergindo, os dados estatísticos parecem lançar dúvidas sobre essa avaliação otimista, quando indicam o aumento do subemprego e do desemprego, e das migrações. Mesmo nos setores mais dinâmicos da economia, os que receberam maior número de trabalhadores, dos quais se esperava melhoria das condições de trabalho, os trabalhadores aparecem como perdedores.[19]

As expectativas de que a reestruturação imposta pelo Fundo Monetário Internacional e pelo Banco Mundial, em virtude da enorme dívida acumulada nos países centro-americanos, viesse a beneficiar a população jovem, bastante numerosa na América Central, também não se realizaram. Os dados estatísticos revelam que o ajuste não contribuiu para a maior inserção da população jovem na força de trabalho.

Os salários, como vimos, também exibiram uma tendência à deterioração. Um estudo sobre a Costa Rica mostra que a breve recuperação dos salários, entre 1983-7, não se manteve. O que colocou em dúvida a capacidade de os ajustes estruturais levarem a uma reestruturação do mercado de trabalho sem conduzir à "precarização" do emprego. Os pesquisadores que estudaram o problema consideraram provável que essa tendência venha a se tornar mais aguda em consequência da inexistência de organizações sindicais, no setor privado, e da perda da função reguladora do Estado, principalmente tendo em vista que o processo de flexibilização e as características do novo emprego gerado nos setores de ponta do novo modelo de acumulação capitalista têm sido reiteradamente apontados como precários.[20]

Uma análise do período 1989-92 indica que os setores vinculados à exportação foram os mais beneficiados, enquanto os ligados à economia de subsistência foram os mais prejudicados. Como a pobreza está ligada ao funcionamento do mercado de trabalho, as perspectivas não são muito otimistas.

---

19 Ibid., p.299.
20 Ibid., p.277.

254 BRASIL: HISTÓRIA, TEXTOS E CONTEXTOS

As medidas de reestruturação recomendadas pelo FMI e Banco Mundial são bem conhecidas. Abertura comercial, liberação de preços, eliminação de subsídios, redução do gasto público, enxugamento do Estado, promoção de exportações, privatização de empresas estatais, reforma tributária. A reação dos países a essas sugestões, no entanto, não foi uniforme. Na Guatemala, por exemplo, o governo encontrou dificuldades em implementar a reforma tributária, em virtude da resistência dos setores empresariais. No final da década de 1980, o governo foi obrigado a desvalorizar o quetzal (moeda local). O maior êxito logrado foi no setor de exportação. Os incentivos introduzidos com a mudança de legislação propiciaram um crescimento espetacular no setor das *maquiladoras*.[21]

Já em El Salvador, o processo foi mais lento quanto às privatizações e exportações. Em Honduras também houve resistências à privatização. Na Nicarágua, medidas de estabilização tinham sido implementadas pelo governo sandinista, sem a interferência das organizações financeiras internacionais. No governo de Violeta Chamorro, que substituiu os sandinistas, o ajuste se aprofundou, sob a supervisão do FMI e Banco Mundial, levando ao desmantelamento da economia mista (setor público e setor privado) implantada pelo governo anterior. Nessas condições, a reestruturação fundou-se principalmente no enfraquecimento das estruturas estatais, privatização e redução do gasto público.

A comparação da maneira como o processo de reestruturação foi implementado nos vários países demonstra que, apesar das semelhanças, esse processo se ajustou às especificidades nacionais. Em todos eles, no entanto, os resultados têm sido desastrosos para a maioria da população, enquanto uma pequena parcela usufrui dos benefícios, o que agrava ainda mais a má distribuição de renda.[22]

---

21 Ibid., p.284.
22 Consequências semelhantes aconteceram na Venezuela, onde medidas recomendadas pelo FMI e pelo Banco Mundial tiveram resultados similares, e, aparentemente, a polarização criada foi responsável pela ascensão de Chávez. Sobre isso, veja o livro de Ellner; Hellinger, *Venezuelan Politics in the Chávez Era: Class, Polarization and Conflict*.

SUCESSOS E FRACASSOS DO MERCADO COMUM... 255

Fenômeno preocupante: os trabalhadores do setor agrícola moderno, que segundo as expectativas deveriam mostrar ganhos, apresentam dados negativos, com exceção talvez da Costa Rica. Também são alistados como perdedores o setor de subsistência, o setor informal e o setor público. Note-se que grande parte da força de trabalho, como já foi mencionado, é perdedora em todos os países componentes do Mercado Comum.

Enfraquecimentos da ação sindical e redução do papel do Estado

Essa tendência foi agravada pela redução das atividades sindicais, a diminuição do número de sindicalizados, a multiplicação de sindicatos solidaristas e a resistência empresarial ao processo de sindicalização. Vários pesquisadores têm analisado como forças globais corporativas e estatais têm afetado negativamente o funcionamento dos sindicatos no México e na América do Sul. Alguns apontam os efeitos perniciosos que esse processo teve no operariado, que vem perdendo direitos conquistados a duras penas no decorrer do século passado. Para essa perda, muito contribuiu o crescimento econômico verificado nos anos 1990, com a reestruturação da economia que criou um grande número de trabalhadores excedentes, muitos dos quais foram empurrados para o setor informal ou sujeitos a procurar trabalho em outros países da América Central e fora dela (México, Estados Unidos). O desemprego e as migrações muito contribuíram para o enfraquecimento das organizações operárias.

Além disso, as empresas recorreram a várias táticas para se eximirem de suas obrigações legais, desde impedir o funcionamento de organizações operárias, ameaçando e perseguindo os operários que se envolvem nelas, até patrocinando a criação de organizações alternativas mais acomodadas. Essas estratégias não são novas, mas agora depara-se com um Estado omisso, quando não explicitamente conivente com os empresários.

A companhia bananeira Chiquita, por exemplo, que operava na Costa Rica, não só substituiu as antigas organizações operárias por organizações solidaristas, como adotou a prática de mudar

256 BRASIL: HISTÓRIA, TEXTOS E CONTEXTOS

trabalhadores ilegais, provenientes da Nicarágua, de uma planta-ção para outra, a cada noventa dias, a fim de evitar as exigências legais que protegiam os trabalhadores. Abusos frequentes foram denunciados também nas *maquiladoras* que se dedicam à produção de roupas, as quais cresceram enormemente nas últimas décadas. As exportações desse setor para os Estados Unidos passaram de 500 milhões de dólares em 1986 para 6,5 bilhões no ano 2000. O número de trabalhadores empregados nessa indústria aumen-tou proporcionalmente. Eles, no entanto, encontraram sérios obstáculos em suas tentativas de formar organizações de classe que defendam seus interesses. O sistema de subcontratação ou terceirização dificulta também o processo de trade-unionização. As firmas, embora paguem o salário mínimo exigido, deixam de pagar horas extras, pensões ou seguridade social.[23]

Enquanto os empresários adotaram novas técnicas de con-trole da força de trabalho, o Estado, que até então servira bem ou mal de mediador em caso de conflitos entre patrões e operários, assumiu uma posição neutra ou passou a tomar partido dos empresários.

As pressões resultantes do processo de globalização e as políticas promovidas pelos organismos internacionais tais como o FMI, Banco Mundial e Banco de Desenvolvimento Interame-ricano têm erodido a habilidade do Estado de definir benefícios ou implementar controle de preços e salários e, ao mesmo tempo, têm incentivado a privatização de vários setores, apesar do perma-nente esforço da parte deste para resistir. Finalmente, as mesmas instituições têm forçado os governos a estandardizar a legislação trabalhista, removendo benefícios até então existentes. Segundo um analista: "As forças externas têm levado os Estados centro--americanos a substituir a proteção do trabalhador pela promoção do empresário". Como observa um especialista que trabalha no Centro de Estudios del Trabajo em El Salvador,

o presidente anuncia que temos de melhorar nossa qualidade para competir no mercado internacional. Os empresários aqui estão

---

23 Frundt, Central American Unions in the Era of Globalization, *Latin American Research Review*, p.7-53.

SUCESSOS E FRACASSOS DO MERCADO COMUM... 257

tentando melhorar a produção e reduzir as despesas. Mas, ao invés de investir em tecnologia, procuram baixar os custos do trabalho.

As leis protetoras dos trabalhadores têm sido sistematicamente desrespeitadas. A implementação das leis trabalhistas em El Salvador é praticamente inexistente, afirma um ex-diretor do American Institute for Free Labor Development (AIFLD). Na Guatemala, pesquisas realizadas pelo Ministério do Trabalho revelam que 78% das companhias estudadas não pagavam sequer o salário mínimo.

Nessas circunstâncias, as organizações operárias divisaram outras alternativas, como a de se associar aos movimentos populares e movimentos em prol dos direitos humanos, e aliar-se a organizações sindicais internacionais, o que tem dado alguns resultados positivos notáveis.[24]

A partir da queda da União Soviética, no entanto, os recursos que eram encaminhados para as organizações operárias da América Central, quer por parte dos Estados Unidos, quer por parte de organizações europeias simpáticas ao movimento operário, foram drasticamente reduzidos. Mesmo antes que a AIFLD fosse interrompida em 1999, Dutch, French and Norvegian Labor Federation cortaram seus subsídios. Mas os laços entre sindicatos centro-americanos e organizações internacionais continuaram a crescer, como cresceu também a intervenção de ONGs. Estas, no entanto, têm se afastado das lutas operárias e se orientado principalmente para o nível assistencial. A despeito dos muitos obstáculos, o movimento operário tem adquirido uma dimensão internacional em sua luta contra o projeto neoliberal hegemônico.

Outros aspectos negativos do processo de desenvolvimento econômico da América Central, principalmente seus efeitos ecológicos, têm sido apontados.[25] Tem-se notado que a orientação para exportação acarretou o deslocamento da economia de

---

24 Id., *Refreshing Pauses: Coca-Cola and Human Rights in Guatemala*; Levenson-Estrada, *Trade Unionism against Terror, Guatemala City, 1954-1985*; Petersen, *The Maquiladora Revolution in Guatemala*.

25 Barry, *Roots of Rebellion: Land and Hunger in Central America*; Williams, *Export Agriculture and the Crisis in Central America*.

258 BRASIL: HISTÓRIA, TEXTOS E CONTEXTOS

subsistência para terras marginais, resultando em sua baixa produtividade. A produção *per capita* de milho e feijão declinou constantemente. De 1950 a 1979, a proporção *per capita* de terras dedicadas à produção de alimentos declinou de 60% para 30%. Isso, combinado com o crescimento da população, tem levado a um aumento das importações de produtos essenciais à alimentação, onerando principalmente as populações mais pobres. Não é surpreendente, portanto, que essa produção apresente consumo calórico muito abaixo dos limites recomendáveis. É preciso notar que os índices globais podem ser enganadores, uma vez que ocultam o fato de que os ricos comem três vezes mais do que os pobres e, portanto, contribuem para elevar os dados estatísticos globais. Só uma análise por grupos de renda permitira registrar plenamente o grau de subalimentação das camadas mais pobres.

Outro fator que afetou negativamente a população foi o declínio de produtos tradicionais como o algodão, que não resistiu à competição dos sintéticos e sofreu uma baixa de preços notável. O açúcar foi outro produto tradicional de exportação que foi abalado nos anos 1970 pela diminuição da demanda dos Estados Unidos, que até então absorvera boa parte da produção centro-americana. Em resposta às pressões de *lobbies* americanos, os Estados Unidos impuseram cotas na importação do açúcar da América Central. Mudanças nos hábitos alimentares em virtude do consumo crescente de adoçantes também contribuíram para a redução da demanda. Por causa da crise que afetou os produtos tradicionais, os plantadores voltaram-se para a criação de gado. Isso levou ao desemprego um grande contingente populacional, uma vez que a criação de gado requer um número menor de trabalhadores. A expansão da criação de gado aumentou o desflorestamento. Em vinte anos, cerca de 40% das florestas desapareceram, causando crescente erosão do solo.

À semelhança do açúcar e do algodão, a carne veio a sofrer as oscilações da demanda internacional. Inicialmente, 99% era exportado para os Estados Unidos, mas, a partir de 1979, *lobbies* levaram o governo americano a impor cotas na importação de carnes. Ao mesmo tempo, ecologistas mostraram-se preocupados com a presença de pesticidas na carne. Tudo isso levou à diminuição da importação de carnes da América Central.

Para neutralizar a queda no valor das exportações, os países da América Central voltaram-se para produtos não tradicionais, como vegetais e flores, que não têm mercado internamente, aumentando, portanto, a vulnerabilidade da economia regional às oscilações do mercado internacional.

Enquanto o valor dos produtos agrícolas diminuiu, o custo de fertilizantes e pesticidas aumentou. Em 1970, uma tonelada de pesticida custava 650 dólares; em 1981, passara a custar 3.150. No mesmo período, fertilizantes passaram de 58 dólares a tonelada para 230, e a maquinaria agrícola aumentou cinco vezes. O resultado foi o aumento da dívida externa. Enquanto os produtores agrícolas sofriam, as firmas estrangeiras que vendiam maquinaria, fertilizantes e pesticidas e controlavam o comércio de exportação se enriqueciam e os países se endividavam. Claramente, um modelo baseado principalmente na exportação estava criando problemas sérios para a América Central, os quais foram agravados com o custeio da dívida.

Nessas condições, o interesse pelo Mercado Comum Centro-Americano ressurgiu, pondo em questão as políticas neoliberais e a Alca.[26]

Num artigo publicado na *Folha de S.Paulo* em 2003, o economista Gilberto Dupas, do Grupo de Análise da Conjuntura Internacional da USP e presidente do Instituto de Estudos Econômicos e Internacionais, registrava que a Organização Mundial de Comércio "finalmente reconhece, pela primeira vez, em documento oficial, que a abertura econômica pode ter efeitos negativos nos países em desenvolvimento, inclusive agravando as desigualdades sociais". Dupas lembrava ainda que Joseph Stiglitz, ex-vice-presidente do Banco Mundial, agora no FMI, finalmente descobrira os efeitos perversos daquela política.[27]

Alguns livros mais recentes sobre o Mercado Comum Centro-Americano refletem o clima de crise do neoliberalismo aparente nesses comentários. Fala-se agora na possibilidade de associar as

---

26 Escaith, Los países del Mercado Común Centroamericano frente a los desafios de una Zona de Libre Comercio hemisférica. El grado de preparación macroeconómica. *Integración y Comercio*, p.41-64; Guerra, La integración centroamericana en el umbral del siglo. *Nueva Sociedad*, p.136-51.

27 *Folha de S.Paulo*, 28 ago. 2003, p.3.

260 BRASIL: HISTÓRIA, TEXTOS E CONTEXTOS

políticas de livre-comércio orientadas para exportação às que visam ao mercado interno. O melhor representante dessa corrente de pensamento e que pretende compatibilizar duas tendências aparentemente incompatíveis é o trabalho de Victor Bulmer--Thomas, *Reflexiones sobre la Interación Centro-americana.*[28]

O autor afirma que o modelo de desenvolvimento adotado foi bem-sucedido em termos de crescimento, mas falhou em termos de distribuição de renda e teve nefasto impacto ecológico, resultando na destruição de florestas, poluição de rios e lagos e exaustão do solo. Provocou ainda crescente desemprego e levou à acumulação de uma dívida enorme, que impede que se retome o desenvolvimento. Na Nicarágua, por exemplo, a dívida cresceu de 2 bilhões em 1980 para 9 bilhões dez anos mais tarde, o que representava na ocasião 27 vezes o valor das exportações naquele ano. Bulmer-Thomas acredita que a estabilização precisa ser conseguida e a inflação controlada, embora reconheça que é necessário manter o crescimento, dada a extrema pobreza na região.

É preciso lembrar, no entanto, como frisa o autor, que entre 1981 e 1989 o PIB decresceu 5% ao ano e que os déficits orçamentários, os altos níveis de inflação, os déficits na balança de pagamentos constituem problemas constantes. A liberalização desejada é um problema adicional, por causa da existência de tarifas externas comuns, estabelecidas pelo Mercado Comum. Outro obstáculo ao desenvolvimento tem sido a fuga de capitais para o exterior. Os investimentos estrangeiros diminuíram em virtude da instabilidade existente por tanto tempo na região. Apesar das tentativas de seguir uma política de estabilização e ajustamento de acordo com o novo modelo, nenhum país mostrou sinais de melhora.

Ao mesmo tempo, o desenvolvimento para fora aumentou a dependência em relação ao mercado internacional, gerou instabilidade, provocou deslocamentos de população, agravou tensões sociais, pondo em questão o modelo econômico vigente. Nessas condições, é pouco provável que as políticas neoliberais de exportação, associadas a políticas voltadas para o mercado interno, sejam capazes de produzir a retomada do desenvolvimento e a redução das desigualdades sociais.

---

28 Bulmer-Thomas, op. cit.

REFLEXÕES SOBRE A CRISE MUNDIAL*

Onze de setembro de 2001 marca o início de uma nova era. O mundo despertou violentamente dos sonhos de paz e harmonia universal prometidos quando da queda da União Soviética para se defrontar com o horror dos atentados em Nova York e Washington, onde pereceram mais de 5 mil pessoas, em sua grande maioria civis. Tratava-se de uma nova guerra, movida não por uma nação contra outra, mas por um punhado de homens desterritorializados, uma guerra não declarada, visando à população civil. Uma guerra mais cruel, se isso é possível, do que as anteriores. Não que os sinais de que uma enorme tragédia estava para acontecer estivessem ausentes. Os ataques às embaixadas dos Estados Unidos em várias partes do mundo, a queima de bandeiras nas demonstrações públicas antiamericanas no Oriente Médio, as explosões em instalações militares, os aviões sequestrados ou explodidos no ar e principalmente a tentativa frustrada, em 1993, de destruir as torres do World Trade Center eram advertências de que cedo ou tarde o terror chegaria ao território americano.

Se o povo não estava preparado para tal eventualidade, o governo estava. Sua resposta foi imediata. Enquanto a popula-

---

* Publicado em 2002 em *Memória e vida social*; publicado originalmente no *Le Monde Diplomatique*.

262   BRASIL: HISTÓRIA, TEXTOS E CONTEXTOS

ção, traumatizada e esquecida das lições da história, passada e presente, indagava perplexa as origens de tanto ódio, os dirigentes preparavam-se para a guerra. "Operação Justiça Infinita", primeiro nome escolhido no calor dos acontecimentos, evocava o Armagedon. Seria uma guerra de extermínio contra os que instigaram o ato brutal. Se os perpetradores, em sua maioria naturais do Egito e da Arábia Saudita, estavam mortos, havia outros de várias nacionalidades que possivelmente estariam envolvidos nessa ou em outras conspirações já havidas ou por haver. Anunciava-se que havia grupos terroristas espalhados por sessenta países. A guerra, portanto, prenunciava-se total e universal.

O primeiro ataque seria ao Afeganistão. Por questões de segurança, segundo se disse, não foram apresentados documentos que justificassem a escolha do alvo. Apenas afirmações de que os que atacaram o World Trade Center e o Pentágono tinham sido treinados por Osama Bin Laden no Afeganistão. Embora este negasse sua responsabilidade pelos acontecimentos, manifestara publicamente sua aprovação e aparentemente estivera envolvido em outros incidentes no passado. Iniciava-se a caçada a Bin Laden e aos talibãs que lhe haviam dado guarida e recusavam-se a entregá-lo. Em uma reversão dramática, os antigos aliados dos Estados Unidos na guerra contra a União Soviética se transformavam em inimigos; os inimigos de outrora, em aliados. O governo americano afirmou em alto e bom som que a guerra não era contra o povo do Afeganistão, mas contra seus dirigentes. Mas como evitar que as bombas atingissem a população civil? Em meio à confusão, o povo do Afeganistão, confuso e aterrorizado, veria bombas e víveres despencarem do céu.

Nos dias que sucederam a tragédia, houve nos Estados Unidos uma explosão de frases feitas. Acadêmicos, políticos e jornalistas disputavam um lugar na televisão. O consenso era quase absoluto, rompido excepcionalmente por uma voz dissonante que logo desapareceria da mídia. Dissentir passou a ser considerado antipatriótico. Silenciava-se assim qualquer crítica. No Congresso, republicanos e democratas receberam calorosamente o presidente e, a seguir, aprovaram sem discussão as medidas requisitadas pelo Executivo. O povo, nas casas e nas ruas, ostentava a bandeira

REFLEXÕES SOBRE A CRISE MUNDIAL   263

americana. A aprovação do presidente chegou a 85%, segundo dados divulgados pela imprensa.

A brutalidade do ato terrorista abalou profundamente a sociedade. Em face da insegurança provocada pelo inédito, buscou-se no passado o conforto do familiar. Falou-se em cruzada, em embate do bem contra o mal, em luta entre a civilização e a barbárie. Comparou-se a tragédia a Pearl Harbor, os talibãs aos nazistas. Às vezes tinha-se a impressão de que a luta era contra o Islã. Cidadãos americanos originários do Oriente Médio tornaram-se alvo de hostilidade por parte de setores exaltados, a ponto de o governo americano ser obrigado a alertar reiteradamente a população de que os inimigos constituíam uma facção minoritária e não representativa do islamismo. Ao mesmo tempo, no entanto, o governo determinava a prisão de mil pessoas suspeitas, provenientes do Oriente Médio, onde o islamismo é a religião predominante. Seguiu-se uma série de medidas repressivas, visando sobretudo à população imigrante em geral, autorizando-se escuta telefônica, fiscalização de e-mail, prisão de suspeitos por prazo indeterminado, rompimento do sigilo entre advogado e cliente e do sigilo bancário. Determinou-se ainda o confisco de depósitos bancários pertencentes a várias instituições que teriam ligações com os terroristas. Mais recentemente, o governo propôs a criação de tribunais militares para julgamento secreto de suspeitos de atividades terroristas, sem possibilidade de apelação e sujeitos a pena de morte, com apenas dois terços dos votos, medida ainda não aprovada pelo Congresso. Como a palavra terrorista não é claramente definida, essas medidas abrem as portas para toda espécie de arbitrariedade e abuso. A invasão dos direitos civis dos cidadãos em nome da segurança nacional repercutiu em outras nações cujos governos se apressaram em seguir o exemplo. Dessa forma, direitos duramente conquistados em dois séculos de lutas correm o risco de desaparecer. Diante desse assalto contra as liberdades civis, começam a surgir as primeiras resistências no Congresso. Democratas e republicanos convocaram o Attorney General para prestar esclarecimentos. Em 29 de novembro, Ron Paul, representante do Texas e membro da bancada republicana, proferiu um discurso candente contra a guerra do Afeganistão e atacou o governo por adotar medidas que limitam as liberdades dos cidadãos. Começa a reação.

A essa altura, ainda são poucos os que parecem se dar conta de que estamos diante de um fenômeno novo que exige soluções novas. Guerra, ocupação, governo de fachada democrática, com exclusão dos vencidos e repressão para silenciar os descontentes – medidas usualmente adotadas em casos semelhantes – não resolveram o problema no passado, onde quer que a fórmula tenha sido aplicada, nem o resolverão no futuro; quando muito, servem para adiar as crises. Menor ainda é o número daqueles que reconhecem que a situação é extremamente delicada e que um erro de cálculo poderá levar a uma terceira guerra mundial de consequências imprevisíveis, em um mundo em que diversas nações dispõem de armas nucleares. Na melhor das hipóteses, haverá uma sucessão de guerras locais. Já se fala abertamente em possíveis ataques ao Iêmen, ao Iraque e à Somália.

Por enquanto, os Estados Unidos não estão sós em sua luta. Convocaram todas as nações para a guerra ao terrorismo, a razão de ser do novo governo, em seu próprio dizer. A resposta foi imediata. Em muitos países o terror representa uma ameaça renovada a cada geração. Para estes havia, agora, uma oportunidade única de forjar alianças que, segundo se esperava, iriam pôr fim, de uma vez por todas, a essa situação. Outras nações aderiram por pragmatismo ou conveniência, ou talvez por medo de uma retaliação. Não se chegou a saber quantos conseguiram se manter neutros. O presidente dos Estados Unidos deixara bem claro: a posição de neutralidade era inaceitável. Quem não estava com os Estados Unidos estava com os terroristas e sofreria as consequências. Essa mensagem foi repetida diante da Assembleia das Nações Unidas, à qual compareceu o presidente Bush, em um gesto inesperado de deferência a essa instituição, com a qual os Estados Unidos se recusaram durante anos a quitar suas dívidas. Seu discurso, transmitido para o mundo todo pela CSPAN, foi calorosamente aplaudido pela Assembleia. Um a um os representantes dos vários países que subiram ao pódio, após o discurso do presidente dos Estados Unidos, apresentaram suas condolências pelo sucedido e manifestaram seu apoio.

Notava-se, no entanto, uma diferença fundamental na conceituação do problema. Enquanto aquele enfatizava a necessidade de união na luta contra o terrorismo, estes, em sua maioria, insistiam na necessidade de mudanças fundamentais no sistema. Os participantes chamaram a atenção para as consequências negativas da globalização: as profundas desigualdades sociais, a concentração da riqueza, a pobreza crescente no mundo, o desemprego, os rápidos e até agora não controlados fluxos de capital financeiro que de um dia para outro desestabilizam uma nação, o protecionismo das nações desenvolvidas que criam obstáculos para entrada em seus mercados de produtos das regiões periféricas e os profundos desequilíbrios do comércio mundial. Vários países do Oriente Médio, os mais afetados pela situação atual, incluíram entre suas reivindicações a solução da questão da Palestina, problema permanente que tem gerado profunda instabilidade na região. Todos pareciam concordar que era preciso buscar novos caminhos.

De fato, a situação vem se agravando nos últimos trinta anos. Durante esse período, assistimos ao desenrolar de uma nova revolução industrial, à queda da União Soviética e à hegemonia dos Estados Unidos no cenário mundial. Desde a subida dos governos conservadores da primeira-ministra Margareth Thatcher na Inglaterra e do presidente Ronald Reagan nos Estados Unidos, foram tomadas medidas que deram maior impulso ao capital financeiro, que se tornou soberano. A desregulamentação dos mercados, o abandono de medidas de proteção ao trabalhador, as privatizações, a repressão ao movimento operário, o aumento da precarização, com a multiplicação dos terceirizados, subcontratados e desempregados, em suma, o conjunto de medidas neoliberais tem produzido efeitos cada vez mais concentradores de riqueza e poder. Os países da periferia que adotaram esse modelo foram, com raras exceções, os que mais sofreram. A mundialização do capital e a supremacia do capital financeiro sempre em busca de rápidos e altos retornos têm levado a uma polarização perigosa entre países e grupos sociais. O poder político de países e classes menos poderosas vem sendo sistematicamente minado. Enquanto a grande maioria da população fica excluída dos circuitos da riqueza, as elites internacionalizadas descolam das realidades locais e se voltam para o exterior. Nas periferias, o Estado perde sua autonomia com a transferência de decisões fundamentais para centros de decisão externos, luta com desequilíbrios fiscais e déficits permanentes, onerado pelo pagamento de juros de dívidas nunca liquidadas. Nessas condições, esses países ficam condenados a um limitado desenvolvimento sujeitos às idas e vindas do capital financeiro e extremamente vulneráveis às crises internacionais que se sucedem em um ritmo cada vez mais rápido. Dentro desse quadro, em que apenas as elites internacionalizadas se beneficiam, cresce a oposição. Esse é o receio das elites.

O processo pode levar a um endurecimento dos regimes, ao autoritarismo, à diminuição do espaço democrático, ao mundo de que George Orwell nos fala em seu livro 1984. Mas pode também levar a um novo compromisso, como aconteceu em outros momentos da história. Tudo dependerá do grau de mobilização e resistência da sociedade civil e da resposta das elites às pressões populares. Tendo em vista a rapidez com que se formou uma aliança ampla na luta contra o terrorismo, é de perguntar por que não se mobilizaram até agora com igual eficácia e rapidez para resolver conjuntamente os problemas que afligem as populações do globo? Da capacidade de responder de maneira flexível e criativa a esse desafio depende a sobrevivência de todos.

Toda essa fermentação prenuncia um bom encontro em Porto Alegre. O Fórum Internacional terá em seu próximo encontro uma oportunidade única de estabelecer um diálogo internacional construtivo sobre as possíveis saídas para a crise atual.

Como constituir regimes realmente democráticos, nos quais os representantes do povo sejam realmente representativos? Como evitar a interferência do dinheiro nas eleições? Como impedir o controle da mídia pelos poderosos e garantir a liberdade de expressão? Como democratizar os meios de comunicação? Como organizar a economia de modo a torná-la menos vulnerável às crises? Como resolver os problemas do desemprego, da fome e das doenças? Como criar um sistema de saúde que dê assistência real a toda a população? Como evitar de forma efetiva e não meramente retórica a poluição do meio ambiente? Como eliminar o racismo e todas e quaisquer formas de discriminação de classe ou sexo? Como reduzir as desigualdades sociais? Como colocar a economia a serviço dos seres humanos, em vez de sacrificar seres humanos à economia? Como atender às necessidades das crianças em um mundo em que pais e mães trabalham? Como criar escolas para todas as crianças e dar proteção à velhice desamparada? Como conseguir uma distribuição de riquezas mais equitativa tanto global quanto nacionalmente? Como evitar que regimes ditatoriais se estabeleçam? Como impedir que uma nação venha a dominar e explorar outra? Como controlar os fluxos de capital e estabilizar a moeda de modo que o dinheiro não fuja para os países desenvolvidos, deixando os demais em estado de penúria permanente? Como resolver o problema das dívidas externas e internas que sobrecarregam os países periféricos? Que organismos internacionais precisam ser criados para intervir nas crises e punir infratores? Essas são algumas das questões que se propõem nessa nova fase da história mundial.

CONVERSA COM A AUTORA*

Emília Viotti da Costa nasceu em São Paulo em 1928. Formou-se em História pela Universidade de São Paulo, onde também fez seu mestrado (1953) e a livre-docência (1964). Foi professora do Departamento de História da USP entre 1955 e 1969, quando foi cassada pelo AI-5. Nos Estados Unidos foi professora na Universidade de Tulane, Newcomb College (1970-1), na Universidade de Illinois, Urbana (1972), no Smith College – *Lecturer* (1972-3), e desde 1973 é professora da Universidade de Yale, onde se aposentou recentemente. É membro de diversas associações, institutos de pesquisas e revistas acadêmicas de História, como Latin American Studies Association, Conference on Latin American History, American Historical Association, *American Historical Review*, *Hispanic American Historical Review*, *Journal of Latin American Studies* (Inglaterra). Suas linhas de pesquisa alcançam principalmente a história do pensamento social e político no Brasil dos séculos XIX e XX e a história da escravidão na América.

---

* Publicado originalmente em 2002 por Morais; Rego, *Conversa com historiadores brasileiros*.

Seu nome revela a união de famílias italiana e portuguesa. Poderia falar um pouco de sua trajetória familiar e como essas origens marcaram sua vida?

Meu pai era natural da Beira Alta em Portugal e veio para o Brasil aos 6 anos, optando mais tarde pela nacionalidade brasileira. Contava-me histórias sobre as dificuldades que enfrentara trabalhando como menino de recados e caixeiro, até conseguir um emprego de representante comercial. Era um homem reservado, extremamente metódico e disciplinado, um típico *self-made man* e, como tal, exigia dos outros tanto quanto exigia de si próprio. Em matéria de política, era udenista. Seu ideário era uma mistura de conservadorismo e progressivismo. A lembrança dos anos de sofrimento e dificuldades financeiras levava-o a defender os oprimidos e a pregar, na Associação Comercial, uma teoria medieval do justo preço. Apesar de não se envolver em minha educação, que considerava ser função de mulher, foi um grande companheiro na adolescência, tolerando minha irreverência juvenil que me levava a criticar suas opiniões sobre política e economia e a apontar suas contradições.

Nessa época, o liberalismo estava em crise, não apenas no Brasil, mas no mundo ocidental, e o pensamento voltava-se para as soluções de direita ou de esquerda. Eu me identificava com minha mãe, cujas convicções eram platonicamente anarquistas. Ela adquirira essas ideias através de um tio, irmão de meu avô e médico em Caxambu, que passava o tempo lendo jornais anarquistas de várias partes do mundo e ensinando esperanto a quem se interessasse – os quais, como se pode imaginar, eram bem poucos. Desse ramo da família veio o nome Viotti.

Segundo consta, os Viotti descendiam de um italiano de Gênova que emigrara, nos meados do século XIX, e se localizara no sul de Minas, onde dera origem a uma família numerosa. Meu avô pertencia à terceira ou quarta geração. Era poeta e durante um tempo lecionou literatura na Escola Normal. Quando jovem, frequentou as rodas boêmias de São Paulo. Uma crise de glaucoma deixou-o praticamente cego e forçou-o a uma aposentadoria precoce. Tinha uma memória espantosa. Recitava de cor longas passagens de prosa e poesia. Tocava violão e cantava modinhas

CONVERSA COM A AUTORA

antigas. Era um contador de histórias admirável que fizeram o encanto de minha infância.

Minha avó materna gostava de falar do passado, de como era a São Paulo que conhecera quando criança, de suas impressões sobre o Colégio do Patrocínio, onde estudara, de seu pai Frederico Abranches, que fora presidente das províncias do Maranhão e do Paraná e conselheiro do Império. Contava histórias de seu avô, o conselheiro Brotero, que se casara com uma americana de nome Dabney, filha do cônsul nos Açores, que ele encontrara ao fugir de Portugal por ser contra d. Miguel e a favor de d. Pedro na luta sucessória da Coroa portuguesa. Chegado ao Brasil, fora nomeado diretor da Faculdade de Direito, cargo que exerceu durante anos.

Inspirada pelos relatos de minha avó, escrevi um de meus primeiros trabalhos de História: "Alguns aspectos da influência francesa em São Paulo na segunda metade do século XIX", publicado em 1953 e ainda muito influenciado pelos livros de Gilberto Freyre. Também foram as conversas com ela que me levaram mais tarde a escrever um ensaio sobre "A concepção do amor e a idealização da mulher no Romantismo", publicado na revista *Alfa*.

Da família de meu pai, pouco sei, pois ele ficou órfão muito cedo, de pai e mãe, e acabou sendo criado pela madrasta, uma mulher generosa, trabalhadora e alegre, que viveu seus últimos quinze anos em companhia de minha avó materna, na casa de meus pais, onde veio a falecer ainda lúcida, aos 94 anos. Ao contrário de minha avó materna, não gostava de relembrar o passado, somente o presente a interessava.

Além dos relatos de família, outras versões da história me chegavam através das empregadas, as quais tiveram grande influência em minha vida. Tanto assim que dediquei meu primeiro livro, *Da senzala à colônia*, a Antônia, que trabalhou em casa de minha mãe mais de vinte anos, e a José Carnaúba, que foi meu empregado.

Desde cedo, aprendi que existiam mundos distintos que se regiam por regras diversas. As experiências que tive na infância me abriram os olhos para as desigualdades sociais, a injustiça e a miséria. Essa impressão foi reforçada pelas centenas de retirantes que invadiram São Paulo naquela época. Viam-se a esmolar pelas ruas da cidade homens e mulheres, rodeados de crianças de todas

272 BRASIL: HISTÓRIA, TEXTOS E CONTEXTOS

as idades. Todos os dias alguém batia à nossa porta pedindo um prato de comida.

Além do círculo imediato de pais, avós e empregadas, eu convivia com tios, tias e primos. Minha família era muito grande e seus membros dedicavam-se às atividades mais diversas. Meu pai e seus irmãos ocupavam-se de negócios. Os demais eram políticos, fazendeiros, profissionais liberais, funcionários públicos, um padre, uma freira e uma pianista. Entre eles havia católicos, ateus, maçons, anarquistas, conservadores, liberais e integralistas. Adoravam discutir. Desde cedo, aprendi a importância da tolerância e do respeito pela opinião alheia, o que nunca me impediu de advogar ardorosamente meu ponto de vista.

Casei-me cedo, a primeira vez aos 18 anos. Meu marido era professor de francês e espanhol. Formara-se pela USP e tinha uma boa biblioteca. O casamento ofereceu-me a oportunidade de ampliar o conhecimento da literatura francesa, espanhola e latino-americana. Viajamos muito através do Brasil, América Latina e Europa. As viagens tiveram grande impacto em minha formação. Depois de nossa separação, continuei a viajar. Quando deixei o Brasil, em 1970, já havia visitado o México e quase todos os países da América do Sul, com exceção da Colômbia e do Equador.

De que maneira essas viagens pela América Latina afetaram sua compreensão da História?

Adquiri a consciência de que os países da América Latina, apesar das diferenças, tinham uma história comum: a mesma forma "colonial" de inserção no mercado internacional, as mesmas elites indiferentes à sorte do povo e sempre prontas a recorrer à força para se impor, a mesma exploração, a mesma miséria. Em toda parte o negro e o índio eram vítimas do preconceito e da discriminação. Em toda parte admirei a capacidade de resistência do povo e presenciei sua luta surda contra a exploração. A realidade tal como eu a via reverberava nas obras de um Pablo Neruda, de um Ciro Alegria, de um [David Alfaros] Siqueiros, de um [Cândido] Portinari, de um Jorge Amado, de um Graciliano Ramos. Escritores, pintores e poetas, todos pareciam reforçar minhas impressões do mundo à minha volta. Ou teriam

CONVERSA COM A AUTORA 273

sido eles que me fizeram ver o mundo daquela maneira? Pouco a pouco, dentro de mim foi se formando um projeto de estudos e pesquisa: compreender e explicar a dinâmica de nossa história a fim de descobrir as origens das desigualdades sociais e da miséria, dos constantes golpes de Estado, da inconsciência das elites. Queria entender por que não conseguíamos criar uma sociedade democrática.

Como foi sua formação escolar? De alguma maneira, já havia algum interesse pelas ciências humanas, especificamente pela História? A família colaborou e incentivou na formação e em sua escolha?

Fiz a escola primária no Instituto Caetano de Campos, uma escola-modelo, sob a direção de Carolina Ribeiro. Na quarta série, meus pais me transferiram para o Mackenzie, onde fiz o ginásio e o colegial. Tive péssimos professores de História. Eu preferia as aulas de Ciências, muito mais interessantes. Quando estava no segundo ano colegial, obtive o segundo lugar em um concurso literário, o que muito me estimulou a escrever. (O primeiro foi conquistado por Décio Pignatari e o terceiro por Hilda Hilst.) Recebi como prêmio *Guerra e paz* de Tolstói.

Terminei meus estudos no Colégio Visconde de Porto Seguro, para onde me transferi no último ano. Aí, pela primeira vez, tive um bom professor de história: Egon Schaden, que mais tarde foi meu professor de Antropologia na Universidade de São Paulo. Suas aulas despertaram meu interesse pela História Social. O professor de geografia, cujo nome hoje me escapa, também era excelente. Para ele, escrevi meu primeiro trabalho de pesquisa: "O negro na sociedade brasileira". Naquela época, meu autor preferido era Gilberto Freyre. Eu apreciava seus livros, principalmente *Casa-grande & senzala* e *Sobrados e mucambos*, que li com enorme prazer.

Minha vocação era ser física. O sonho de cursar Física foi interrompido quando me casei, pois o curso exigia dedicação integral. Hesitei, então, entre Ciências Sociais e Geografia e História, e acabei decidindo por este último porque as oportunidades de trabalho eram maiores naquela época.

Antes de ingressar na USP, já tinha lido muito romance e poesia de autores brasileiros, portugueses e franceses, assim como algumas obras de autores russos, ingleses e americanos, tais como Charles Dickens, Edgar Allan Poe, Somerset Maugham, Aldous Huxley, Hemingway, John Steinbeck, Tolstói, Máximo Gorki... Também era apaixonada por teatro. Lia com avidez as peças de Bernard Shaw, Pirandello, Ibsen, García Lorca, Molière. Ia à *Comédie Française* quando esta vinha a São Paulo e não perdia as peças encenadas em nossos teatros. Anos depois, passei a frequentar o TBC, o Oficina e o Arena.

Meu gosto pela História foi, em parte, produto do hábito de ler que adquiri muito cedo. Minha mãe era uma leitora assídua. Tinha uma biblioteca muito vasta, onde predominavam romances. Através deles aprendi a gostar da história narrativa. Meu pai, por sua vez, era leitor constante do *Observador Econômico e Financeiro*, o *Digesto Econômico* e outras publicações sobre economia. Foi ele quem me iniciou nesse campo e despertou meu interesse pela economia e pela política. Com ele fui a vários comícios. O primeiro a que assisti foi o do brigadeiro Eduardo Gomes. Pouco depois fui ao Estádio Municipal de São Paulo assistir a um comício em que Luís Carlos Prestes, recentemente solto da cadeia, falou ao povo. Na ocasião, o poeta chileno Pablo Neruda recitou seus poemas diante de milhares de pessoas que os escutaram em silêncio absoluto e ao final o aplaudiram deliberantemente. Foi um espetáculo inesquecível.

Talvez a influência mais decisiva em minha formação tenha sido a do período histórico em que vivi. Os anos de minha formação se deram durante o Estado Novo, a Segunda Grande Guerra, a queda de Vargas e a volta ao "sistema democrático".

Durante o Estado Novo, as crianças foram incorporadas aos acontecimentos cívicos e às comemorações históricas. Procurava-se inculcar nelas sentimentos patrióticos. Vivia-se um momento nacionalista. Em casa, as conversas giravam em torno das questões políticas e sociais que abalavam o mundo e o Brasil. Os relatos sobre os horrores da guerra e do holocausto nunca mais me abandonaram. Com a queda de Vargas e o restabelecimento das eleições, as disputas partidárias provocavam discussões e debates. São Paulo crescia e se transformava. A história viva convidava à reflexão sobre presente e passado e reforçava o interesse que a família despertara em mim com suas histórias.

CONVERSA COM A AUTORA

Em que ano a senhora ingressou na USP? O departamento ainda tinha alguns professores franceses ou apenas mantinha a forte influência de sua historiografia?

Ingressei na USP em 1948. A influência da historiografia francesa era visível na bibliografia adotada, que era toda em francês, com exceção dos livros de História do Brasil e América. Já havia passado o tempo de Fernand Braudel e Pierre Monbeig. Tinham ficado apenas seus discípulos brasileiros e alguns professores visitantes ocasionais. Estes davam aulas em francês. Lembro-me que assisti a cursos de Geografia ministrados por Pierre Gourou e Louis Papy. Com Gourou, fiz uma excursão de pesquisa de São Paulo a Cuiabá, em uma época em que a estrada não era asfaltada e frequentemente tínhamos de reduzir a marcha para deixar passar siriemas. No curso de História, estudei com Émile Leonard e Philippe Wolff. Os estudos concentravam-se nas histórias da Europa e do Brasil. Da historiografia da América Latina e dos Estados Unidos conhecíamos poucos autores. Livros alemães nos chegavam através das traduções para o espanhol publicadas pela editora Fondo de Cultura Económica, do México, que prestou um grande serviço à cultura latino-americana.

O curso era mais voltado à formação geral, à licenciatura, ou já havia uma postura de fortalecer a pesquisa?

O curso era voltado para a formação geral do professor. A pesquisa em fontes primárias não recebia muito estímulo ou orientação. A maioria dos ensaios que escrevíamos eram historiográficos. Como aluna, tive a oportunidade de fazer pesquisa sobre legislação portuguesa para o professor Eduardo d'Oliveira França, que estava terminando sua tese de livre-docência. Foi nessa ocasião que descobri o prazer de trabalhar com fontes primárias. Até então estava mais interessada nos trabalhos de campo que fazia com os geógrafos. De fato, o primeiro artigo que publiquei foi de Geografia. Foi um desses trabalhos, sobre a região da Ribeira, que me levou pela primeira vez ao Arquivo do Estado, então pessimamente alojado na Estação da Luz. Com o auxílio de um velho funcionário do arquivo, Paulino de Souza, consegui localizar os documentos desejados em um amontoado de papéis empilhados até o teto em uma das salas. Foi meu primeiro contato com um arquivo.

Em matéria de pesquisa, recebi pouca orientação. Só fui realmente aprender a pesquisar depois de formada, quando uma bolsa de estudos do governo francês me permitiu estudar em Paris. Ernest Labrousse e Charles Morazé orientaram meus primeiros passos em uma pesquisa sobre a nobreza francesa depois da Revolução, que nunca cheguei a publicar. Em Paris, frequentei o Arquivo Nacional e participei de seminários na École Pratique des Hautes Études, XVIème Section da Sorbonne. Os mais proveitosos foram os do professor Ernest Labrousse, um militante socialista que se dedicava à história dos preços, e os do sociólogo Georges Gurvitch, cujo seminário era frequentado, às vezes, por Lucien Febvre. Também fiz um curso sobre os impressionistas no Museu do Louvre.

Melhor do que qualquer curso, no entanto, foi o contato com a arquitetura e os museus. Aproveitei as férias para viajar. A Europa era um museu vivo: o passado estava presente em toda parte. Como resistir ao fascínio da história?

No curso de História, quais foram os professores marcantes?

Como aluna, fui mais influenciada pelos livros que li e por professores de outros departamentos do que pelos do Departamento de História. Os livros, as personalidades e a assistência de Antonio Candido e Florestan Fernandes foram muito importantes para minha formação. Ambos foram exemplos de dedicação ao trabalho intelectual e engajamento político, embora suas personalidades, posturas metodológicas e simpatias políticas fossem diversas. Quando voltei da Europa, Sérgio Buarque de Holanda passara a integrar o Departamento de História. Sua vasta cultura, seu senso de humor, seu espírito lúdico, sua vivacidade intelectual, seu estilo admirável, sempre me encantaram. Dirigiu minha tese de livre-docência e, embora não tenha sido meu professor, aprendi muito nas conversas que tivemos durante o período em que escrevi minha tese.

Nesse período formativo, quais foram as obras gerais e historiografias que lhe causaram maior impacto?

Nessa época, a leitura de *Raízes do Brasil* foi muito sugestiva, se bem que sempre duvidei da existência de um "caráter nacional"

CONVERSA COM A AUTORA

que transcendesse tempo e espaço e abrangesse ricos e pobres, brancos, índios e negros, nacionais e estrangeiros. As dúvidas que sua leitura despertou em mim levaram-me a refletir sobre a especificidade da experiência histórica dos vários grupos sociais que compõem a realidade nacional. Igualmente importantes, do ponto de vista metodológico e histórico, foram as obras de Caio Prado, Nelson Werneck Sodré e Celso Furtado. Significativa também foi a obra de Otávio Tarquínio de Souza, *Bernardo Pereira de Vasconcelos: história dos fundadores do Império do Brasil*, embora ele tenha usado uma abordagem centrada na percepção dos participantes, resultando em versões contraditórias da mesma realidade, que quando muito nos oferece elementos para compreensão das elites políticas. Ao mesmo tempo, levantava o problema da relação entre biografia e História que eu tentei abordar nos estudos sobre José Bonifácio e, mais recentemente, em *Coroas de glória*. As obras de Marc Bloch, *Apologie pour l'Histoire ou Metier d'historien*, e a de Lucien Febvre, *Combats pour l'Histoire*, foram importantes como reflexões sobre a História e o trabalho do historiador. Outra obra do mesmo gênero, mas de orientação diversa, que me influenciou bastante nessa fase foi a de E. H. Carr, *What is History?* Deve-se acrescentar ainda os livros de Lucien Febvre sobre Rabelais e sobre Lutero, de Maurice Dobb, sobre as origens do capitalismo, H. Tawney, sobre as relações entre capitalismo e protestantismo, e Eli Heckscher, sobre o mercantilismo. Mais tarde, os historiadores cujas obras mais me influenciaram foram Eric Hobsbawm, E. P. Thompson e Raymond Williams. Em minha "formação", portanto, as influências da chamada *École des Annales* foram contrabalançadas pelas do marxismo.

Sua experiência profissional foi muito rica e diversificada e se iniciou no antigo ginásio e colegial. Era comum esse tipo de iniciação? Como foi sua passagem para a universidade?

Minha primeira experiência de ensino deu-se no último ano da faculdade, quando lecionei no curso colegial do Mackenzie, durante um semestre. Essa experiência despertou em mim a certeza de que tinha escolhido a carreira certa. Os alunos, que até então eram tidos como indisciplinados – tendo chegado a forçar a saída de um professor –, responderam bem às minhas

278 BRASIL: HISTÓRIA, TEXTOS E CONTEXTOS

aulas. Eu tinha cerca de 20 anos e era pouco mais velha do que eles. Consegui, no entanto, obter ótimos resultados. Mais tarde, quando voltei de Paris, fui trabalhar em Sertãozinho, no interior de São Paulo. Viajava duas vezes por semana e dava aulas no ginásio estadual. Pouco depois, consegui transferir minha cadeira, através de um concurso de remoção, para o Colégio Estadual de Jundiaí, e depois para o Colégio de Aplicação da USP. O estágio no secundário era comum na época. A Universidade de São Paulo não dispunha de verbas para contratar instrutores e assistentes. A única maneira de se conseguir ensinar na universidade era obter um lugar no secundário e trabalhar de graça na universidade até conseguir uma vaga. Fiquei cinco anos trabalhando ao mesmo tempo no secundário e na USP, até que finalmente fui nomeada assistente da cadeira de História Moderna e Contemporânea e pude abandonar o secundário. Nos primeiros anos, lecionei também na Faculdade de Sorocaba. Nessa época, tinha uma filha pequena e só pude me dedicar a tantas atividades porque morava com meus pais.

O estágio no secundário foi bastante proveitoso. Baseando-me nessa experiência, publiquei alguns ensaios sobre o ensino da História no curso secundário, seus objetivos, o material didático utilizado e o problema da motivação no ensino da História. Um dos primeiros trabalhos de pesquisa histórica que escrevi foi também produto dessa fase. Ao preparar uma aula sobre os primeiros povoadores do Brasil, deparei-me com o problema dos degredados. Não encontrei nos livros de História do Brasil respostas para as questões que me pareciam relevantes. Quem eram eles? Por que tinham sido degredados? Que crimes teriam cometido? Na tentativa de esclarecer esses problemas, consultei a legislação portuguesa e acabei escrevendo um ensaio, publicado em 1956. Muitos dos artigos que escrevi, desde então, originaram-se na sala de aula e resultaram de minha frustração com a historiografia existente.

A senhora foi professora de História Moderna e Contemporânea e depois de Introdução aos Estudos Históricos e Teoria da História. Na realidade, parece que essas disciplinas não existiam até então e foi a

CONVERSA COM A AUTORA

senhora quem as organizou. De onde tirou suas referência e exemplos? O professor Jean Glénisson teve papel importante nesse processo?

De fato, a princípio eu trabalhei como instrutora na Cadeira de História Moderna e Contemporânea. Quando os cursos de Introdução aos Estudos Históricos e Teoria da História foram criados, fiquei encarregada deles. Recorri à literatura existente sobre o assunto em português, francês, espanhol, inglês e italiano (Marc Bloch, H. I. Marrou, Philippe Ariès, B. Croce, Collingwood, Herbert Butterfield, E. H. Carr, Ernst Cassirer, Huizinga, Nietzsche, G. Barraclough, G. J. Renier, José Honório Rodrigues e muitos outros). Baseando-me nessas leituras e em minha limitada experiência de pesquisa, organizei uma lista de temas sobre Teoria da História e História da Historiografia. Ao mesmo tempo, decidi dar um curso de Iniciação à Pesquisa que tivesse uma orientação prática. Achava que a historiografia brasileira se ressentia do excessivo ensaísmo. Faltava fundamentação empírica que permitisse testar a validade das teorias. O assunto que escolhi para ser pesquisado pelos alunos foi a Abolição, tema que mais tarde desenvolvi na minha tese de livre-docência. O curso era teórico e prático, com os alunos fazendo pesquisas no Arquivo do Estado. Isso permitia analisar o uso e crítica das fontes e discutir os problemas da síntese histórica. Os alunos consultaram uma grande variedade de documentos: Anais do Parlamento, Coleção de Leis, jornais, ofícios e relatórios de presidentes de províncias e ministros, livros de memórias e de viajantes. Quando Jean Glénisson chegou, o curso já estava organizado. Ele se incumbiu das aulas de Teoria da História, cabendo a mim os seminários de historiografia e o curso de orientação à pesquisa. A contribuição de Jean Glénisson foi valiosa para o desenvolvimento dos cursos de Introdução aos Estudos Históricos no Brasil. Como resultado do curso, publicou um livro de Iniciação aos Estudos Históricos, no qual colaborei com um ensaio sobre as tendências da historiografia no Congresso Internacional de História, realizado em Roma em 1955. O livro serviu de orientação para a criação de cursos análogos no Brasil. Depois de Glénisson, vieram outros professores franceses, mas todos seguiram nas linhas gerais o roteiro já definido.

Fiz várias experiências durante o curso. Explorei as relações entre mito e História, dei cursos de historiografia, discuti textos relacionados com a Teoria da História, examinei as relações entre o historiador e a História. Datam dessa época meus ensaios historiográficos sobre os vários discursos históricos a propósito de José Bonifácio e sua participação na Independência e sobre a Proclamação da República. O objetivo desses trabalhos era examinar como os "fatos" históricos foram sendo constituídos e passaram a integrar a história oficial. Esses estudos serviram de introdução às pesquisas que fiz posteriormente sobre esses temas dando minha interpretação.

No princípio da década de 1960, introduzi no curso textos de Marx, Sartre, Lucien Goldman e Lukács. Assim, o curso foi mudando, à medida que meus interesses e minhas leituras se ampliavam.

A senhora poderia comentar um pouco sobre seu processo de cassação na USP? Além das profundas marcas pessoais e das implicações em sua trajetória de vida, parece que foi um ato que marcou destacadamente toda uma geração.

Para se entender minha aposentadoria, é preciso recriar o clima existente no país desde a renúncia de Jânio Quadros, que desencadeou profunda crise política. A renúncia coincidiu com a intensificação da Guerra Fria a partir de 1961, quando a Revolução Cubana revelou sua orientação comunista. Nessa época, começaram a aparecer na universidade americanos interessados em assistir às aulas. (Alguns se diziam pastores evangélicos.) Suspeitava-se que fossem agentes da CIA ou trabalhassem para o serviço de inteligência do governo americano. Mais tarde pude verificar que as suspeitas tinham certo fundamento.

Havia, naquela época, uma grande mobilização no país. As opiniões dividiam-se entre os que apoiavam o vice-presidente João Goulart e os que se opunham a que ele assumisse. O impasse foi resolvido temporariamente em favor da tomada de posse de Goulart, mas as tensões continuaram durante seu governo e, de fato, se agravaram com o passar do tempo. O expediente da criação de um regime parlamentar e o subsequente restabelecimento do presidencialismo, por voto popular, manteve a população mobilizada. À medida que Goulart perdia o apoio das elites, voltava-se cada vez mais para as camadas populares. Seu apelo ao povo e seu programa de reformas desencadeavam temores e receios nas camadas dominantes.

A universidade foi chamada a participar dos debates que então se travavam e muitos se organizaram para defender o governo, visivelmente ameaçado por uma conspiração militar. Deposto Goulart, iniciou-se a primeira fase da repressão, com professores muitos respeitados – como João Cruz Costa – sendo submetidos a Inquérito Policial Militar (IPM) e em seguida aposentados. De um dia para outro, atividades até então legítimas viraram crime contra a segurança nacional: participar de reuniões em favor de presos, criticar o governo, ler Marx, defender ideias nacionalistas. Inúmeras pessoas foram submetidas a torturas e processos ou presas e cassadas. Outras foram mortas. Algumas desapareceram sem deixar traços. Instalou-se um clima de suspeição e denúncia dentro da universidade, onde os agentes policiais circulavam livremente. Alguns chegaram até a se inscrever nos cursos. A situação se agravava à medida que entre os "revolucionários" apareciam dissidências.

O estopim que desencadeou a crise na universidade em 1968 foi a Reforma Universitária e a tentativa do governo de implantar o projeto MEC-Usaid. Houve manifestações estudantis no Rio, tendo um estudante sido morto pela polícia. O incidente contribuiu para exacerbar os ânimos.

No princípio de 1968, o professor Eurípedes Simões de Paula, então diretor da faculdade, convidou-me para dar a aula inaugural da Faculdade de Filosofia, Ciências e Letras. Resolvi falar sobre a reforma da universidade, tema que interessava a todos. A conferência, intitulada "A crise na universidade", recapitulava as condições de sua criação em 1934, analisava seu desenvolvimento desde então e apontava seus problemas. Concluía assinalando a necessidade de reformas e fazendo críticas ao projeto MEC-Usaid por encarar os alunos como mão de obra, e não como indivíduos e cidadãos, e por sua orientação demasiadamente tecnológica, em detrimento dos estudos humanísticos e da pesquisa científica desinteressada, colocando a universidade a serviço das empresas em vez de a serviço da sociedade como um todo.

A conferência foi publicada na revista do grêmio da Faculdade de Filosofia e, para minha surpresa, reproduzida por todo o país em documentos estudantis das mais variadas alas, nos quais trechos da conferência apareciam citados. A partir de então recebi numerosos convites para falar sobre o tema. Em pouco tempo, fiz mais de quarenta palestras em várias universidades. Fui convidada juntamente com José Dirceu (que era presidente do grêmio da então FFCL) a participar de um programa de televisão para debater a reforma universitária com o ministro Tarso Dutra. Mais tarde, atribuí minha aposentadoria em parte a essa entrevista.

No decorrer de 1968, fui coletando material dos vários setores da universidade: Medicina, Arquitetura, Direito, contendo projetos de reforma. Esses documentos desapareceram no período da repressão. Eram propostas várias, muitas delas extremamente interessantes, que não chegaram a ser postas em prática, como a construção de casas populares pelos alunos da Arquitetura e assistência jurídica, médica e dentária às populações carentes por alunos da Faculdade de Direito, de Medicina e Odontologia, respectivamente. Na USP, organizou-se uma comissão de professores, da qual fiz parte. Representavam linhas políticas diversas, mas todos estavam igualmente interessados na reforma universitária. A comissão reunia-se periodicamente para trocar informações e definir estratégias de ação e de autodefesa. Enquanto isso, o movimento estudantil crescia à nossa volta e se radicalizava. As medidas tomadas pelo governo, reformando os centros acadêmicos, provocaram resistência dos alunos. No final do ano, a notícia das primeiras ações guerrilheiras desencadearam violenta repressão na universidade. Alunos, suspeitos de envolvimento, eram arrancados das salas de aula diante dos olhos atônitos de professores e colegas e levados por soldados sob a mira de metralhadoras. A repressão, entregue a instituições várias, o DOPS, a Polícia Federal, o Exército, a Marinha e a Aeronáutica, não parecia obedecer a lógica alguma. Pessoas comprometidas com organizações de esquerda eram presas juntamente com outras que não tinham comprometimento político algum. O clima de arbitrariedade favorecia perseguições pessoais. Na universidade, algumas pessoas aproveitaram-se da ocasião para denunciar colegas e afastar desafetos. Foi dentro dessa atmosfera de repressão que fui chamada a depor em um IPM que investigava "atividades subversivas" no Departamento de História. Antes mesmo que

CONVERSA COM A AUTORA

a investigação desencadeada pelo IPM chegasse a seu término, fui aposentada. Meu nome saiu em uma lista que incluía vários colegas de outros departamentos, entre os quais: o reitor Hélio Lourenço, Fernando Henrique Cardoso, Bento Prado Jr., José Arthur Giannotti, Octavio Ianni, Paula Beiguelman, Paul Singer, Jean-Claude Bernardet, Elza Berquó e outros. O mais surpreendente foi a inclusão na lista do nome de Caio Prado Jr., que, embora não pertencesse à universidade, foi aposentado juntamente com os demais!

Quais as razões que a levaram a se transferir para os Estados Unidos e não para um país europeu?

Como deve ter ficado evidente no meu relato, não se pode afirmar que eu "resolvi espontaneamente" desenvolver minha carreira nos Estados Unidos. Mais correto seria dizer que a aposentadoria, o clima de insegurança e irracionalidade que imperavam no país e a ameaça que pairava sobre todos os que divergiam do governo levaram-me a sair do país. A repressão evocava em mim imagens do nazismo.

Quando fui aposentada, Michael Hall me ofereceu a oportunidade de substituí-lo, por um semestre, em Tulane, em New Orleans. Depois, novas oportunidades surgiram. Por outro lado, eu não tinha nenhuma perspectiva de emprego na Europa.

A experiência em Tulane foi ao mesmo tempo gratificante e mortificante. A tentativa de ensinar História do Brasil para alunos americanos, que desconheciam não somente as grandes linhas da história da Europa Ocidental – essenciais para a compreensão da História do Brasil –, mas também as referências literárias e artísticas de nossa cultura, tornou-se tarefa extremamente difícil. Já tive ocasião de dizer que tive alunos nos Estados Unidos que desconheciam a Revolução Industrial, o Mercantilismo, a Contrarreforma e a Revolução Francesa, para citar apenas alguns exemplos. A dificuldade principal, no entanto, era a língua. Eu conhecia bem o inglês, mas não o suficiente para me expressar com facilidade. Assim, nos primeiros meses que passei em Tulane, escrevi em inglês todas as minhas aulas, uma média de noventa páginas por semana. Às vezes precisava copiar passagens dos livros, pois não sabia me expressar de outra forma. Era uma situação humilhante. Os alunos, no entanto, foram pacientes, tolerantes e generosos.

A biblioteca era excelente e pude ler livros sobre o Brasil e a América Latina aos quais nunca tivera acesso. Embora sentisse muita falta de meus filhos que haviam ficado no Brasil, aproveitei bastante a temporada em New Orleans, uma das cidades mais fascinantes dos Estados Unidos, graças à influência francesa e à presença de uma tradição aristocrática fundada na escravidão, o que permite comparações interessantes com a sociedade brasileira.

Ali, pela primeira vez, presenciei a força do Movimento Negro. Nessa época, os Black Panthers fizeram uma reunião na universidade. Fui com um amigo assistir à fala de Dick Gregory. O auditório estava lotado de negros. Os brancos contavam-se nos dedos. O edifício estava cheio de agentes secretos, facilmente identificáveis, pois andavam em pares, vestidos da mesma maneira: de terno escuro e gravata. Permaneci em New Orleans apenas alguns meses. Terminado o semestre, voltei ao Brasil.

A senhora era amiga ou tinha contatos profissionais com diversos fundadores do Cebrap, criado por cassados e aposentados como uma alternativa política e acadêmica. Por que nessa oportunidade a senhora não se integrou ao Cebrap e por que a História nunca teve ali espaço real e institucional?

Alimentava esperanças de receber um convite para ir trabalhar no Cebrap. O convite, no entanto, nunca aconteceu. Por quê? Não sei. Provavelmente achavam que História era irrelevante. Talvez não me considerassem competente, quem sabe? Você deve perguntar a eles, não a mim.

Passado um ano, durante o qual me separei de meu segundo marido, aceitei o convite do professor Joseph Love para ir dar um semestre de aulas na Universidade de Illinois, em Urbana, Champaign. Desta vez levei dois filhos comigo; a mais velha, que já estava casada, ficou no Brasil. Aos problemas profissionais, somaram-se as dificuldades de ajustamento das crianças e as tarefas domésticas às quais não estava acostumada. No fim do semestre, fui convidada a dar um curso de verão. Nesse meio-tempo, abriu-se um concurso no Smith College, em Massachusetts, e me inscrevi. O lugar me foi oferecido. Aceitei. Tinha a ideia de ficar

CONVERSA COM A AUTORA

uns três anos, findos os quais voltaria ao Brasil. Imaginava que a essa altura as coisas já estivessem normalizadas. No ano seguinte, Richard Morse, que eu conhecera no Brasil através de Florestan Fernandes, me convidou para ir trabalhar em Yale. Estava planejando passar dois anos no Brasil, na Ford Foundation, e queria uma pessoa que o substituísse temporariamente, o que eu só vim a descobrir mais tarde. Depois de consultar vários colegas, resolvi aceitar. Comecei a trabalhar em Yale como *Associate Professor* em 1973 e lá permaneci até 1999, quando me aposentei.

Como foi o processo de adaptação a uma nova cultura e um novo ambiente profissional? Geralmente as pessoas apenas observam o lado glamouroso de se viver fora do país. Quais foram as maiores dificuldades pessoais e profissionais que a senhora enfrentou?

Minhas primeiras impressões foram registradas no segundo volume de *Memórias do exílio*, que reúne depoimentos de mulheres, em uma obra coletiva dirigida e editada por Albertina de Oliveira Costa e outras.

Descrevi em detalhes os obstáculos enfrentados por meus filhos, que, vindos de uma cultura diversa, se sentiram isolados e marginalizados e acabaram voltando para o Brasil, decisão que muito nos custou e até hoje nos faz sofrer. Falei da dificuldade de enfrentar a discriminação contra a mulher, que precisava ser melhor do que o homem para ser aceita como igual, e a discriminação contra latinos. Mencionei ainda quão difícil fora adquirir uma nova língua, lidar com um público desconhecido, descobrir formas de comunicação, dominar códigos novos, vencer o sentimento de inadequação constantemente presente, viver em uma sociedade eminentemente competitiva, na qual o trabalho acadêmico se esgota em si mesmo. Falei da dificuldade de escrever ao mesmo tempo para públicos tão diversos como o americano e o brasileiro. Registrei a solidão imensa em que viviam as pessoas, a ausência de um projeto coletivo, e comparei minha experiência de vida nos Estados Unidos com a que tivera no Brasil. Por timidez ou discrição, deixei de mencionar problemas relacionados com a burocracia de imigração, a ameaça de deportação, os mil e um obstáculos que tive de superar para conseguir estabilidade na universidade, o excesso de trabalho resultante da necessidade de dar cursos sobre a América Latina, o que me impedia de ler fora de meu campo de especialização e de participar das inúmeras atividades culturais que tinham lugar na universidade. Também não falei da angústia permanente causada pela falta de informação sobre o que se passava no Brasil. Comparando com minha experiência anterior, a vida parecia menos rica.

Mais tarde, dei-me conta de que vivera no Brasil um período histórico muito especial, "quando parece que se abre um leque de possibilidades novas, o futuro é uma promessa de realizações, e o presente, um esforço constante de crítica e de busca de soluções". Nesses momentos, o trabalho acadêmico ganha novo significado. Ao invés de se fechar em uma torre de marfim, o intelectual, o cientista ou o artista voltam seus olhos para a sociedade e se colocam a serviço do povo, em busca de soluções para os problemas sociais, econômicos e políticos que assolam o país. Essa preocupação estava presente nos trabalhos de muitas pessoas da minha geração. Dava sentido e alegria às nossas vidas. Nunca mais vivi um período igual.

Hoje observo o quanto as coisas mudaram no Brasil. Os intelectuais brasileiros ficaram mais parecidos com os americanos que encontrei 25 anos atrás, nos Estados Unidos, quando a academia estava paralisada pelas lembranças do macarthismo e dos protestos estudantis contra a Guerra do Vietnã.

Por outro lado, nos Estados Unidos, também houve mudanças. A globalização radicalizou o movimento operário e estudantil. Nas universidades, mulheres e latinos melhoraram sua posição, e há um maior número de pessoas de esquerda interessadas na América Latina.

Na geração da década de 1930, três obras básicas – Raízes do Brasil, Casa-grande & senzala *e* Evolução política do Brasil – *tentaram repensar o país e deram contribuições profundamente díspares na análise e na metodologia empregada. A senhora considera esse período determinante em nossa história e um momento de inflexão de nossa historiografia?*

Realmente a década de 1930 representa um momento de inflexão de nossa história e historiografia. As três obras citadas

CONVERSA COM A AUTORA

enquadram-se nessa categoria e são indubitavelmente as mais significativas dentro dos limites cronológicos estabelecidos.

É impossível avaliar em poucas palavras a importância dessas obras. Creio que não há em minha geração historiador que não tenha dialogado com esses livros, aceitando algumas observações e sugestões metodológicas, negando outras, ou construindo visões alternativas a partir delas. Os autores dessas obras deram contribuições diversas que correspondem a posições políticas e ideológicas distintas, cobrindo um espectro que vai da direita com Gilberto Freyre para a esquerda com Caio Prado Jr., ficando Sérgio Buarque de Holanda no centro. Há maior semelhança metodológica e conceitual entre Gilberto Freyre e Sérgio Buarque de Holanda, de *Raízes do Brasil*, do que entre eles e Caio Prado Jr.

Em *Casa-grande & senzala*, há uma relação nostálgica com o Brasil agrário, que, embora de forma mais crítica e até mesmo ironizada, está também presente em *Raízes do Brasil*. Gilberto e Sérgio adotam uma abordagem interdisciplinar, fortemente marcada pela Antropologia e pela Psicologia. Ambos se propõem a definir o "caráter nacional", ambos dão prioridade à cultura, que consideram ancorada, de um lado, na tradição ibérica e, de outro, na sociedade agrária e na escravidão. Ambos consideram características de nossa cultura a plasticidade, a cordialidade, a aversão ao trabalho, a ausência de barreiras rígidas entre as classes e raças e a importância da família patriarcal. Ambos consideram atributos dos brasileiros o ócio, a irreverência, a informalidade, o culto do sentimento em vez da razão, a espontaneidade, o bacharelismo. Ambos dão preeminência à influência da cultura ibérica, embora reconheçam a importância da cultura indígena. Gilberto Freyre, dada a natureza de seu estudo, dedica maior atenção à "cultura negra", mas no prefácio de *Casa-grande & senzala* comete um ato falho revelador: anuncia que "a História Social da casa-grande é a história de quase todo brasileiro", revelando dessa forma a verdadeira natureza de sua interpretação do Brasil, que vê o país do ponto de vista da casa-grande, não da senzala. Nesse sentido, sua obra tem propósitos diferentes da de Sérgio Buarque de Holanda. Mas voltemos às semelhanças. Ao definirem a especificidade da cultura brasileira, ambos têm em mente um certo modelo da cultura anglo-saxônica que é descrita como antípoda à nossa. Metodologicamente, ambos fazem generalizações sobre a cultura brasileira baseadas em documentos extraídos de épocas diversas, que parecem confirmar a permanência dessa cultura desde os primórdios da colonização até entrar em crise com a urbanização. Muitos outros paralelismos poderiam ser estabelecidos entre os dois autores, assim como divergências, mas isso é matéria para um ensaio, não para uma entrevista.

Diversa é a postura de Caio Prado Jr. Sua metodologia baseia--se em uma leitura livre do marxismo. Ele abandona a busca do "caráter nacional", a abordagem culturalista, para analisar a evolução política do país à luz das condições econômicas e sociais, das lutas de classe e das contradições geradas pelo processo histórico. Nesse sentido, Caio Prado Jr. representa uma ruptura com a historiografia anterior e antecipa muito do que foi produzido no Brasil nos trinta anos que se seguiram à publicação de suas obras.

Durante muito tempo Gilberto Freyre e sua obra foram estigmatizados e combatidos por diversos setores acadêmicos e políticos, principalmente após 1964. A senhora tem um trabalho que procura combater um de seus conceitos-chave, "o idílico cenário da democracia racial no Brasil" (O mito da democracia racial no Brasil). No entanto, atualmente, o conjunto de sua obra tem sido revisitado com outros olhares. Peter Burke chega mesmo a afirmar que Freyre, de certa forma, antecipa a "Nova História", pois já nos anos 1930 ele "trabalha com tópicos como a família, sexualidade, infância e cultura material". A senhora concorda com isso? Acha que a obra dele deve ser revista e, principalmente, vista com outros olhos ou ainda a considera marcada pelas generalizações e percepções conservadoras?

O renovado gosto por Gilberto Freyre pode indicar um retrocesso e não um avanço da historiografia. Pode também ser expressão do momento conservador que estamos vivendo, uma volta a construções elitistas e aos mitos "nacionais". Isso não quer dizer que Gilberto Freyre não deva ser lido. Os clássicos devem ser lidos, não imitados. Peter Burke tem razão ao estabelecer uma genealogia entre o que ele chama de "história nova" e Gilberto Freyre. Sua opinião vem confirmar que essa história não é tão nova assim. Já tive ocasião de assinalar que esse tipo de história

CONVERSA COM A AUTORA

era comum nas décadas de 1940 e 1950, como demonstram os livros publicados na França na coleção *Histoire de la vie quotidienne*. As observações que fiz no passado sobre Gilberto Freyre continuam válidas. A democracia racial até hoje é um mito que tem servido às elites brasileiras para ignorar o problema dos negros no Brasil. Finalmente, não se deve esquecer que Freyre apoiou a política colonial salazarista e em 1964 não teve escrúpulos em denunciar pessoas. É preciso indagar até que ponto suas posições comprometeram seu trabalho. Deve-se examinar de forma crítica a metodologia usada, testar a acuidade de suas generalizações, verificar até que ponto refletem a ideologia das classes dominantes, até que ponto contribuem para a compreensão da realidade que pretendem descrever.

Sérgio Buarque de Holanda chegou a ser seu colega de departamento?
Quando Sérgio Buarque de Holanda veio integrar o Departamento de História da USP, eu já estava formada e ensinando. Convidou-me para ser sua assistente. Declinei o convite por preferir permanecer no curso de Introdução aos Estudos Históricos, longe dos conflitos de uma cadeira que tinha numerosos assistentes.

De inteligência viva e alerta, Sérgio destacava-se por sua vasta cultura humanística. Sempre foi um homem generoso, irreverente e brincalhão, um admirável contador de histórias, um estilista invejável.

As obras de Sérgio estendem-se por um longo período e incluem vários gêneros. Além dos livros de História, publicou ensaios de crítica literária que são um primor, por exemplo, os reunidos em *Cobra de vidro*. Sua abordagem histórica mudou ao longo do tempo. Há notáveis diferenças entre *Raízes do Brasil* e os livros que escreveu mais tarde, menos ensaísticos. *Monções* e principalmente *Caminhos e fronteiras* reúnem cuidadosos estudos de História Cultural. *Visão do Paraíso* examina a mitologia dos colonizadores. É obra extremamente erudita, que não encontra similar em nossa historiografia e escapa a qualquer classificação. O ensaio sobre Davatz e as colônias de Parceria de Ibicaba é uma análise histórica bem documentada e repleta de sugestões. A coleção *História geral da civilização brasileira*, em vários volumes, que ele dirigiu, teve um grande impacto na historiografia brasileira.

E as contribuições de Caio Prado Jr., em que aspectos elas foram determinantes para a ampliação e renovação de nossa historiografia e para o desenvolvimento do marxismo no Brasil?

Do ponto de vista metodológico, Caio Prado Jr. teve uma grande influência não só por seus livros: *Evolução política do Brasil*, *História econômica do Brasil* e *Formação do Brasil contemporâneo*, como também pela influência que exerceu na divulgação do marxismo através da *Revista Brasiliense* e de sua editora, a Brasiliense. Seu livro *Dialética do conhecimento*, publicado em dois volumes em 1952, representou para muitos uma iniciação ao marxismo. Finalmente, *A revolução brasileira*, obra de caráter eminentemente político, marcou uma época e originou importante debate. Apesar de não ter pertencido aos quadros da universidade, a presença de Caio Prado Jr. foi sempre sentida.

Não se pode dizer que existisse naquela época no Brasil uma ortodoxia doutrinária hegemônica entre marxistas, pois havia uma grande diversidade nas leituras do marxismo. Isso fica evidente quando comparamos, por exemplo, os livros de Jacob Gorender, Caio Prado, Leôncio Basbaum e Nelson Werneck Sodré, para mencionar apenas alguns dos mais conhecidos. Na campanha sistemática contra os marxistas, perderam-se de vista as diferenças.

De modo geral, a polêmica nesse campo sempre foi infindável e seguiu por diversos caminhos. Por exemplo, as diferenças entre os trabalhos e as concepções marxistas de Caio Prado e Nelson Werneck são evidentes, este sendo considerado mais ortodoxo e preso aos esquematismos. Por outro lado, muitos intelectuais marxistas chegam a negar a condição marxista de Caio Prado. Como a senhora percebia esses debates?

Evidentemente, as avaliações dependem das concepções de marxismo que cada um tenha. Nunca me preocupei com ortodoxias. Sempre achei que Nelson Werneck Sodré merecia mais atenção do que a universidade lhe dedicou enquanto ele viveu. Autor de inúmeras obras de grande valor, como a *História da imprensa no Brasil*, *História militar do Brasil*, *Memórias de um soldado*, *O que se deve ler para conhecer o Brasil*, *História da burguesia brasileira*,

CONVERSA COM A AUTORA

Razões da Independência, Formação histórica do Brasil, Panorama do Segundo Império, A ideologia do colonialismo brasileiro e muitos outros, sem falar na coleção *História Nova* que dirigiu, Nelson Werneck Sodré realizou uma obra importante para a historiografia brasileira, apesar dos esquematismos e mecanicismos, e do caráter teleológico de algumas de suas análises. Pesquisador incansável, patriota sincero, ele tocou em problemas que poucos ousaram discutir, expondo a elite brasileira e seus aliados de uma forma que bem poucos ousaram.

Aproveitando o tema, qual a influência do marxismo em sua formação e em sua forma de interpretar a História?
As influências marxistas são visíveis em meus livros. Mas minha leitura do marxismo foi sempre flexível e crítica. Marx oferece um método de análise, não um modelo a ser aplicado. Frequentemente, no entanto, suas ideias foram interpretadas de maneira esquemática e mecanicista, transformaram-se em dogma, esterilizante como todo dogma. No entanto, apesar da tentativa de estabelecer uma ortodoxia, por parte de alguns de seus seguidores, o marxismo deu margem a muitas interpretações e simbioses. Veja-se, por exemplo, Sartre, um existencialista, crítico do marxismo, que acabou sendo qualificado de marxista. O marxismo sempre foi um pensamento vivo, voltado para a prática. Adorno, Walter Benjamin, Lukács, Sartre, Habermas, Gramsci, Trotsky, para citar apenas alguns, interpretaram o marxismo de maneiras distintas. Durante a Guerra Fria procurou-se abolir as diferenças e negar a riqueza e atualidade do marxismo.

Entre os textos teóricos ou metodológicos que foram importantes para mim no período de minha formação, mencionaria: *O capital*, as *Formações pré-capitalistas*, o "Prefácio a *Crítica à economia política*", *A ideologia alemã*, *O 18 Brumário*, as cartas entre Marx e Engels; Trotsky, a *História da revolução russa*; Sartre, "Questões de Método", na *Crítica da razão dialética*, e um ensaio definindo seu método publicado, se não me engano, no *Temps Modernes* por volta de 1966, 1967; Lênin, o *Desenvolvimento do capitalismo na Rússia*, *História e consciência de classe* e *Ensaios sobre o realismo*; Lucien Goldman, *Filosofia e ciências humanas* e *Le Dieu caché*; Gramsci, *Notas de prisão*. Pouco mais tarde, os debates de

E. P. Thompson com Perry Anderson e com Althusser; as obras de Pierre Bourdieu e de Göran Therborn. Os historiadores marxistas que produziram maior impacto em minha geração foram: E. P. Thompson, Eric Hobsbawm e Raymond Williams, e os autores brasileiros citados anteriormente. Nos Estados Unidos, continuei a acompanhar os debates sobre o marxismo em revistas como a *New Review* e *History Workshop*, dirigida por Rafael Samuel e Stedman Jones, e a ler obras de autores marxistas e seus críticos. Seria, no entanto, impossível listá-los todos, e a seleção dos mais importantes exigiria maior espaço.

Já que lembrou desses autores, como a senhora avalia o processo de renovação da historiografia inglesa marxista a partir dos anos 1960? Ela teve algum impacto na produção norte-americana?

Perry Anderson, em *Arguments within English marxism*, publicado em 1980, resume as principais divergências até aquela época. O debate prosseguiu entre as novas gerações e os participantes da *History Workshop* refletem bem as novas tendências que, de certa forma, se distanciam bastante da temática e metodologia anteriores. Nesse processo, o marxismo se enriqueceu e se transformou, e às vezes se descaracterizou. Já em 1980 Perry Anderson referia-se ao *creeping culturalism* que penetrava os textos de Thompson. Desde então houve um deslizamento da historiografia em direção à cultura, à ideologia e aos discursos; as identidades étnicas e de gênero tomaram o lugar das análises de classes. Há um relativo abandono de conceitos fundamentais que constituíram no passado a base do marxismo, tais como modo de produção, consciência de classe, falsa consciência, luta de classes, contradições entre forças produtivas e relações de produção, infra e superestrutura. Recentemente, no entanto, alguns autores têm tentado resgatar esses conceitos ou fazer uma síntese entre as antigas e as novas posições.

E. P. Thompson exerceu poderosa influência nas novas gerações. Hoje sua obra começa a ser revista. A historiografia marxista inglesa tem uma moderada influência nos Estados Unidos. É mais visível entre os que dedicam à história do trabalho e aos estudos coloniais. Nota-se também sua presença no estudo das mulheres, devido à fusão, em alguns casos, entre feminismo e marxismo.

CONVERSA COM A AUTORA   293

O tema da escravidão é uma preocupação permanente em suas investigações. Há uma nítida linha de continuidade de 1966, com a livre-docência (publicada como Da senzala à colônia)*, até suas pesquisas mais atuais (com a publicação de* Coroas de glória...)*. Como surgiu o interesse por essa temática? Apesar das permanências, o que mudou substancialmente em sua forma de ver e analisar a escravidão moderna no Brasil e na América, os processos abolicionistas e as transições para o trabalho livre?*

Quando iniciei minha tese, queria entender como foi possível conciliar liberalismo e escravidão. Como, depois de quatrocentos anos de existência, essa instituição foi abandonada? Como foi possível empreender uma reforma que contrariava o interesse das classes dominantes sem que isso levasse a uma guerra civil? Essas questões pareciam importantes para quem vivia em uma época em que a necessidade de reformar era por todos reconhecida, embora houvesse profundas divergências sobre sua natureza e a maneira de realizá-las. Isso talvez explique o aparecimento de tantas teses sobre a Abolição naquela época.

A partir da publicação de *Da senzala à colônia*, fiquei escravizada ao tema, pois passei a ser considerada "especialista" na história da escravidão, embora o livro fosse sobre a transição do trabalho escravo para o trabalho livre, e apesar de eu ter escrito numerosos trabalhos sobre outros aspectos da sociedade brasileira no século XIX, alguns dos quais foram publicado em *Da Monarquia à República*, na *Latin American History*, editada pela Cambridge University Press, e em revistas especializadas. (Até hoje, em consequência dessa experiência, costumo recomendar aos alunos que tenham muito cuidado na escolha do tema de dissertação, pois terão de conviver com ele para o resto da vida. É mais fácil obter a separação do marido ou da mulher do que se desvencilhar da tese.)

Nas linhas gerais, não mudei minha interpretação do processo de transição do trabalho escravo ao trabalho livre, embora hoje certamente escreveria um livro diferente, que me permitisse descrever a articulação entre as transformações internas e as alterações no quadro internacional como fiz em *Coroas de glória*.

A história de um pastor que sai da Inglaterra para pregar o Evangelho aos escravos e acaba sendo acusado de ter instigado uma revolta permitiu-me lidar com questões sempre presentes na obra do historiador: o papel dos indivíduos e das classes, a construção e função das ideologias, a importância do acaso e da determinação, as relações entre "infra e superestrutura", tradição e inovação no transplante das culturas "africanas" para a América e a formação de uma nova cultura. A revolta de escravos expôs a dinâmica do colonialismo, as formas de apropriação da cultura do senhor pelo escravo, as relações entre resistência passiva e revolta, o papel das lideranças. Por sua vez, o estudo de sua repercussão na Inglaterra levou-me a analisar como os abolicionistas ingleses utilizaram o incidente para contrastar a escravidão com o trabalho livre, contribuindo dessa forma para ocultar a exploração do trabalho livre e, ao mesmo tempo, forjar a imagem da Inglaterra como terra da liberdade e da legalidade e a caracterizar a expansão imperialista como obra civilizatória. O livro é uma demonstração de uma teoria e uma metodologia da História que vim construindo através dos anos. Ao leitor cuidadoso, não escaparão, no entanto, as semelhanças entre esse livro e *Da senzala à colônia*, assim como as influências do corrente debate historiográfico sobre a escravidão e sobre a História.

Em diversas passagens do prefácio à segunda edição de Da senzala à colônia, *há uma tentativa de procurar afastar a ideia de "determinação em última instância". A senhora considera que houve uma apropriação inadequada de suas interpretações e pretende fazer um alerta às interpretações mais ortodoxas e economicistas?*

O prefácio da segunda edição foi escrito com o propósito de evitar que o livro fosse lido como uma interpretação mecanicista e meramente econômica da história. Por isso procurei dar ênfase à influência recíproca das várias instâncias, o que aliás já fora afirmado várias vezes no texto.

Nesse mesmo prefácio de 1982, a senhora dialoga claramente com a produção dos brasilianistas sobre a escravidão no século XIX. Por quê? Não havia produção satisfatória no Brasil nesse período?

O objetivo principal do prefácio era corrigir uma leitura equivocada do livro. A intenção não era fazer levantamento exaustivo da bibliografia. Nas notas de rodapé comentei algumas abordagens novas. Vários autores brasileiros foram mencionados, entre os quais Gorender, Lucy Hutter, José Amaral Lapa, Paula Beiguelman, Alice Aguiar Fontes, José Murilo de Carvalho, Roberto Martins, Pedro Carvalho de Mello, Florestan Fernandes, Fernando Henrique Cardoso, Octavio Ianni etc. Somente a partir de 1979 e 1980 começaram a aparecer em maior número livros de autores brasileiros sobre o assunto. Nem todos abordavam a mesma questão e nem sempre suas obras me chegaram às mãos em tempo. De fato, várias vezes registrei com surpresa e desapontamento que autores brasileiros mandavam seus livros para meus colegas americanos, mas pouco se lembravam de enviar uma cópia para mim. Pior ainda, alguns omitiam da bibliografia referências a meus trabalhos, enquanto faziam questão de citar historiadores americanos, como Eugene Genovese e David Brion Davis, os quais haviam extraído informações relativas à escravidão no Brasil de meu livro *Da senzala à colônia*, como tiveram o cuidado de indicar em notas de rodapé. Mas, como diz o ditado, "Santo de casa não faz milagre".

Atualmente, nossa produção cresceu e melhorou nesse campo?

Como ficou evidente nos congressos realizados por ocasião do centenário da Abolição e nas bibliografias publicadas, a escravidão e a abolição tornaram-se temas de grande interesse. Novos livros e artigos apareceram, alguns realmente excelentes, por exemplo os publicados por J. J. Reis e Flávio dos Santos Gomes em *Liberdade por um fio*. Dada a riqueza dessa produção, prefiro deixar a discussão da nova historiografia sobre escravidão e abolição para outra ocasião. Mesmo porque meu interesse hoje é outro. Estou mais interessada no século XX.

Grosso modo, a obra do professor Fernando Novais procurou explicar a expansão da escravidão na América apoiada fundamentalmente nas necessidades do tráfico negreiro, cujos interesses e lucros estavam vinculados à acumulação primitiva de capital. Essa tese marcou profundamente nossa historiografia e é reproduzida até hoje, por exemplo, nos livros didáticos. Como a senhora encara hoje essa concepção?

Cada historiador faz um recorte diferente na história. O recorte depende em parte de seus propósitos. A variedade de

296 BRASIL: HISTÓRIA, TEXTOS E CONTEXTOS

abordagens enriquece nossa compreensão. Fernando Novais chamou atenção para um problema importante: a influência dos interesses mercantis no tráfico de escravos. Outros historiadores dedicaram atenção ao desenvolvimento interno do Brasil Colônia, a organização de sua economia e a constituição de uma classe associada à economia de exportação, dependente do trabalho escravo. As duas interpretações me parecem complementares. Até hoje o curso de nossa história é marcado por dois vetores interdependentes: um ligado ao nosso tipo de inserção no mercado internacional e outro dependente das formas de utilização dos recursos internos e da estruturação das classes sociais que leva à criação de uma camada responsável pela definição de nossos rumos. Pressões internas e externas moldaram e continuam moldando nossa história. O importante é descobrir como se dá a articulação entre esses vetores nos vários momentos.

Durante certo tempo, predominou em nossa historiografia o conceito do latifúndio exportador, monocultor e escravista (plantation), *que procurava explicar nossa sociedade exclusivamente a partir das relações entre senhores e escravos. A senhora considera que sua obra e a da professora Maria Sylvia de Carvalho Franco tentaram ampliar esse horizonte social?*

Caio Prado Jr. foi o primeiro a valorizar a presença do trabalhador livre. Mais tarde, outros autores seguiram o mesmo caminho: Antonio Candido em *Os parceiros do Rio Bonito*, Lucilia Herman em uma monografia sobre Guaratinguetá e Maria Isaura Pereira de Queiroz. Maria Sylvia ampliou o debate. Sua obra foi um marco nesse sentido. Chamou atenção para a importância dos chamados homens livres na formação da sociedade brasileira. Desde então nossa historiografia passou a estudar esse segmento da sociedade.

Minha contribuição nesse sentido foi modesta. Em *Da senzala à colônia*, registrei a presença do trabalhador livre nas fazendas de café. Mais tarde, em *Da Monarquia à República*, analisei o papel da população urbana composta de brancos, negros e mestiços, em sua maioria artesãos, vendedores ambulantes, caixeiros, pequenos comerciantes, condutores de mulas e muitos outros, que frequentemente se juntaram aos movimentos revolucionários do tempo, mantendo no entanto sua autonomia e esposando um projeto político mais democrático do que o adotado pelas elites.

Nossa historiografia tem avançado muito no sentido de estudar os homens e mulheres livres como demonstram, entre outros, os trabalhos de Maria Odila Leite da Silva Dias e seus orientandos. Seu artigo publicado no livro *Historiografia brasileira em perspectiva* dá uma ideia da riqueza dessa produção.

Atualmente, a produção sobre o assunto tem como alvo principal compreender a escravidão dos africanos e a sociedade escravista a partir dos aspectos internos, regionais e de outras dimensões da vida do escravo africano. O que a senhora acha disso?

Em nota de rodapé do prefácio à segunda edição de *Da senzala à colônia*, apontei algumas lacunas na historiografia. Lamentei a concentração dos estudos nas áreas cafeeiras e o desconhecimento que ainda pairava sobre a escravidão em outras partes do Brasil e em outras atividades. Reclamei estudos sobre o processo abolicionista e sugeri que se analisassem os discursos abolicionista e escravista. Notei a falta de pesquisas sobre o abolicionismo e abolicionistas, o silêncio da historiografia sobre o papel das mulheres na Abolição, a falta de informação sobre negros abolicionistas. Recomendei que se fizessem estudos de detalhe sobre o processo político da Abolição, que se examinasse o comportamento dos políticos e dos grupos que representavam. Observei a necessidade de se estudar o escravo urbano, os negros livres e a imprensa abolicionista. Notei que faltavam estudos sobre o escravo propriamente dito, seu processo de socialização, suas formas de acomodação e resistência, seus cultos e suas crenças. Hoje verifico com satisfação que os trabalhos feitos desde então cabem dentro dessa agenda, embora, evidentemente, sempre haja muito por fazer.

Em "o escravo na grande lavoura", a senhora levantou uma questão muito interessante sobre as dificuldades enfrentadas especialmente pelos negros no universo do trabalho após a escravidão. A senhora diz que: "Alguns, atraídos pela miragem das cidades, aglomeravam-se nos núcleos urbanos, onde passavam a viver de expedientes, incumbindo--se das tarefas mais subalternas [...] a liberdade significava para eles

298 BRASIL: HISTÓRIA, TEXTOS E CONTEXTOS

a possibilidade de escolher com quem, quando e como trabalhar e, principalmente, o direito de não fazer nada". Vários outros autores também tratavam desse assunto na época. A ideia estava no ar. Talvez apenas a formulação fosse nova. Hoje provavelmente eu daria maior importância às condições encontradas pelo liberto em uma sociedade que fechou as portas para sua integração, reservando-lhe os lugares mais subalternos e limitando de várias maneiras suas oportunidades de ascensão social, como pude comprovar em uma pesquisa que fiz sobre a situação do negro em São Paulo após a Abolição.

Sua obra revela também preocupações com a História Política, abrangendo temas como a Independência e a Proclamação da República. Depois de ser identificada com a historiografia tradicional e em seguida marginalizada pelas interpretações econômicas e sociais, hoje parece haver um retorno da História Política. Como a senhora vê essa ampliação do que se entende por política e o retorno à História Política? Talvez mais correto seria dizer que a maioria de meus trabalhos revela preocupações políticas. Quando me aventurei a estudar ideologias, a sociedade, a economia, foi sempre com o propósito de compreender a política. A História Política tradicional não respondia às questões que me interessavam.

Na introdução do livro *The Brazilian Empire: myths and histories*, publicado pela primeira vez em 1985 nos Estados Unidos, fiz um apelo em favor de uma nova História Política, que incorporasse os dados que estavam sendo produzidos na História Econômica e Social, sem reduzir entretanto a política a um epifenômeno. Dizia, naquela ocasião, que, equipada com técnicas quantitativas novas e produzindo dados valiosos sobre o tamanho das famílias, as mudanças demográficas, os níveis de produção e troca, a historiografia estava levando, no entanto, a uma visão fragmentada da sociedade, perdendo de vista as conexões entre as várias instâncias. Ao enfocar exclusivamente os grupos subalternos, os historiadores haviam negligenciado o estudo dos grupos dirigentes, perdendo de vista a relação dialética que existe entre ambos. Esquecia-se também a centralidade da política, o que prejudicava a compreensão do passado e do presente. Nas sociedades modernas, no entanto, em virtude de dois protestos intimamente relacionados – a in-

CONVERSA COM A AUTORA

corporação de um número cada vez maior de pessoas à economia de mercado e a presença avassaladora do Estado –, as decisões políticas afetam a vida dos indivíduos de maneira jamais vista. As condições de trabalho no campo e na cidade, o *status* da mulher, as oportunidades oferecidas ou negadas ao homem ou mulher de cor, o sistema de impostos, a distribuição de riquezas, e assim por diante, dependem não apenas da luta de cada um, como sugerem alguns autores, ou da lógica do mercado, como querem outros, mas de decisões tomadas pelos detentores do poder. Daí a importância da História Política.

Desde seus primórdios, as ideias liberais no Brasil tiveram especificidades históricas, sobretudo porque foram marcadas pela escravidão e pelo conservadorismo de nossas elites; essa realidade gerou muita discussão e polêmica sobre as "ideias fora do lugar". A senhora considera um traço característico de nossa elite política que se perpetua até hoje esse "uso conjuntural" das ideias e que geralmente acaba levando a tendência ao conservadorismo?

Nossas elites sempre importaram ideias e instituições de nossas metrópoles e procuraram adaptá-las à nossa realidade, segundo seus interesses. Não é pois de se estranhar que sucessivas gerações tenham assinalado a distância entre o país ideal e o real. O liberalismo é o exemplo clássico dessa transferência que levou Roberto Schwarz a falar em "ideias fora do lugar". Nascido do desenvolvimento do capitalismo e das lutas políticas na Inglaterra e na França contra ideias e instituições que sustentavam o "antigo regime", o liberalismo foi legitimado pela Revolução Francesa e exportado para várias partes do mundo, onde foi adquirir dinâmica própria. No Brasil, o liberalismo serviu inicialmente a uma elite interessada em libertar-se do jugo da metrópole e em manter as formas tradicionais de produção baseadas no trabalho escravo e na exportação para o mercado internacional. Setores populares que se apropriaram das ideias liberais, conferindo-lhes caráter mais democrático, foram derrotados. Prevaleceu um liberalismo essencialmente conservador. Mesmo depois da Abolição, o quadro não se transformou radicalmente. O monopólio dos meios de produção e o controle do aparato estatal por uma minoria, a predominância da economia de exportação e a fraqueza do mercado interno garantiram sua preservação e a sobrevivência do sistema de patronagem. A manutenção dessa estrutura impôs limites ao liberalismo, gerando um pensamento contraditório que tentava conciliar a ética liberal com a do favor, típica do sistema de patronagem. Como corretamente apontou Roberto Schwarz, enquanto a primeira postulava a autonomia do indivíduo, a universalidade da lei, a cultura desinteressada, o trabalho e a poupança, a segunda cultivava a dependência, a exceção à norma, a "cultura engajada", a ociosidade e a ostentação. A coexistência da ética do liberalismo com a do favor conferiu especificidade ao liberalismo das elites brasileiras no século XIX. Fiz uma análise detalhada desse processo na última edição do meu livro *Da Monarquia à República* e no ensaio "Brazil: the age of reform", publicado na *Cambridge History of Latin America*.

A senhora saiu do país antes da organização e expansão dos cursos de pós-graduação de História. Mesmo estando relativamente distante, a senhora acha que as pesquisas e o volume crescente de monografias foi positivo para o desenvolvimento e diversificação de nossa produção historiográfica?

Nos últimos trinta anos, houve um avanço enorme na historiografia brasileira. A influência francesa, embora ainda visível, compete hoje com a inglesa e a americana, o que imprimiu um tom mais empírico aos trabalhos de História. Ao mesmo tempo, vários arquivos foram organizados, facilitando o uso de fontes primárias e abrindo novas áreas de pesquisa. Igualmente importantes foram: o extraordinário aumento do número de alunos nos cursos de História, a criação de novas universidades em várias partes do país e a multiplicação dos cursos de mestrado e doutorado. Os estudos históricos, que no passado tendiam a se concentrar em algumas regiões, espalharam-se por todo o país e o contato entre os pesquisadores das várias áreas intensificou-se, graças a organizações como a Associação Nacional de Professores de História e as seções regionais, os encontros e conferências nacionais e internacionais, e a publicação de revistas de História em vários pontos do país. A História teve suas fronteiras alargadas. Novos temas passaram a receber atenção dos pesquisadores. Uma das áreas que mais cresceu foi a historiografia relativa a mulheres, até então envoltas

CONVERSA COM A AUTORA

na mitologia patriarcal. Também os pequenos produtores, que não se enquadravam na dicotomia escravo/ senhor, a sexualidade, as crendices populares, o cotidiano dos operários, a História das Mentalidades, passaram a atrair a atenção dos historiadores. Acompanhando essa expansão temática, ampliou-se a fronteira cronológica. Desenvolveram-se novamente estudos sobre o período colonial, que por um tempo estivera abandonado. Ao mesmo tempo, o foco de interesse deslocou-se do século XIX para o XX. Tudo isso representou um progresso extraordinário. É inevitável que uma tal expansão dê margem a críticas. A pressão para publicar resulta, às vezes, em trabalhos medíocres, superficiais, ou mal escritos, sobre assuntos curiosos, mas de pouca relevância. A obra de História tornou-se mercadoria e como tal está sujeita ao mercado, o que implica certas limitações; entre as quais, a sujeição a seus modismos e preconceitos, ao abuso do pitoresco, do curioso, do grotesco, de tudo o que possa atrair um público maior. Às vezes, o único propósito que guia o pesquisador é escrever uma tese, qualquer tese. A preocupação social ou política está ausente de seu trabalho. O abandono da noção de totalidade e da ideia de processo, a falta de conexão entre a micro e a macro-história, enfraquecem as interpretações e dificultam a elaboração de uma síntese. Acumulam-se dados desconexos, perde-se a visão do conjunto. A historiografia descola-se dos problemas da sociedade e se perde em minúcias, tornando irrelevante o trabalho do historiador que vira um antiquário, um colecionador de casos. Um grande número de pesquisadores, no entanto, consegue escapar a essas pressões e tendências. Em suma, as vantagens decorrentes da expansão das fronteiras da História neutralizam, em parte, os aspectos negativos. A historiografia brasileira amadureceu. Hoje temos melhor compreensão das múltiplas faces que compõem o Brasil. Em artigo sobre as tendências na historiografia do trabalho, publicado no Estados Unidos em 1989 e reproduzido em 1990 no *Boletim Informático e Bibliográfico de Ciências Sociais*, fiz um balanço do que perdemos e do que ganhamos com a nova historiografia. Em 1994, voltei a apontar os riscos dessas tendências na *Revista Brasileira de História*, em um ensaio sobre a inversão da dialética. Na introdução ao livro *Coroas de glória...* voltei a discutir o assunto.

A senhora considera que atualmente, com a fragmentação e diversificação da História em diversas áreas, disciplinas e subdisciplinas etc., faltam obras e historiadores capazes de realizar obras mais gerais. Na realidade, essas grandes sínteses continuam sendo importantes?

As grandes sínteses são essenciais para o conhecimento do passado e para a elaboração de um projeto político. Mais do que úteis, elas são necessárias.

A preocupação com as microfísicas do poder e com a análise dos discursos, a desqualificação das vanguardas e do papel do intelectual na sociedade, a valorização do espontaneísmo e dos movimentos populares de resistência, o abandono do conceito de classe em favor do conceito de identidade, a ênfase na subjetividade dos agentes históricos e na superestrutura, todas essas tendências, presentes em um grande número de trabalhos de História, surgiram em reação a uma historiografia mecanicista e teleológica, que transformava tudo em reflexo das condições materiais de existência, negligenciando a relativa independência das várias instâncias; uma historiografia que desconhecia as múltiplas identidades (de gênero, religião, étnica, de classe etc.) que tornam a ação humana contraditória e, até certo ponto, imprevisível, complicando a construção de uma consciência de classe. Reagiam ainda contra uma historiografia que fazia dos agentes históricos meros produtos de forças históricas cegas, retirando--lhes a parcela de liberdade e responsabilidade no fazer história. Opunham-se a uma historiografia que valorizava o papel das elites políticas e culturais e vanguardas operárias, ignorando os grupos subalternos. As microfísicas do poder chamaram atenção para formas de opressão até então ignoradas.

Como sucede frequentemente, o processo revisionista levou a exageros que comprometeram a visão histórica em seu duplo sentido de história como representação e como realidade vivida. Perdeu-se a compreensão de onde o poder reside em última instância, desconheceu-se as limitações impostas pelas condições materiais de existência e desqualificou-se toda e qualquer forma de liderança. Abandonaram-se a síntese e a interpretação em favor do estudo do detalhe e da descrição. A reação não tardou. Apareceram os críticos. Hoje é necessário que se faça uma nova síntese entre as tendências do passado e do presente. Só assim

CONVERSA COM A AUTORA

poderemos construir um quadro mais adequado à complexidade do real. Talvez no futuro os historiadores estejam mais capacitados para realizar a tarefa que hoje se reclama.

Já que entrou nesse assunto, a senhora é de uma geração de intelectuais das ciências humanas que tinha clareza quanto à função social e do papel político de sua disciplina. A História era encarada como uma espécie de "consciência do mundo" e "um instrumento de mudança social". A senhora avalia que essas posturas eram, ou ainda são, positivas ou restritivas? Sua percepção a esse respeito mudou?

O historiador profissionalizou-se e esse processo tem aspectos negativos e positivos. A profissionalização frequentemente resultou em especialização. Um dos problemas decorrentes é que ela dificulta a compreensão das interconexões entre as várias instâncias.

Em virtude da profissionalização, muitos dos que hoje se dedicam à História estão mais interessados nas próprias carreiras do que em entender o passado para construir o futuro. A competição acadêmica leva à busca da originalidade e da produtividade a qualquer custo. Nessas condições, a ideia de que a História é um dos instrumentos para a mudança do mundo não encontra muita aceitação. Para mim, no entanto, continua sendo a principal razão de meu interesse pela História.

Nos últimos anos, abandonaram-se os modelos explicativos, descartou-se a ideia de processo e destruiu-se a crença na possibilidade de se alcançar um entendimento mais ou menos objetivo do passado, de atingir o que Lucien Goldman chamou de máximo de consciência possível. Para muitos, a historiografia se transformou em registro de versões subjetivas, memórias e testemunhos. Dentro desse contexto, a ideia da vinculação necessária entre teoria e prática não faz sentido.

Hoje vive-se em um mundo do eterno presente. Ninguém parece perguntar de onde viemos e para onde vamos. Já houve na história momentos semelhantes. Tenho dito várias vezes que estamos atravessando um período que faz lembrar a Restauração dos Bourbon na França após a Revolução Francesa, quando autores como Musset falavam no *mal du siècle*. Mas assim como o período da Restauração passou, o momento que estamos vivendo também passará. Já há sinais de que a mudança virá, talvez mais depressa do que se pensa.

Com o olhar de quem vive há trinta anos nos Estados Unidos, como a senhora avalia o papel dos brasilianistas para o desenvolvimento de nossa historiografia de maneira geral?

Hoje é difícil definir um brasilianista. Devemos considerar brasilianista um brasileiro que tem um ph.d em História nos Estados Unidos, mas ensina no Brasil os métodos aprendidos lá? Como qualificaremos os americanos formados nos Estados Unidos e com tese feita lá, que passaram a integrar nossas universidades? Serão eles brasilianistas? E aqueles que se formaram em universidades brasileiras e acabaram ensinando História do Brasil nos Estados Unidos ou na Europa? Deveriam ser considerados brasilianistas? Diante da dificuldade de conceituação, fica complicado responder à sua questão. De maneira geral, a contribuição dos "brasilianistas", no sentido antigo da expressão, tem sido significativa para o desenvolvimento da pesquisa histórica no Brasil. Quero registrar, no entanto, minha estranheza pelo fato de um grande número de brasileiros ir aprender a história do Brasil nos Estados Unidos em vez de aproveitar a oportunidade para estudar a história daquele país, tão pouco conhecida entre nós, ou de examinar a história das relações entre Estados Unidos e América Latina.

Ainda com relação à historiografia norte-americana, a história quantitativa e os "cliométricos" tiveram forte influência nos Estados Unidos nas décadas de 1960 e 1970, muitas vezes transformando essa técnica auxiliar em um verdadeiro método. Qual é sua influência atualmente? Qual o balanço que a senhora faz dessa produção?

Sempre fui crítica desse tipo de historiografia, que, como você bem caracterizou, transformou uma técnica auxiliar em método de pesquisa. A estatística é útil e necessária, mas pode dar uma noção completamente falsa da realidade. Quando cheguei aos Estados Unidos, a chamada história quantitativa estava muito em voga. Historiadores como Robert Fogel e Stanley Engerman, autores de *Time on the cross*, pretendiam revolucionar os estudos da escravidão através do uso de estatísticas. Inicialmente, a obra fez grande sucesso. Foi discutida por historiadores em vários con-

CONVERSA COM A AUTORA

gressos. Cheguei a participar de um desses, no qual critiquei a maneira pela qual os autores tinham abordado questões relativas a sexualidade e reprodução dos escravos. As críticas ao livro e aos métodos utilizados foram tantas que Fogel viu-se obrigado a publicar novos livros com o intuito de refutá-las. Hoje esse tipo de história já não encontra muitos seguidores nos Estados Unidos.

Já na passagem dos anos 1970 para 1980, a "Nova História Cultural", que procurava aproximar História e Antropologia, alcançou grande destaque nos Estados Unidos, e sua maior expressão internacional foram os trabalhos de Robert Darnton e Natalie Zenon Davies. Como a senhora avalia essas aproximações com a Antropologia e seu papel para a renovação historiográfica?

A Antropologia e a História estão empenhadas em uma troca que pode dar resultados muito fecundos, como demonstram as análises de John e Jean Comaroff, dois antropólogos que recentemente publicaram uma obra impressionante, intitulada *Of Revelation and Revolution*, que tem muito a oferecer ao historiador. O mesmo se pode dizer de outros antropólogos, como Sidney Mintz ou Eric Wolf, cuja contribuição para os estudos históricos foi muito importante. Os historiadores têm aprendido muito com os antropólogos. Esse é o caso de Robert Darnton, que se beneficiou do convívio com Clifford Geertz. Ambos ofereceram por muito tempo um seminário conjunto em Princeton. Outro historiador que revela fortes influências da Antropologia e foi muito afetado pelas tendências contemporâneas da historiografia francesa é o australiano Greg Dening, autor de *Island and Beaches: discourse on a silent land: Marquesas 1887-1880* e vários outros livros. Natalie Davis é um caso à parte. Em *The return of Martin Guerre*, ela realiza magistralmente a difícil tarefa de, através da narrativa de um evento singular, descrever toda uma época. Seu trabalho conferiu à micro-história e à historia narrativa um novo *status*.

Hoje há um intenso debate que muitos avaliam com reflexo de uma crise mais global em torno das diversas dimensões da História, isto é, sua condição de realidade "concreta", de narrativa, de representação e de conhecimento produzido. Como a senhora avalia esse debate? Alguns, como H. White, chegam mesmo a propor que a História é um

306   BRASIL: HISTÓRIA, TEXTOS E CONTEXTOS

estilo narrativo e retórico que não produz verdades nem conhecimento. Qual o impacto de sua obra nos Estados Unidos? Não há como negar a existência de uma crise epistemológica. Há muita confusão e desorientação no presente e alguns chegam a falar no "fim da História", ou, como Hayden White, a negar qualquer possibilidade de conhecimento. Essa moda filosófica não é nova. Existe desde a Antiguidade e nunca chegou a desaparecer completamente. Em certos momentos históricos, essas tendências prevalecem. Não creio, no entanto, que Hayden White tenha muita influência nos Estados Unidos fora de um pequeno círculo.

Como a senhora avalia as profundas transformações ocorridas na historiografia a partir da década de 1970, protagonizadas sobretudo pela historiografia francesa? Qual foi seu impacto na historiografia norte-americana? Muitos críticos afirmam que seus efeitos foram efêmeros e produziram incertezas metodológicas, inquietudes teóricas e fragmentação de objetos. Como a senhora avalia essa crítica?

Quando examinamos a historiografia nos últimos trinta anos, observamos um deslizamento progressivo de um momento estruturalista para um momento antiestruturalista. Passamos de uma ênfase nas forças históricas objetivas para uma ênfase na subjetividade dos agentes históricos; de uma preocupação com o que se conceituava como infraestrutura para uma preocupação com a superestrutura. Em algumas análises, a consciência passou a determinar o ser social, em uma inversão das abordagens tradicionais. O conceito de classe foi substituído pelo de identidade. A necessária crítica ao objetivismo positivista, que postulava uma total autonomia do objeto em relação ao sujeito e que confiava cegamente no caráter científico da história, e o reconhecimento de que o historiador constrói seu objeto levaram à negação da possibilidade de conhecimento e à destruição dos limites entre história e ficção. Descartou-se a noção de totalidade. Passou-se a negar que a história obedeça a qualquer lógica. Abandonam-se os modelos teóricos, e o empirismo virou moda novamente. Passou-se a privilegiar o acidental, o imprevisível, o grotesco, o inesperado, o irracional, o espontâneo. A história *tableau* e a história da vida cotidiana, comuns há cinquenta anos, voltaram a circular sob novas roupagens. Fazer história do ponto de vista

CONVERSA COM A AUTORA

do participante tornou-se moda. A história oral passou a ser um gênero favorito. Multiplicaram-se os estudos fundados quase exclusivamente em memórias, testemunhos e entrevistas. Influenciados por Foucault, os historiadores passaram a se interessar pelo que foi chamado "as microfísicas do poder" e se desinteressam da "macrofísica". Essas tendências existem na França, nos Estados Unidos e em outras partes do mundo. A maioria dos historiadores americanos, no entanto, continua imune a elas.

A mudança de rumo da historiografia representou, como vimos anteriormente, uma reação à historiografia do passado, uma correção necessária de algumas simplificações e mecanicismos das abordagens tradicionais. As novas preocupações produziram resultados interessantes, principalmente no que diz respeito à problematização das noções de classe e de hegemonia, reavaliação do conceito de Estado e das relações de dominação, a construção de identidades étnicas e de gênero e a questão nacional.

As tendências revisionistas estão relacionadas com as mudanças que ocorreram no mundo nas últimas décadas, a crise na União Soviética e a maciça propaganda contra o marxismo e o socialismo, e a volta ao liberalismo, cujas implicações devem ser oportunamente examinadas. Já se nota hoje uma reação crítica e até mesmo um repúdio aos seus descaminhos. Acredito que desse processo nascerá uma síntese mais rica e uma prática mais eficaz.

ENTREVISTA*

A entrevistada deste número da *Margem Esquerda* é Emília Viotti da Costa, uma das maiores historiadoras brasileiras do século XX e integrante ativa do Conselho Editorial de nossa revista. Sua trajetória intelectual e militante passa pela graduação e pós-graduação em História na Universidade de São Paulo (USP), onde atuou como professora livre-docente entre 1964 e 1969.

Nesse mesmo ano de 1969, poucos meses após o decreto do Ato Institucional nº 5 (AI-5), depois de proferir a aula inaugural daquele semestre, com o tema "A crise da universidade", e debater o mesmo assunto na TV com o ministro da Educação Tarso Dutra, a então mais jovem professora da USP foi presa com outros colegas e, posteriormente, aposentada compulsoriamente pela ditadura militar, que assim fechava seu cerco à universidade paulista.

Como a perseguição política não cessava, Emília foi obrigada a se exilar nos Estados Unidos, onde, a partir de 1973, tornou-se professora de História da América da Universidade de Yale. Em 1999, assim como outros professores cassados, recebeu o título de professora emérita da Universidade de São Paulo (USP).

---

* Entrevista concedida a Milton Pinheiro e Paulo Douglas Barsotti. *Revista Margem Esquerda* n.23, São Paulo, Boitempo Editorial, 2014.

Por sua produção intelectual, tornou-se referência obrigatória da historiografia brasileira. Autora de extensa obra, tem seus livros republicados em várias edições, como *Da Monarquia à República: momentos decisivos*; *Da senzala à colônia*; *A Abolição*; *O Supremo Tribunal Federal e a construção da cidadania*; *A dialética invertida e outros ensaios* (todos pela Editora da Unesp, na qual também coordena a coleção Revoluções no Século XX) e *Coroas de glória, lágrimas de sangue* (Companhia das Letras).

Nesta entrevista, concedida a Milton Pinheiro e Paulo Douglas Barsotti, Emília Viotti fala sobre sua trajetória intelectual e política, sua obra e seus estudos historiográficos. Debate, ainda, momentos decisivos do Brasil contemporâneo.

Margem Esquerda – Professora, estamos aqui para conversar sobre duas questões importantes: sua trajetória política e seu projeto historiográfico. Fale-nos um pouco sobre como se deu seu interesse pela História, no começo dos anos 1950.
Emília Viotti – Minha infância foi um período solitário. Como eu não tinha irmãos, a escola sempre foi uma diversão para mim – e os estudos e as leituras, minha principal ocupação. Inicialmente, eu queria estudar Física, mas ao terminar o secundário mudei de plano, pois o curso de Física exigia tempo integral e eu estava de casamento marcado. Resolvi fazer o curso de Ciências Sociais, na Faculdade de Filosofia da Universidade de São Paulo. Na época, no entanto, o curso não era profissionalizante e não havia muitas oportunidades de trabalho para quem se formasse em Ciências Sociais. Um tio que se formara em Filosofia na USP me aconselhou então a fazer o curso de Geografia e História, que me permitiria trabalhar como professora de ambas as matérias. Segui a sugestão.

Até então eu vivera em um período de grandes acontecimentos históricos: nasci durante a crise econômica que abalou o mundo em 1929 e atravessei as revoluções de 1930 e 1932. Minhas primeiras memórias datam dessa época, quando um tio retornou do *front*, para grande surpresa da família. Alguns anos depois, ainda criança, acompanhei os acontecimentos da Segunda Guerra Mundial (1939-45) e fui para as ruas em 1945 celebrar a paz. Durante minha adolescência, acompanhei a ascensão e a queda de Hitler e Mussolini. No Brasil, assisti à posse de Getúlio

ENTREVISTA

Vargas, ao Estado Novo, à queda de Vargas em 1945 e sua volta ao poder. Fui testemunha das transformações extraordinárias que ocorreram durante esse período quando o país se industrializou. Meu interesse pela História nasceu dessa história viva e dos debates políticos do período.

ME – *A senhora entrou na USP como estudante, em um momento em que a historiografia estava sendo rediscutida a partir dos trabalhos de Caio Prado Jr. Como foi a recepção desse projeto historiográfico naquele momento?*
EV – A obra de Caio Prado foi, para mim e tantos outros de minha geração, uma abertura para os estudos históricos, um convite para a construção de uma nova história do Brasil. Sua presença acompanhou-me ao longo de toda a minha vida como historiadora.

ME – *É sempre uma curiosidade para os jovens estudantes saber como se chega a um objeto de pesquisa. De que forma se deram suas escolhas, da graduação ao doutorado?*
EV – No primeiro momento, minha escolha foi bastante influenciada pela bolsa que recebi para estudar em Paris. Pareceu-me natural escolher um tema da história da França que me havia interessado durante o curso: o que acontecera com a nobreza francesa depois da Revolução? Os arquivos franceses tinham abundante documentação a respeito do tema e até aquele momento não havia livros sobre o assunto. Aconselhada pelo professor Antonio Candido, passei a colecionar memórias e autobiografias de membros da nobreza francesa e iniciei a pesquisa de documentos. Alguém poderia perguntar por que procurei o professor Antonio Candido, professor de Literatura e crítico literário, e não um historiador para me orientar. A importância de Candido para minha geração é impossível de se avaliar. Ele foi para todos nós um exemplo a seguir, o orientador de toda uma geração.
Na França, aprendi por conta própria a usar os arquivos e a trabalhar com a documentação. Voltei ao Brasil com uma enorme bagagem de documentos e livros. Durante a viagem de navio, que durava quinze dias, tive tempo para avaliar o resultado de meu

trabalho e cheguei à conclusão de que escolhera um tema que não me abriria novos horizontes. Naquela época, a possibilidade de levar adiante pesquisas no Brasil sobre a França era bastante limitada. As viagens eram caras e difíceis, as bolsas de estudo eram raras, o financiamento das pesquisas, escasso. Ao chegar ao Brasil e assumir a cadeira no ensino secundário que conquistara em concurso público, as dúvidas sobre prosseguir na pesquisa só aumentaram. Resolvi então abandonar o projeto inicial e me dedicar à questão da emancipação dos escravos. Por que essa questão e não outra? Porque a questão primordial depois da guerra era a democratização do país e, para isso, a integração dos negros na sociedade brasileira era fundamental. A questão era como fora possível abolir sem violência uma instituição que perdurara mais de quatro séculos. Foi esse problema que tentei resolver em meu primeiro livro, *Da senzala à colônia*.

ME – A sociedade brasileira das décadas de 1950 e 1960 passou por algumas mudanças importantes. Como observadora privilegiada, a senhora poderia analisar a cultura política e historiográfica daquele período?
EV – O fim da guerra em 1945 coincidiu com a volta ao regime democrático, que vigorou até 1964. Foi um período de grandes mobilizações populares, com o retorno de Vargas ao poder, o governo desenvolvimentista de Juscelino Kubitschek, a renúncia de Jânio Quadros e o governo reformista de João Goulart, que culminou no golpe de 1964.

Na universidade, as perseguições à esquerda tornaram-se mais intensas a partir de 1964, mas foi apenas em 1968 que o movimento se radicalizou, ocasionando novas aposentadorias. Fui atingida nessa segunda leva, quando professores como Octavio Ianni, Fernando Henrique Cardoso e vários outros colegas foram aposentados. Até então eu trabalhara na Universidade de São Paulo por quinze anos, primeiro como instrutora, depois como assistente e finalmente como livre-docente, de 1964 a 1969, quando fui aposentada pelo Ato Institucional nº 5.

Nos primeiros anos publiquei vários trabalhos sobre o ensino da História e sobre a historiografia. "A concepção do amor e

ENTREVISTA

a idealização da mulher no Romantismo",[1] um dos primeiros ensaios que publiquei, foi influenciado pelos relatos de minha avó. Comecei a estudar o processo que levou à emancipação política do Brasil e o desempenho de José Bonifácio de Andrada e Silva, o "Patriarca da Independência", o que me deu a oportunidade de me dedicar à biografia, um gênero que não havia experimentado ainda. Tentei também outros tipos de história. Inspirada pela leitura do livro de Gilberto Freyre, *Ingleses no Brasil*, escrevi sobre a influência francesa em São Paulo. Também publiquei um ensaio sobre os degredados, tema pouco conhecido até então. Tive dificuldade para encontrar material para uma aula que daria no curso secundário, e isso deu origem a uma pesquisa que resultou em meu ensaio. Publiquei também vários estudos sobre o movimento republicano, a Proclamação da República e a Abolição da escravatura. Durante esse período escrevi o livro sobre a transição da escravidão para o trabalho livre nas zonas cafeeiras, que foi minha tese de livre-docência, em 1964, que dois anos mais tarde foi publicada de forma bastante reduzida, com o título *Da senzala à colônia*. Em 1969, tendo sido aposentada pelo AI-5, iniciei uma nova etapa de minha vida.

ME – A senhora ingressou na USP como professora em 1964 e logo em 1969 acabou sendo presa, cassada e aposentada pelo AI-5. Como ocorreu todo esse processo?
EV – De fato, como relatei anteriormente, comecei a trabalhar como instrutora na USP quando voltei da Europa – portanto, desde 1954-5 –, na cadeira de História Moderna. Pouco tempo depois, foi criado o curso de Introdução aos Estudos Históricos e eu passei a dar aulas de Metodologia da História, posição que ocupei até minha aposentadoria, em 1969.

ME – Como foi a reação de seus pares diante desse ato de exceção, em especial do professor Florestan Fernandes?
EV – Sofri um processo na auditoria militar ao qual Sérgio Buarque de Holanda e Antonio Candido e alguns outros amigos assistiram. Os demais não tiveram a coragem de se manifestar

---

1 Publicado na revista *Alfa*, n.4, p.38.

314 BRASIL: HISTÓRIA, TEXTOS E CONTEXTOS

publicamente. Florestan sempre foi meu amigo e sempre me apoiou. Quando fui aposentada ele já estava fora da universidade, banido por ato semelhante.

ME – Após a cassação, a senhora foi trabalhar nos Estados Unidos como professora de História da América Latina, na Universidade de Yale. Como se deu essa experiência de professora e exilada, e quais são as principais características da historiografia norte-americana?
EV – Não fui diretamente para Yale. De fato, a primeira vez que visitei os Estados Unidos foi em 1969-70, logo após minha aposentadoria, quando dei um curso na Universidade de Tulane, em Nova Orleans – Michael Hall, que estava fazendo pesquisas no Brasil, me convidou para substituí-lo durante um semestre. Um ano depois voltei aos Estados Unidos, a convite de Joseph Love, que lecionava em Urbana-Champaign. Dessa vez levei dois de meus filhos comigo. Em seguida fui para o Smith College, em Northampton (Massachusetts), em 1972, e no ano seguinte fui para Yale, onde permaneci até 1999, quando me aposentei.

Eu não fui propriamente exilada. Meu exílio foi voluntário, devido ao fato de ter sido aposentada. Narrei minha experiência de "exilada" em um depoimento transcrito em *Memórias das mulheres do exílio*, descrevendo o isolamento e a solidão dos primeiros tempos e as dificuldades de se ministrar cursos em inglês sobre a América Latina, que até então não era minha especialidade. Como uma aluna de pós-graduação, sentia-me inexperiente. Com o passar do tempo, fui me adaptando e ganhando confiança.

ME – A senhora retornou ao Brasil e também à USP, onde hoje é professora emérita. Em sua opinião, quais são as particularidades centrais da universidade e da historiografia brasileiras atualmente?
EV – A principal diferença entre a universidade de antes e a atual é o enorme número de alunos que se concentra hoje na USP e a variedade de cursos que são oferecidos. A historiografia brasileira evoluiu muito nos últimos trinta anos e há algumas publicações que não deixam nada a desejar quando comparadas às melhores obras publicadas na Europa e nos Estados Unidos. No entanto, o clima universitário mudou muito. O legado autoritário ainda está muito presente. O espírito competitivo parece ter tomado

ENTREVISTA

o lugar do trabalho cooperativo e há em muitos departamentos um declínio do espírito público.

ME – *Como desenvolver pesquisas sérias em uma universidade que não permite o tempo necessário para a reflexão?*
EV – A resposta a essa questão varia conforme o tipo de pesquisa. Em alguns setores, como na História, a solução é organizar grupos de pesquisadores que abordam o mesmo tema em épocas distintas, por exemplo, crises econômicas em diferentes momentos, movimento messiânicos em diferentes países (ou em diferentes épocas em um mesmo país), papéis de gênero atribuídos em épocas diversas, revoluções em vários países, e assim por diante. Há muitas maneiras de se planejar o trabalho coletivo de forma que cada um se beneficie do trabalho de todos e tenha mais tempo para reflexão. Porém, em uma sociedade competitiva, essa solução é difícil, pois todo o sistema está orientado para estimular a competição e o individualismo, não a cooperação. No entanto, em algumas ciências (como por exemplo nas ciências médicas) o trabalho coletivo já está muito generalizado e tem produzido bons resultados.

ME – *Seus trabalhos marcaram a historiografia brasileira e contribuíram para mudar os rumos das pesquisas na área, nos últimos trinta anos. Como a senhora analisa a repercussão de seus livros no debate acadêmico, principalmente* Da senzala à colônia *e* Coroas de glória, lágrimas de sangue?
EV – Não me sinto competente para avaliar a repercussão de meus livros no debate acadêmico atual.

ME – *Certo. Entre os temas que a senhora trata, pode-se destacar a questão da mulher. Em um capítulo de seu livro* Brazilian Empire: myths and histories, *existe um debate sobre a imagem da mulher no século XIX. Como a senhora examina esta questão hoje?*
EV – Primeiro, quero lembrar que o artigo sobre as imagens das mulheres no século XIX foi também publicado em português, na nona edição de meu livro *Da Monarquia à República*. O artigo versa sobre o que se passa no século XIX. Para falar sobre a situação hoje, seria necessário fazer uma pesquisa idêntica, a fim de evitar

uma avaliação superficial que possivelmente conteria impressões meramente subjetivas. O que posso dizer é que durante o século XX houve grandes mudanças na situação objetiva das mulheres, sejam elas pertencentes às classes subalternas ou às classes média e alta. As imagens certamente são hoje diferentes das presentes no século XIX e deveriam registrar a maior independência e autossuficiência das mulheres, os conflitos que essas mudanças ocasionaram e a crise do patriarcalismo que, embora esteja em crise, se recusa a desaparecer.

ME – Da Monarquia à República é uma importante obra sobre "momentos decisivos" da política. Como historiadora, o que a senhora poderia nos dizer sobre o Brasil atual? Temos condições de construir outros momentos, outras transições decisivas na vida política brasileira?

EV – Na história das nações, como, aliás, na história pessoal de homens e mulheres, os momentos decisivos não resultam apenas de um ato de vontade. Momentos decisivos são produto de um processo no qual frequentemente estão envolvidas mudanças econômicas, políticas e ideológicas que levam ao agravamento de tensões existentes na sociedade. Nessas condições, homens e mulheres agem, uns para conservar o *status quo*, outros para mudá--lo. A intensidade do confronto pode vir a criar um momento decisivo, uma mudança parcial ou radical da sociedade. Portanto, avaliando tensões existentes hoje na sociedade brasileira, é possível prever que em algum momento as contradições existentes na sociedade se agravem, criando condições para a emergência de um momento decisivo.

ME – Seus estudos e pesquisas abordam questões de sujeitos sociais que restaram à margem da história oficial – seus discursos, suas trajetórias, suas formas de realizar a política. Portanto, seus trabalhos dão visibilidade àqueles que agiram na história. Aproveitando essa posição historiográfica, qual seria sua relação com a teoria social marxista?

EV – A influência de conceitos originais nas análises de Marx e seus seguidores tornou-se bastante ampla no século XX e, apesar dos debates que as têm acompanhado desde o início, essas tendências continuam vivas na obra de historiadores e analistas sociais. Alguns conceitos marxistas estiveram presentes durante

ENTREVISTA   317

todo o processo de minha formação. As obras de historiadores como Caio Prado Jr. e Nelson Werneck Sodré, entre outros, tiveram uma influência importante nos estudos históricos. Pode-se dizer que mudaram os rumos da historiografia brasileira, ao chamar atenção para aspectos nunca abordados e reinterpretar outros. O mesmo pode-se dizer de historiadores como Eric Hobsbawm e E. P. Thompson, o crítico literário Raymond Williams e muitos outros intelectuais britânicos que exerceram (e cujas obras continuam exercendo) uma enorme influência no mundo intelectual. Desses historiadores, o que mais me impressionou por seu uso do marxismo foi Eric Hobsbawm, que considero o maior historiador do século XX.

ME – A senhora sempre contestou o fazer histórico da história oficial, a versão dominante da construção do Brasil. A partir dessa visão, o que é a democracia formal brasileira?

EV – A democracia formal existe apenas na Constituição. Na prática, figura como um ideal a ser atingido – ou melhor, ideal para uns e ideologia (disfarce da realidade pouco democrática) para outros. Na prática, a democracia brasileira deixa muito a desejar. A democracia é mais um projeto, uma aspiração, um ideal que se pretende realizar.

ME – Qual foi o impacto da escravidão na construção do Brasil que temos?

EV – O fato de a economia brasileira ter se baseado por quase quatro séculos no braço escravo exerceu uma influência profunda na formação da sociedade nacional, tanto no desenvolvimento de preconceitos de raça e de cor como na marginalização de boa parte da população brasileira descendente de escravos que, após a abolição, enfrentou grandes obstáculos para se integrar na sociedade de classes, pois durante a escravidão lhes foram negados os instrumentos necessários para conquistar novos espaços.

ME – Desde junho de 2013 o Brasil vem sendo abalado por gigantescas manifestações sociais. Foram as demandas históricas que colocaram em movimento esses sujeitos sociais?

EV – O agravamento periódico das tensões sociais que existem na sociedade brasileira tem se repetido desde o início de sua história. Os protestos das populações oprimidas, de um lado, e as rivalidades entre os grupos dominantes (ou entre estes e grupos em ascensão que disputam o poder) têm sido uma constante na história nacional, como, aliás, na história de todos os povos. A historiografia brasileira, no entanto, tem minimizado os conflitos existentes. As reivindicações visíveis nos protestos em geral mudam com o tempo, porém algumas formas de protesto se repetem. Um estudo das reivindicações presentes nas revoltas revela os limites da democracia no Brasil.

ME – O Brasil do tempo presente está sendo impactado por uma criminalização da vida social. Considerando que a senhora escreveu um trabalho sobre o Supremo Tribunal Federal, que observação poderia fazer sobre o papel do STF nos últimos doze anos, em particular na gestão do ministro Joaquim Barbosa?
EV – Meu livro *O Supremo Tribunal Federal e a construção da cidadania* é uma breve história dessa instituição desde sua formação, em 1890, até 1988. Os limites de minha pesquisa foram estabelecidos deliberadamente. Não desejava estudar o novo período que se inaugurou com o estabelecimento da eleição direta para a presidência da República e a "redemocratização" do país. Portanto, não me sinto competente para falar como historiadora sobre o papel do STF nos últimos anos. Como cidadã, posso dizer que a má gestão do ministro Joaquim Barbosa me surpreendeu muito, por não encontrar paralelo em cem anos de história dessa instituição.

ME – Ao término desta entrevista, gostaríamos de levantar duas questões: como ex-cassada e perseguida pela ditadura militar de 1964, como a senhora analisa a criação de comissões da verdade e, por fim, como pensar o Brasil na perspectiva dos subalternos?
EV – Quanto às comissões da verdade, ainda é cedo para avaliarmos os resultados. Desde já, no entanto, é possível dizer que, apesar da sua criação tardia, ainda que louvável, é pouco provável que, nas condições atuais, venham a resultar em julgamento e punição pelas imensas arbitrariedades cometidas.

ENTREVISTA

Para pensar o Brasil da perspectiva dos subalternos é preciso primeiro visualizá-los, identificá-los, conhecer suas vidas, suas lutas e seus sofrimentos, utilizar e divulgar documentação que diga respeito às suas experiências e opiniões, suas aspirações, seu trabalho, sua vida familiar, sua atuação política, suas reivindicações, enfim, é preciso conhecer sua história para reconhecer o papel que teve e continua tendo na construção do país.

DISCURSO PROFERIDO QUANDO DA ENTREGA DO TÍTULO DE PROFESSOR EMÉRITO

Quero agradecer ao Excelentíssimo Senhor Professor Doutor Jacques Marcovitch, Magnífico Reitor da Universidade de São Paulo, ao vice-diretor em exercício da Faculdade de Filosofia, Letras e Ciências Humanas, prof. dr. Renato da Silva Queiroz, à congregação desta Faculdade, à profa. dra. Laura de Mello e Souza e ao Departamento de História o título que ora me conferem. Esse ato me honra e me comove.

Há trinta anos fui removida de meu posto de livre-docente desta faculdade. Naquela ocasião, também foram atingidos pelo mesmo ato vários amigos e colegas, dentre os quais o então reitor da universidade, Hélio Lourenço, os professores José Arthur Gianotti, Fernando Henrique Cardoso, Octavio Ianni, Bento Prado, Jean-Claude Bernadet, Paula Beiguelman, Paul Singer, Elza Berquó, Caio Prado Jr. – que, embora não fizesse parte da universidade, foi aposentado com os demais – e muitos outros. Seria inútil relembrar aqui a dor que isso me causou. A faculdade representava uma parte importante da minha vida, desde 1948, quando ela me recebera como aluna do curso de Geografia e História.

Terminada a Segunda Grande Guerra, que ensinara ao mundo os horrores do fascismo e do nazismo, começou a reconstrução da Europa em um clima de relativa euforia. Por toda parte, apostava-

-se nas democracias liberais, apesar de que havia também muita simpatia pelos países ditos socialistas, por sua valiosa colaboração durante a guerra. No Brasil, isso coincidira com a queda de Vargas. Acabada a guerra, iniciou-se quase imediatamente a Guerra Fria. Os Estados Unidos estabeleceram claramente suas prioridades para a América Latina e contavam com a adesão dos demais governos à sua política contra a União Soviética.

Foi nesse período, com as memórias da guerra ainda vívidas, que iniciei minhas aulas no curso de História. As aulas tinham lugar na Escola Caetano de Campos, na Praça da República, onde Jânio Quadros – que na ocasião apresentava-se como socialista – vinha em busca de votos para vereador, na primeira fase de sua carreira política. Mudamos depois para a Maria Antonia, um ambiente aconchegante que permitia ampla comunicação entre o pessoal da História, Filosofia, Ciências Sociais e Letras. Lá se forjaram laços de amizade que perduram até hoje. Datam dessa época meus melhores amigos. Lá defendi, em 1964, minha tese de livre-docência. Lá assisti, em 1968, a movimentação estudantil e os embates entre os alunos da Filosofia e os do Mackenzie. Finalmente, transferimo-nos para a Cidade Universitária. Durante um certo tempo, partilhamos o edifício da História com as Ciências Sociais. Recordo-me com nostalgia de uma tarde em que encontrei meu amigo Florestan Fernandes, cujo escritório ficava em frente ao meu, e comentamos, observando o pôr do sol, o quanto éramos felizes e privilegiados. Gostávamos de nosso trabalho, gostávamos de nossos alunos e, além de tudo, tínhamos um espaço tão bonito para trabalhar. O que mais poderíamos desejar? Não tardou muito, ambos fomos aposentados: ele primeiro, depois eu.

O período que decorreu desde minha inscrição na Faculdade de Filosofia até minha aposentadoria foi abalado por importantes transformações políticas no país. Desde que Vargas voltara ao poder em 1951, pelo voto popular, com um projeto nacional desenvolvimentista e populista que acabou por levá-lo ao suicídio, tínhamos vivido em um clima de grande agitação. A inquietude continuou, e nessa época eu já estava dando aulas, durante todo o governo de Juscelino Kubitschek. A Revolução Cubana, em 1959, parecia a alguns oferecer à América Latina uma alternativa. A outros, aparecia como uma ameaça. As posições radicalizaram-

-se. Os esforços dos Estados Unidos em desestabilizar o regime cubano não foram bem-sucedidos, não só devido ao apoio popular maciço que Fidel Castro recebeu em Cuba, depois que os descontentes deixaram o país para viver nos Estados Unidos, mas também devido à intervenção do governo soviético que assegurava sua estabilidade. No Brasil, a agitação se agravara no período Jânio Quadros, culminando em sua renúncia e levando à ascensão de João Goulart e à sua derrubada pelo golpe militar em 1964. Esses anos foram marcados por grandes lutas pelo destino do Brasil e uma sucessão de golpes militares na América Latina. Foi o fim de uma terceira via, o fim de uma época.

Quem não viveu naquele período dificilmente terá ideia dos efeitos que essa fermentação política teve sobre alunos e professores, sobre a polarização dentro da universidade. A universidade, de bom ou mau grado, politizava-se. Alunos e professores eram convocados a participar de um projeto nacional. Por toda parte se aplicavam em desvendar os segredos do desenvolvimento e as razões do subdesenvolvimento. Celso Furtado era o papa dessa geração, seguido por Caio Prado Jr., dois autores que pareciam ter uma resposta para nossas questões. Na Literatura, nosso guia era Antonio Candido, e na História, Caio Prado. Sérgio Buarque de Holanda, que viera integrar a universidade anos após minha formatura, nos impressionava com sua erudição e sua verve.

Naqueles anos, se a economia era importante, não menos importante era a cultura nacional. Ainda me lembro de um seminário interdisciplinar sobre o Cangaço, do qual participaram a professora Maria Isaura Pereira de Queiroz, o geógrafo Aziz Ab' Saber, o cineasta Geraldo Sarno, o folclorista Antônio Proença e muitos outros. Nunca mais encontrei nada semelhante ao grau de interesse e envolvimento dos participantes. Vim a descobrir mais tarde que tivera o privilégio de viver um período histórico muito especial, quando parece que se abre um leque de possibilidades novas, o futuro é uma promessa de realizações, o presente um esforço constante de crítica e busca de soluções. Nessas condições, o trabalho acadêmico ganhava um sentido muito especial. Ao invés de se fechar em uma torre de marfim, o intelectual, o cientista, o artista, voltava seus olhos para a sociedade e se colocava a serviço do povo, em busca de soluções para os problemas sociais, econômicos e políticos que assolavam e ainda assolam o país. Essa preocupação estava presente em nossos trabalhos acadêmicos e atividades extracurriculares. Dava sentido e alegria às nossas vidas. Lembro-me de certa ocasião em que deveria ser aprovada no Congresso, no dia seguinte, uma lei que introduzia o pagamento nas universidades públicas, e a mobilização dos setores que se opunham àquela medida foi tão rápida que conseguimos em poucas horas mais de quinhentas assinaturas de professores nas várias unidades que compunham a Universidade de São Paulo e enviamos nosso protesto à Câmara dos Deputados em 24 horas. Aparentemente, conseguimos nosso objetivo. Esse fato revela o grau de organização e participação então existente. Depois vieram as discussões sobre a reforma universitária.

Em 1968, o professor Eurípedes Simões de Paula, então diretor desta casa, convidou-me para dar a aula inaugural da faculdade, que na época reunia também as Ciências Físicas e Biológicas. Passei as férias tentando decidir o que poderia interessar a uma audiência tão diversificada. A solução óbvia era falar sobre a reforma universitária proposta pelo governo: o projeto MEC-Usaid, como era conhecido. Fiz um histórico da Universidade de São Paulo, desde sua fundação em 1934 até 1968. E concluí que realmente havia necessidade de reformar a universidade, mas não segundo os moldes propostos pelo projeto do governo, que a transformava em um centro de treinamento tecnológico ligado à indústria, onde alunos e professores eram tratados como mão de obra e não como indivíduos. Dessa conferência, que foi apropriada pelo movimento estudantil e reproduzida pelos quatro cantos do país, não disponho de cópia. Hoje, tenho a certeza de que foi a partir daí que se decidiu minha aposentadoria pelo Ato Cinco. Foi em consequência dessa conferência que acabei sendo convidada para discutir a reforma universitária na televisão com o ministro da Educação Tarso Dutra e o então líder estudantil José Dirceu, hoje um dos dirigentes do Partido dos Trabalhadores.

Durante o ano de 1968, as tensões se agravaram. As medidas repressivas, adotadas anteriormente pelo governo, irritaram os estudantes, que protestavam de norte a sul do país. Depois vieram as primeiras notícias sobre a formação de grupos de guerrilha em alguns pontos do Brasil. Seguiram-se as invasões da Universidade

DISCURSO PROFERIDO QUANDO DA ENTREGA DO TÍTULO... 325

pela polícia, que arrancava alunos da sala de aula e os levava aprisionados para lugares desconhecidos. Havia espiões por toda a parte. Desconfiava-se de tudo e de todos; uma perua Wyllis parada em frente à sua casa era o suficiente para despertar apreensões. Alguém que parecia estar em todos os lugares aonde íamos, sem ser convidado, levantava suspeitas. Pessoas eram presas e torturadas, algumas sem saber qual a razão de sua prisão. Os processos policiais e militares repetiam-se uns após outros, condenando, sem provas, em processos baseados em diz-que-diz- -que, sem que o acusado tivesse direito à defesa. Advogados atônitos nada podiam fazer. Os chamados órgãos de segurança disputavam entre si o "privilégio" de interrogar o preso; assim, estes passavam das mãos do DOPS para as do Exército e, deste, para a Aeronáutica e a Marinha. Alguns desapareciam sem deixar traços. Outros eram barbaramente torturados. Havia também aqueles que eram presos ou soltos sem qualquer explicação. Imperava a arbitrariedade e o imprevisível. Foi nessas condições que aceitei um convite para dar aulas nos Estados Unidos. De certa forma, houve um corte de grande importância em minha vida.

De lá, passei a ver o Brasil com novos olhos, aprendi coisas sobre esse país que jamais teria aprendido aqui e comecei a pensar o Brasil e o mundo de outra maneira. Entendi melhor nossos mitos. Aprendi a reconhecer os mitos que governavam a vida deles. Estudei melhor como os mitos se formam e se mantêm. Estudei mais a América Latina. Suas diferenças e semelhanças com o Brasil me atraíram. Passei a valorizar mais ainda a Universidade de São Paulo, os professores brilhantes e dedicados que conhecera, sua produção científica e cultural, o ambiente democrático que imperava em nossos departamentos, se comparados aos que encontrei nos Estados Unidos, e passei a indagar o porquê de só enxergarmos nossas falhas e nunca nossas realizações.

Na USP, tínhamos um sistema de aposentadoria mais humano, que permitia a quem se devotara toda a vida ao trabalho acadêmico sem ter condições de juntar pecúlio próprio (uma vez que os salários universitários mal davam para pagar as contas) ter uma aposentadoria integral condigna. Esse sistema permitia ao pesquisador dedicar-se integralmente à pesquisa e ao ensino sem ter que se preocupar com o futuro, pois este estaria automaticamente garantido. Era impossível um melhor sistema do que aquele que remunerava adequadamente anos de dedicação e de trabalho. Também eram melhores os nossos cursos do que aqueles a que assisti nos Estados Unidos, onde o forte era a informação, mas fracas a interpretação e a metodologia. Aprendia-se muita coisa pela rama, mas as conexões e as implicações óbvias nunca eram estabelecidas. Preparava-se o aluno para a realização de tarefas específicas de alcance limitado, não para pensar e criar. A grande vantagem nos Estados Unidos eram as bibliotecas, que nas grandes universidades eram realmente impressionantes. Evidentemente, os setores científicos tinham outras vantagens em equipamentos e laboratórios. Eu os via do ponto de vista de uma professora que vinha de um departamento de Ciências Humanas e talvez se tivesse vindo de um Departamento de Física tivesse uma perspectiva completamente diferente. Mas, regra geral, os jovens norte-americanos estavam totalmente subordinados aos mais velhos, em uma burocratização que me espantava. Também me impressionava a falta de autonomia das universidades, que ou dependiam da legislatura para aprovação de seu orçamento, no caso das públicas, ou de corporações que controlavam suas dotações, no caso das privadas. Pouco a pouco, fui descobrindo que as vantagens que existiam eram produto das verbas de que algumas universidades dispunham através de doações de ex-alunos. Eu me perguntava, apesar de nossa pobreza, por que não tentar criar um pecúlio originado nessas doações? Tudo o mais me parecia ser inferior ao que tínhamos então na Universidade de São Paulo e até hoje me parece assim. Em Yale, os escritórios eram antiquados, os móveis velhos e díspares. Tudo o mais era extra, até uma máquina de escrever, e devia ser pago, desde o cafezinho até o estacionamento. A comunicação entre os professores era precária. O trabalho em conjunto era inviável. A competição e o sigilo eram normas gerais. Meus colegas, com raras exceções, jamais discutiam seus trabalhos informalmente. Não indagavam de sua relevância. Não se preocupavam com o que acontecia em volta deles, muito menos o que acontecia no mundo.

Não era somente a Universidade de São Paulo que eu considerava superior às universidades americanas. Também nossas

DISCURSO PROFERIDO QUANDO DA ENTREGA DO TÍTULO... 327

escolas secundárias, naquele tempo, pelo menos em São Paulo, eram muito superiores às de lá, e eu gostaria de abrir um parênteses para acrescentar que nosso Hospital Universitário, ainda hoje, apesar de todas as suas dificuldades, leva vantagem quando comparado aos que tenho utilizado nos Estados Unidos. Se às vezes nos faltam equipamentos modernos, temos, no entanto, médicos mais competentes e interessados na saúde do paciente e enfermeiras mais afetuosas. Eu poderia prosseguir nesse tipo de comparação, que resultaria em uma imagem positiva do que tínhamos em 1968 na Universidade de São Paulo, sem que nos esqueçamos dos problemas sérios que nos atormentam hoje. Mas o tempo não permite que me alongue nessas considerações.

Do que observei, ficaram algumas perguntas que exigem respostas. Por que persistimos em procurar imitá-los? Por que abandonamos nossas práticas, nossa cultura, nossos ritmos, até nossa língua para adotar a deles? De onde vem esse nosso afã de modernização, a grande panaceia contemporânea de todos os brasileiros? Que tipo de modernização buscamos? A quem esta beneficiaria? Por que se imagina que o sucesso da economia americana reside nesse processo de modernização que estamos sempre recomeçando, e não no movimento do capital internacional que procura refúgio nos Estados Unidos, cada vez que uma crise desponta em qualquer parte do mundo? Por que nos endividamos da maneira que fizemos? Quem foram os responsáveis pela tremenda dívida que onera o país? Para onde foi o dinheiro acumulado com os crescentes impostos que sufocam a classe média? Por que o prometido desenvolvimento brasileiro só trouxe sempre os mesmos resultados: concentração maior de riquezas nas mãos de uma minoria e o empobrecimento geral de todos os demais grupos? De que tipo de educação necessitamos? De que adianta equipar algumas escolas com computadores, quando muitas professoras, pelo Brasil afora, são quase analfabetas? Como querer professores eficientes e dedicados, falo das escolas primárias e secundárias, com os degradantes salários que a maioria recebe? Como atrair para as universidades os melhores elementos, se a aposentadoria que amanhã receberão é bastante inferior à que poderão receber se procurarem emprego no setor privado? Como desenvolver o país sem dar atenção à educação em todos os níveis?

Foi essa a prioridade que a China adotou com grande sucesso para seu desenvolvimento. Hoje, seus alunos são os primeiros nas melhores universidades norte-americanas, onde vão aprender os segredos da tecnologia mais recente. Mas não é apenas o problema educacional que nos preocupa. Existem outros de igual importância. Que papel deve ter a universidade na solução dos problemas que se multiplicam? Que fazer para controlar os fluxos de capitais em um mundo globalizado? Que tipo de desenvolvimento queremos adotar? Como evitar a poluição ambiental crescente? Como resolver os problemas de reciclagem do lixo? Como evitar a contaminação dos alimentos? Como melhorar o abastecimento de água e a rede de esgoto? Como controlar as epidemias? Devem esses problemas preocupar exclusivamente os políticos, ou terá a universidade um papel importante a desempenhar em sua solução? Por que o afã de privatização? De onde vem essa ideia absurda que muita gente por aí anda repetindo – que o privado é necessariamente melhor do que o público, no setor da educação e saúde –, quando já tivemos hospitais públicos modelares, como o Hospital das Clínicas (que no passado atendia boa parte da população) e excelentes escolas secundárias mantidas pelo Estado, como o Colégio Roosevelt em São Paulo, que não só eram superiores às escolas privadas, como permitiam acesso à população de menor renda? Quais os trabalhos, os congressos, os cursos, as conferências públicas que a universidade tem organizado no sentido de esclarecer o público que diariamente sofre uma lavagem cerebral na televisão e não sabe em que acreditar quando ouve opiniões diferentes? (Essa pergunta eu dirijo ao Magnífico Reitor aqui presente.) Que medidas devem ser adotadas contra a violência urbana que aumenta ano após ano, tornando a vida social quase uma impossibilidade nas grandes cidades? O que fazer para resolver o problema do desemprego que, como ficou provado nos Estados Unidos, tem uma relação direta com a violência urbana? E o problema da droga? Como tem sido resolvido nas várias partes do mundo?

Esses não são problemas exclusivamente nossos. Existem hoje, em escala crescente, no mundo desenvolvido, e a universidade é chamada a participar de um fórum de debates internacional. Está provado que o tipo de desenvolvimento que nossas elites almejam é bom talvez para elas, mas não oferece senão ilusões para nós. Com a queda da União Soviética e a inconteste hegemonia dos Estados Unidos, entramos em uma outra época histórica. Novos problemas demandam novas soluções. Hoje, mais do que nunca, o papel da universidade é crucial.

O problema que enfrentamos hoje na universidade brasileira é duplo. Primeiramente, é preciso que se organize a ação conjunta dos cientistas, intelectuais e profissionais liberais em defesa da universidade, a fim de manter o grau de eficiência que esta sempre teve e que nos últimos anos ficou ameaçado, como na época do MEC-Usaid. Hoje, usa-se a mesma linguagem, o mesmo projeto colonial de universidade proposto pelo MEC-Usaid, a mesma avaliação tecnocrática e tecnológica das funções da universidade, a mesma subordinação da universidade ao mercado que se propunha há trinta anos, tudo isso já está sendo imposto às universidades federais. Apesar de nossa autonomia, será difícil evitar que cheguem até nós essas tendências. Por isso, precisamos estar preparados para dialogar com os que reduziram as universidades federais à posição de total impotência e mostrar-lhes que existem outros caminhos. Mas isso não basta. Um projeto de universidade está vinculado a um processo econômico, político e social mais amplo. Nos últimos trinta anos, a situação mundial transformou-se dramaticamente. As contradições antigas, que em um momento permitiram que se falasse em centro e periferia, são agora outras. Hoje os capitais circulam com rapidez que espanta até as nações desenvolvidas do globo, e é esse capital financeiro, com sua lógica própria, que governa, porque ele representa o setor propulsor da economia. A indústria está subordinada a ele. O capital abandonou momentaneamente qualquer projeto de desenvolvimento interno, para promover importação e exportação em toda parte, e para nós esse processo é desastroso. A competição tornou acessível, a um número cada vez maior de pessoas, uma quantidade enorme de produtos a preços cada vez mais baixos, o que momentaneamente nos entusiasmou. Mas essas transformações não foram suficientes para compensar a degradação dos salários, condição essencial a esse tipo de desenvolvimento, nem para evitar o crescente desemprego. Por toda parte, crescem as atividades da economia informal, há um número crescente de jovens desempregados e os trabalhadores perdem garantias e privilégios conquistados a duras penas em mais de um século de lutas.

Nesse novo contexto, os temas democracia e desenvolvimento reemergem, tanto aqui quanto nos centros vitais do capitalismo. Movimentos feministas, ecológicos, de vizinhança, de consumidores, dos sem-teto, dos sem-terra, movimentos étnicos e religiosos; todos clamam pela criação de novas instituições e pela reorganização das formas de representação, a fim de torná-las mais democráticas. Se em 1960 parecia a muitos que o desenvolvimento era uma precondição para a democracia, hoje se acredita que a democracia é condição essencial para que o desenvolvimento venha a beneficiar a maioria. Mas, para o processo de democratização se tornar real, é preciso democratizar a justiça, de forma que os direitos dos cidadãos sejam garantidos. É necessário estabelecer a responsabilidade dos representantes do povo e administradores públicos. Também se faz necessário democratizar os meios de comunicação e eliminar as distorções que o dinheiro introduz nas eleições. Acima de tudo, é essencial criar meios para garantir a cada cidadão os direitos humanos básicos, alguns dos quais são tão antigos quanto a Revolução Francesa, acrescentando a eles o direito ao trabalho, o de ganhar um salário que permita viver com dignidade, o de ter um lugar decente onde morar, o de ter acesso à educação e à assistência médica, o de uma aposentadoria digna. Sem esses direitos não existe verdadeira cidadania nem responsabilidade social. Existe apenas uma cultura da delinquência, que cultiva comportamentos antissociais e inverte a escala de valores e de liderança.

Pode-se perguntar como é possível atingir esses objetivos com tão poucos recursos e carregados de dívidas como estamos. Parece-me que, sozinhos ou em competição com os demais pelo apoio de nossos credores, não encontraremos uma saída. Devemos prosseguir no caminho da integração da América Latina; cuidadosamente, para evitar os erros que levaram à ruína do Mercado Comum Centro-Americano, que, tão auspicioso nos anos 1950 e 1960, fracassou; uma integração que permita uma distribuição equitativa, não só entre as nações latino-americanas, como também entre as várias classes sociais. Precisamos inventar maneiras de trazer de volta os capitais que todo ano fogem em busca de estabilidade e garantias depois de ter acumulado lucros compensatórios. Finalmente, precisamos trabalhar juntos com os demais países da América Latina no sentido de criar centros de pesquisa abertos a todos os membros da comunidade latino--americana, centros que nos possibilitem desenvolver nossa própria ciência e tecnologia, adaptadas às nossas necessidades, e construir formas de representação que correspondam à nossa realidade, ao invés de meras cópias de representações que nada têm a ver com nossa história presente e passada. Em todos os níveis desse programa, a Universidade de São Paulo se encontra em uma posição de vanguarda. Tenho certeza de que ela não fugirá às suas responsabilidades.

Emília Viotti da Costa

REFERÊNCIAS BIBLIOGRÁFICAS

ALMEIDA, Tácito de. *O movimento de 1887*. São Paulo, [s.n.], 1934.

ANDRADA E SILVA, José Bonifácio de. Representação à Assembleia Geral Constituinte e Legislativa do Império do Brasil sobre a escravatura. In: FALCÃO, Edgard de Cerqueira (org.). *Obras científicas, políticas e sociais de José Bonifácio de Andrada e Silva*. São Paulo: Revista dos Tribunais, 1965. 3v.

_____. *Poesias avulsas de Américo Elísio*. Bordéus, [s.n.], 1825.

_____; FRANCISCO, Martim. *Viagem mineralógica na província de São Paulo*. [s.l.]: Arquivo do Museu Nacional do Rio de Janeiro, 1823.

ANDRADE, Manuel Correia de. As sedições de 1831 em Pernambuco. *Revista de História*, n.28, out.-dez. 1956.

ARAÚJO, Oscar de. *L'idée republicaine au Brésil*. Paris, Perrin et Cie. Paris, 1843.

AZEVEDO, Aroldo de. Última etapa da vida do barão de Santa Eulália: o ocaso do Segundo Império através de documentos inéditos. *Revista de História*, n.10, ano III.

BANDEIRA, Moniz. *Presença dos Estados Unidos no Brasil*: dois séculos de história. 2.ed. Rio de Janeiro: Civilização Brasileira, 1978.

BARBOSA, Francisco de Assis (org. e intr.). *Raízes de Sérgio Buarque de Holanda*. Rio de Janeiro: Rocco, 1988.

_____. *Revista do Brasil*. Número especial dedicado a Sérgio Buarque de Holanda. Artigos e depoimentos sobre o escritor e sua obra. Rio de Janeiro: Divisão Editorial Rio/Arte, 1987.

334 BRASIL: HISTÓRIA, TEXTOS E CONTEXTOS

BARBOSA, Francisco de Assis. Verdes anos de Sérgio Buarque de Holanda: ensaio sobre sua formação intelectual até *Raízes do Brasil*. In: NOGUEIRA, Arlinda Rocha et al. (orgs.). *Sérgio Buarque de Holanda*: vida e obra. São Paulo: Secretaria do Estado da Cultura; Instituto de Estudos Brasileiros/USP, 1988.

BARBOSA, Rui. *A questão social e política no Brasil*. Rio de Janeiro: Simões Editores, 1958.

BARRETO, Lima. *Numa e a ninfa*. Rio de Janeiro: Gráfica Editores Brasil Ltda., 1950.

BARRETO, Tobias. *Pesquisa e depoimentos para a história*. Rio de Janeiro: Francisco Alves, 1913.

BARROS, Joaquim Fernando de. *A pátria paulista*. São Paulo: Tip. da Província de São Paulo, 1887.

BARRY, Tom. *Roots of Rebellion*: Land and Hunger in Central America. Boston: South End Press, 1987.

BARTHES, Roland. *Michelet par lui-même*. Paris: Editions du Seuil, 1954.

BASBAUM, Leôncio. *História sincera da República*. 2.ed. São Paulo: Edições L. B., 1963. 3v. Coleção Temas Brasileiros.

BASTOS, Humberto. *Rui, o ministro da independência econômica nacional*. São Paulo: Casa de Rui Barbosa, 1949.

BEIGUELMAN, Paula. *Teoria e ação no pensamento abolicionista*. São Paulo: Difusão Europeia do Livro, 1962.

BELLO, José Maria. *História da República* (1889-1930). Rio de Janeiro: Edição da Organização Simões, 1952.

BESOUCHET, Lydia. *Mauá e seu tempo e outros*. Rio de Janeiro: Nova Fronteira, 1982.

Bibiliographie des Ouvrages Relatifs à L'Amour aux Femmes et au Mariage. 4.ed. Paris, 1894 (1.ed.: 1861).

BOEHRER, George C. A. *Da Monarquia à República*: história do Partido Republicano do Brasil (1870-1889). Rio de Janeiro: Ministério da Educação e Cultura, 1954.

BOLLIN, C. *Centro America*: situación y perspectivas del proceso de integración a finales de los 90's. Guatemala: Instituto Centro Americano de Estudios Políticos, 1999.

BONFIM, Manuel. *Brasil nação*: realidade e soberania brasileira. Rio de Janeiro: Livraria Francisco Alves, 1931.

_____. *O Brasil na América*: caracterização da formação brasileira. Rio de Janeiro: Livraria Francisco Alves, 1929.

REFERÊNCIAS BIBLIOGRÁFICAS

BRASILIENSE, Américo. *Os programas dos partidos e o Segundo Império.* São Paulo: Jorge Seckler, 1878.

BRETT, Vlamidir. *Henri Barbusse, sa Marche vers la clarté, son mouvement Clarté.* Praga: Académie Tschecolovaque des Sciences, 1983.

BROCA, Brito. *A vida literária no Brasil – 1900.* Rio de Janeiro: José Olympio, 1960.

BUARQUE, Felício. *Origens republicanas:* estudos de gênese política. São Paulo: Edaglit, 1962.

BULMER-THOMAS, V. *A Long Run Model of Development for Central America.* Londres: Institute of Latin American Studies, 1990.

BULMER-THOMAS, V. *Reflexiones sobre la integración centro-americana.* Publicaciones del Centroamericano de Integración Economica, BCIE, 1997.

_____. *Studies in the Economics of Central America.* Oxford: McMillan Press, 1988.

_____. *The Political Economy of Central America since 1920.* Cambridge: Cambridge University Press, 1987.

CALDEIRA, João Ricardo Castro. *Atualidade de Sérgio Buarque de Holanda.* São Paulo: IEB/Edusp, 2011.

CALMON, Pedro. *História social do Brasil.* São Paulo: Cia. Editora Nacional, 1939. 2v.

CALÓGERAS, Pandiá. *Formação histórica do Brasil.* São Paulo: Cia. Editora Nacional, 1945.

CAMARGO, José Francisco de. *Crescimento da população no estado de São Paulo e seus aspectos econômicos:* ensaio sobre as relações entre a demografia e a economia. São Paulo, 1952. Boletim 153 da Faculdade de Filosofia, Ciências e Letras da Universidade de São Paulo.

CANDIDO, Antonio (org.). *Sérgio Buarque de Holanda e o Brasil.* São Paulo: Perseu Abramo, 1998.

_____. A visão política de Sérgio Buarque de Holanda. In: CANDIDO, Antonio (org.). *Sérgio Buarque de Holanda e o Brasil.* São Paulo: Perseu Abramo, 1998.

_____. Parte II – Introdução. In: BARBOSA, Francisco de Assis (org. e intr.). *Raízes de Sérgio Buarque de Holanda.* Rio de Janeiro: Rocco, 1988.

_____. Raízes do Brasil. In: *Teresina etc.* Rio de Janeiro: Paz e Terra, 1980.

CARDOSO, Fernando Henrique. *Capitalismo e escravidão.* São Paulo: Difusão Europeia do Livro, 1961.

_____. *Escravidão e capitalismo no Brasil meridional.* São Paulo: Difusão Europeia do Livro, 1962.

336 BRASIL: HISTÓRIA, TEXTOS E CONTEXTOS

CARDOSO, Vicente Licínio. À margem da República. In: LEÃO, A. C. À margem da história da República: ideias, crenças, afirmações. Inquérito por escritores nascidos com a República. Rio de Janeiro: Edição do Annuario do Brasil, 1924.

CARONE, Edgard. Revoluções do Brasil contemporâneo, 1924 a 1958. São Paulo: São Paulo Editora S.A., 1965. Coleção Buriti.

CARR, Edward Hallett. What is History. Londres: Penguin, 1961.

CARRÉ, Jean Marie. Michelet et son temps. Paris: Perrin, 1926.

CARTAS ANDRADINAS. Anais da Biblioteca Nacional do Rio de Janeiro. Cartas aos senhores eleitores da província de Minas Gerais, por Bernardo Pereira de Vasconcelos. 2.ed. Rio de Janeiro: Francisco Rodrigues Paiva, [s.d.].

CASTELO, José Aderaldo. Os pródromos do Romantismo no Brasil. In: A literatura no Brasil. Rio de Janeiro, 1956.

CASTRO, Paulo Pereira de. A experiência republicana, 1881-1840. In: HOLANDA, Sérgio Buarque de (org.). História geral da civilização brasileira: o Brasil monárquico. São Paulo: Difusão Europeia do Livro, 1962.

CASTRO, Sertório de. A República que a Renovação destruiu. Rio de Janeiro: Oficinas Gráficas Mundo Médico, 1932.

CELSO, Afonso. O imperador no exílio. Rio de Janeiro: Livraria Francisco Alves, 1893.

COHEN, Isaac. Import Substitution, Economic Integration and the Development of Central America, 1950-1980. In: CARDENAS, Enrique; OCAMPO, José A.; THORP, Rosemary (orgs.). An Economic History of Twentieth Century Latin America. Nova York: Palgrave, 2000.

COSTA, Emília Viotti da. A Abolição. São Paulo: Global, 1982 (6.ed.: 1997).

_____. A crise na universidade. História Viva, 1, 1968.

_____. A dialética invertida, 1960-1990. Revista Brasileira de História, 27, 1994.

_____. A Proclamação da República. In: Anais do Museu Paulista, separata t.XIX. São Paulo, 1965.

_____. Alguns aspectos da influência francesa em São Paulo na segunda metade do século XIX. Revista de História, XVI, 1953.

_____. Brasil: de la Monarquía a la República. México: Consejo Nacional para la Cultura y las Artes, 1995.

REFERÊNCIAS BIBLIOGRÁFICAS

COSTA, Emília Viotti da. Brazil: The Age of Reform, 1870-1889. In: BETHELL, Leslie (org.). *The Cambridge History of Latin America*, V, 1986.

_____. Brazilian workers rediscovered. *International Labor and Working Class History*, outono 1982.

_____. Concepção do amor e idealização da mulher no Romantismo. *Alfa*, IV, 1963.

_____. *Coroas de glória, lágrimas de sangue*: a rebelião dos escravos de Demerara em 1823. São Paulo: Companhia das Letras, 1998.

_____. *Crowns of glory, tears of blood the Demerara slave rebellion of 1823*. Oxford: Oxford University Press, 1997.

_____. *Da Monarquia à República*: momentos decisivos. São Paulo: Unesp, 1999.

_____. *Da senzala à colônia*. São Paulo: Difusão Europeia do Livro, 1966 (4.ed.: Unesp, 1998).

_____. Depoimento. In: COSTA, Albertina de Oliveira et al. *Memórias das mulheres do exílio*. Rio de Janeiro: Paz e Terra, 1980.

_____. *Escravidão nas áreas cafeeiras*: aspectos econômicos, sociais, políticos e ideológicos da desagregação do sistema escravista. São Paulo: Reitoria da Universidade de São Paulo, 1964.

_____. Introdução ao estudo da emancipação política do Brasil. In: *Brasil em Perspectiva*. São Paulo: Difusão Europeia do Livro, 1968.

_____. José Bonifácio: mito e histórias. *Anais do Museu Paulista*, XXI, 1967.

_____. José Bonifácio: o homem e o mito. In: MOTA, Carlos Guilherme (org.). *1822: dimensões*. São Paulo: Perspectiva, 1972.

_____. O legado do Império: governo oligárquico e aspirações democráticas. In: *Nossa história*: a construção do Brasil. Rio de Janeiro, 2006.

_____. O material didático no ensino da História. *Revista de Pedagogia*, X, 1959.

_____. O movimento republicano em Itu: os fazendeiros do Oeste Paulista e os pródromos do movimento republicano. Notas prévias. Separata do n.20 da *Revista de História*, 1954.

_____. O problema da motivação no ensino da História. *Revista de Pedagogia*, XIII, 1963.

_____. Os objetivos do ensino da História no curso secundário. *Revista de Pedagogia*, XXIX, 1957.

_____. Primeiros povoadores do Brasil: o problema dos degredados. *Revista de História*, XXVII, 1956.

338 BRASIL: HISTÓRIA, TEXTOS E CONTEXTOS

COSTA, Emília Viotti da. Slave Images and Realities. In: RUBIN, Vera (org.). Comparative perspectives on New World plantation societies. *Annals of the New York Academy of Sciences*, v.292, 1977.

_____. Sobre as origens da República. *Anais do Museu Paulista*, t.XIX, 1965.

_____. Sobre as origens da República. In: *Da Monarquia à República*: momentos decisivos. São Paulo: Unesp, 1999.

_____. Structures versus experience: new tendencies in the History of Labor and the Working Class in Latin America – what do we gain? What do we lose? *International Labor and Working Class History*, 36, outono 1989.

_____. Sugestões para a melhoria do ensino da História no curso secundário. *Revista de Pedagogia*, Ano Sexto, v.VI, 11/12, 1960.

_____. *Supremo Tribunal Federal e a construção da cidadania*. São Paulo: Ieje, 2001.

_____. *The Brazilian Empire*: Myths and Histories. Chicago e Londres: The University of Chicago Press, 1985.

_____. The Enlightenment as an invention: a view from the periphery. *Dieciocho: Hispanic Aesthetics and Literary Theory*, 13, 1990.

_____. The Portuguese-African slave trade: a lesson in Colonialism. *Latin American Perspectives*, 44, 12, inverno 1985.

_____. *A década republicana*. Rio de Janeiro: Cia. Tipográfica do Brasil, 1908.

COSTA, João Cruz. *Contribuição à história das ideias no Brasil*: o desenvolvimento da filosofia no Brasil e a evolução histórica nacional. Rio de Janeiro: José Olympio, 1956.

_____. *O desenvolvimento da filosofia no Brasil no século XIX e a evolução histórica nacional*. São Paulo: [s.n.], 1950.

_____. *O positivismo na República*: Notas sobre a história do positivismo no Brasil. São Paulo: Cia. Editora Nacional, 1950.

CUNHA, Euclides da. *À margem da história*. 6.ed. Porto: Liv. Lello Irmãos Editores, 1946.

D'ARAÚJO, Oscar. *L'idée republicane au Brésil*. Paris: Perrin, 1893 (Rio de Janeiro: Tip. Perseverança, 1890).

DEMANGEON, A. Pionniers et front de colonization. *Annales de Géographie*. [s.l.]: [s.n.], 1932.

Documentos históricos: a Revolução de 1817. Biblioteca Nacional. v. 102.

Documentos para a história da Independência. Rio de Janeiro: Oficinas Gráficas da Biblioteca Nacional, 1923.

REFERÊNCIAS BIBLIOGRÁFICAS 339

DORNAS FILHO, João. *Apontamentos para a história da República*. São Paulo: Editora Guaira Ltda., 1941.

DOURADO, Luiz Fernandes A. A reforma do Estado e as políticas de educação superior no Brasil dos anos 90. *Educação & Sociedade*, Campinas, set. 2002.

DUBY, Georges. Histoire des mentalités. In: *L'Histoire et ses Méthodes*. Paris: Gallimard, 1961.

ELLIS JÚNIOR, Alfredo. *A evolução da economia paulista e suas causas*. São Paulo: Editora Nacional, 1937.

_____. *Um parlamentar paulista da República*. São Paulo: [s.n.], 1949.

ELLNER, Steve; HELLINGER, Daniel (orgs.). *Venezuelan Politics in the Chávez Era*: Class, Polarization and Conflict. Londres: Lynne Rienner Publishers, 2003.

ESCAITH, Hubert. Los países del Mercado Común Centro Americano frente a los desafios de una Zona de Libre Comercio hemisférica. El grado de preparación macroeconómica. *Integración y Comercio* 1, 1, abr. 1997.

ESTRADA, Osório Duque. *A abolição 1831-1888*: esboço histórico. Rio de Janeiro: Livraria Leite Ribeiro, 1918.

FALCÃO, Edgard de Cerqueira (org.). *Obras científicas, políticas e sociais de José Bonifácio de Andrada e Silva*. São Paulo: Revista dos Tribunais, 1965. 3v.

FEBVRE, Lucien. *Combats pour l'Histoire*. Paris: Librairie Armand Colin, 1953.

_____. De l'à peu près à la précision. *Annales, Économies Sociétés Civilisations*. Paris: [s.n.], 1951.

_____. *Jules Michelet*. Paris: Éditions des Trois Collines, 1946.

_____. La mort dans l'histoire. *Annales. Économies, sociétés, civilisations*. Paris: [s.n.], 1952.

_____. Sorcellerie, sottise ou révolution mentale. *Annales, Économies Sociétés Civilisations*. Paris: [s.n.], 1948.

FERNANDES, Antonio Manoel. *Índice cronológico explicativo e remissivo da Legislação Brasileira de 1822 até 1848*. Rio de Janeiro: Tipografia Nictheroyense, 1849.

FERREIRA, Antonio Celso; BEZERRA, Holien Gonçalves; DE LUCA, Tania Regina (orgs.). *O historiador e seu tempo*. São Paulo: Editora da Unesp/ANPUH, 1998. Série Encontros com a História.

FONSECA, Gondin da. *José Bonifácio, nacionalista republicano, homem de esquerda*. São Paulo: Fulgor, 1963.

340 BRASIL: HISTÓRIA, TEXTOS E CONTEXTOS

FRANCISCO, Martim. *São Paulo independente, propaganda separatista.* São Paulo: [s.n.], 1887.

FRANCO, Afonso Arinos de Melo. *Um estadista da República:* Afrânio de Melo Franco e seu tempo. Rio de Janeiro: José Olympio, 1955. 3v.

FRANCO, Francisco de Melo. *No reino das estupidez:* poema. Paris: Oficina de A. Bobée, 1818.

FREITAS, Divaldo Gaspar. *Paulistas na Universidade de Coimbra.* Coimbra: Coimbra Editora, 1958.

FREYRE, Gilberto. *Ordem e progresso.* Rio de Janeiro: José Olympio, 1959.

_____. *Problemas brasileiros de antropologia.* Rio de Janeiro: Casa dos Estudantes do Brasil, 1943. Coleção Estudos Brasileiros.

_____. *Sobrados e mucambos.* São Paulo: Cia. Editora Nacional, 1964.

FRUNDT, Henry. Central American Unions in the Era of Globalization. *Latin American Research Review* 37, mar. 2002.

_____. *Refreshing Pauses:* Coca-Cola and Human Rights in Guatemala. Nova York: Praeger, 1987.

FUNKHOUSER, Edward; SÁINZ, Juan P. Pérez (orgs.). *Centroamérica en reestructuración. Mercado laboral y pobreza en Centroamérica:* ganadores y perdedores del ajuste estructural. Costa Rica: Flacso, 1998.

FURTADO, Celso. *Economic Development of Latin America:* Historical Background and Contemporary Problems. 2.ed. Cambridge: Cambridge University Press, 1976.

GRAHAM, Maria. *Diário de uma viagem ao Brasil.* São Paulo: Cia. Editora Nacional, 1956.

GUERRA-BORGES, Alfredo. La integración centroamericana en el umbral del siglo. *Nueva Sociedad,* 162, jul.-ago. 1999.

GURVITCH, Georges. *El concepto de clases sociales, de Marx a nuestros días.* Buenos Aires: Galatea Nueva Vision, 1960.

HOLANDA, Sérgio Buarque de (org.). *História geral da civilização brasileira:* o Brasil monárquico. São Paulo: Difusão Europeia do Livro, 1962.

_____. *Raízes do Brasil.* Rio de Janeiro: José Olympio, 1948. Coleção Documentos Brasileiros.

_____. *Tentativas de mitologia.* São Paulo: Perspectiva, 1979.

HORCH, Rosemarie Erika. Bibliografia de Sérgio Buarque de Holanda. In: NOGUEIRA, Arlinda Rocha et al. (orgs.). *Sérgio Buarque de Holanda:* vida e obra. São Paulo: Secretaria do Estado da Cultura; Instituto de Estudos Brasileiros/USP, 1988.

REFERÊNCIAS BIBLIOGRÁFICAS 341

IANNI, Octavio. *As metamorfoses do escravo*. São Paulo: Difusão Europeia do Livro, 1962.

IRWIN, A. Z. Costa Rica. In: PAUS, Eva (org.). *Struggle against Dependence: Non-Traditional Export Growth in Central America and the Caribbean*. Boulder, Colorado: West View Press, 1988.

IRWIN, George; HOLLAND, Stuart. *Central America: The Future of Economic Integration*. Boulder, Colorado: West View Press, 1989.

JOSÉ, Oiliam. *A propaganda republicana em Minas*. Belo Horizonte, 1954.

LAFEBER, Walter. *America, Russia and the cold war: 1945-1990*. Nova York: MacGraw Hill, 1991.

LEÃO, A. Carneiro. *À margem da história da República*: ideias, crenças e afirmações. Inquérito por escritores nascidos com a República. Rio de Janeiro: Edição do Annuario do Brasil, 1924.

LECLERC, Max. *Cartas do Brasil*. Trad., prefácio e notas de Sérgio Milliet. São Paulo: Cia. Editora Nacional, 1942.

LEITE, Dante Moreira. *O caráter nacional brasileiro*. 4.ed. São Paulo: Pioneira, 1983.

LEVENSON-ESTRADA, Deborah. *Trade Unionism against Terror, Guatemala City, 1954-1985*. Chapel Hill: University of North Carolina Press, 1994.

LIMA JR., Augusto de. *Pequena história da Inconfidência de Minas Gerais*. 3.ed. Belo Horizonte: Itatiaia, 1968.

LIMA, Oliveira. *O Império brasileiro*. São Paulo: Companhia Melhoramentos de São Paulo, 1927.

LINS, Ivan. *História do positivismo no Brasil*. São Paulo: Cia. Editora Nacional, 1964.

LISBOA, José da Silva. *História dos principais sucessos políticos do Império do Brasil*. Rio de Janeiro: Tipografia Imperial e Nacional, 1830.

LYRA, Heitor. *História da queda do Império*. São Paulo: Cia. Editora Nacional, 1964. 2v.

LOVEJOY, Arthur. Reflections on the History of Ideas. *Journal of the History of Ideas*, v.I, jan. 1940.

LUZ, Nícia Vilela. *A luta pela industrialização do Brasil*. São Paulo: Difusão Europeia do Livro, 1962.

_____. *Aspectos do nacionalismo econômico brasileiro*: os esforços em prol da industrialização. São Paulo, 1959. Coleção da *Revista de História* XVI (publicado pela Difusão Europeia do Livro sob o título A luta pela *industrialização do Brasil*).

LUZ, Nícia Vilela. O papel das classes médias brasileiras no movimento republicano. *Revista de História* n.57, (XV) p.13-28, jan.-mar. 1964.

MANDROU, Robert. Le Barroque européen: mentalité pathétique et révolution sociale. *Annales*, 1960, n.5.

Manifesto Republicano. In: Cincoentenário da República, ed. do *Correio Paulistano*. Mar. 1940.

MARTINS, Luiz. *O patriarca e o bacharel*. São Paulo: Livraria Martins Editora, 1953.

MARTINS, Wilson. *A literatura brasileira*. São Paulo: Cultrix, 1965.

MELLO, Antonio Joaquim de (org.). *O Typhis Pernambucano*: obras políticas e literárias de frei Joaquim do Amor Divino Caneca. Recife: Tipografia Mercantil, 1878.

MELO, Afonso d'Albuquerque. *A liberdade do Brasil, seu nascimento, vida, morte e sepultura*. Recife: Typ. de Manoel Figueiroa de Faria Filho, 1864.

MENDES, Raimundo Teixeira. *Benjamin Constant*: esboço de uma apreciação sintética da vida e da obra do fundador da República brasileira. Rio de Janeiro: Imprensa Nacional, 1937.

MERCADANTE, Paulo. *Consciência conservadora no Brasil*. Rio de Janeiro: Saga, 1965.

MICELI, Sérgio. *Intelectuais e classe dirigente no Brasil 1920-1945*. São Paulo: Difusão Europeia do Livro, 1979.

MICHELET, Jules. *L'Amour*. 18.ed. Paris: [s.n.], 1889.

MILLIET, Sérgio. *Roteiro do café e outros ensaios*. São Paulo: Prefeitura do Município de São Paulo, 1941. Coleção do Departamento de Cultura.

MONBEIG, Pierre. *Pionniers et Planteurs de São Paulo*. Paris: Librairie Armand Colin, 1952.

MONOD, Gabriel. *Jules Michelet*. Paris: Hachette, 1905.

_____. *La vie et la pensée de Jules Michelet*. Paris: Champion, 1923.

MONTEIRO, Tobias. *Pesquisas e depoimentos para a história*. Rio de Janeiro: Livraria Francisco Alves, 1913.

MORAES, Evaristo de. *A escravidão africana no Brasil*. São Paulo: Cia. Editora Nacional, 1933.

MORAES, Reginaldo Carmello. *Ensino superior no Brasil*: balanços e perspectivas a partir de 2003. (Mimeogr.)

MOREAU, Pierre. *Le Romantisme*. Paris: Del Duca, 1957.

MOTA, Carlos Guilherme (org.). *1822: dimensões*. São Paulo: Perspectiva, 1972.

REFERÊNCIAS BIBLIOGRÁFICAS   343

MOTA, Carlos Guilherme. *Ideia de revolução no Brasil no final do século XVIII*. São Paulo, 1967. Dissertação (Mestrado). Faculdade de Filosofia, Ciências e Letras, Universidade de São Paulo.

_____. *Nordeste 1817, estruturas e argumentos*. São Paulo: Perspectiva/Edusp, 1972.

NABUCO, Joaquim Aurélio Barreto. *Um estadista do Império*. 3.ed. São Paulo: Cia. Editora Nacional, 1936.

_____. *O abolicionismo*. São Paulo e Rio de Janeiro: Cia. Editora Nacional, 1938.

NEIVA, Venâncio. *Resumo biográfico de José Bonifácio de Andrada e Silva, o Patriarca da Independência do Brasil*. Rio de Janeiro: Fongetto, 1937.

NERY, Santanna. *Le Bresil en 1889*. Paris: [s.n.], 1889.

NOGUEIRA, Almeida. *A academia de São Paulo*: tradição e reminiscências, estudantes, estudantões, estudantadas. São Paulo: [s.n.], 1907-9. 9v.

NOGUEIRA, Arlinda Rocha et al. (orgs.). *Sérgio Buarque de Holanda*: vida e obra. São Paulo: Secretaria do Estado da Cultura; Instituto de Estudos Brasileiros/USP, 1988.

NOGUEIRA FILHO, Paulo. *Ideais e lutas de um burguês progressista*: a guerra cívica: 1932: ocupação militar. Rio de Janeiro: José Olympio, 1965.

NORMANO, João Frederico. *Evoluções econômicas do Brasil*. São Paulo: Cia. Editora Nacional, 1939.

NUGENT, Jeffrey B. *Economic Integration in Central America*: Empirical Investigations. Baltimore: John Hopkins University Press, 1974.

OTTONI, Cristiano Benedito. *O advento da República no Brasil*. Rio de Janeiro: Tip. Perseverança, 1890.

PETERSEN, Kurt. *The Maquiladora Revolution in Guatemala*. New Haven: Yale Law School, Occasional Papers, Series 4, Orville H. Schell, Jr. Center for International Human Rights at Yale Law School, 1992.

PICARD, Roger. *El romanticismo social*. México: Fondo de Cultura Económica, 1947.

POMBO, José Francisco da Rocha. *História do Brasil*. Rio de Janeiro: J. Fonseca Saraiva, 1906. v.10.

PRADO JR., Caio. *Evolução política do Brasil*. São Paulo: Revista dos Tribunais, 1933.

_____. *História econômica do Brasil*. São Paulo: Brasiliense, 1949.

PRADO, Antônio Arnoni (org., intr. e notas). *O espírito e a letra*. Estudos de crítica literária I, 1920-1947. São Paulo: Companhia das Letras, 1996.

PRADO, Antônio Arnoni. Nota breve sobre Sérgio Buarque de Holanda. In: SALOMÃO, Jayme (org.). *Terceiro colóquio da UERJ, Sérgio Buarque de Holanda*. Rio de Janeiro: Imago, 1992.

PRADO, Eduardo. *A ilusão americana*. 3.ed. São Paulo: Brasiliense, 1958.

_____. *Fastos da ditadura militar no Brasil*. São Paulo: Escola Tipográfica Salesiana, 1902.

PRAZ, Mário. *La carne, la morte e il diavolo nella letteratura romantica*. Florença: Sanzoni, 1930.

PUJALS, Esteban. *Espronceda y Lord Byron*. Madri: Consejo Superior de Investigaciones Científicas, 1961.

QUEIROZ, Maria Isaura Pereira de. *O mandonismo local na vida política brasileira (da colônia à Primeira República)*. São Paulo: Anhembi, 1957. Estudos de Sociologia e História.

Reforço patriótico ao censor lusitano na interessante tarefa que se propôs de combater os periódicos. Bahia: Imp. de Vieira Serra e Carvalho, 1822.

Revista do Instituto Histórico e Geográfico Brasileiro. Tomo especial, Congresso Internacional Histórico da América, 1922, v.VI.

Revista do Instituto Histórico e Geográfico Brasileiro. Contribuições para a biografia de dom Pedro II. Parte I. Rio de Janeiro: Imprensa Nacional, 1925.

Revista do Instituto Histórico e Geográfico Brasileiro. Correspondência do barão Wenzel de Mareschall, agente diplomático da Áustria no Brasil, Rio de Janeiro, 1916. t.80.

RIVIÈRE, Jean Roger. *El pensamiento filosófico de Asia*. Madri: Gredos, 1960.

RODRIGUES, A. Coelho. *A República na América do Sul*. Einsiedeln: Benziger, 1906.

RODRIGUES, José Honório. *Conciliação e reforma no Brasil*. Rio de Janeiro: Civilização Brasileira, 1965.

SAINT HILAIRE, A. de. *Segunda viagem a São Paulo e quadro histórico da província de São Paulo*. São Paulo: Livraria Martins Editora, 1953.

SÁINZ, Juan Pablo Pérez. *Globalización y fuerza laboral en Centroamérica*. Costa Rica: Flacso, 1994.

SALLES, Alberto. *A pátria paulista*. Campinas: Tip. da Gazeta, 1887.

SALOMÃO, Jayme (org.). *Sérgio Buarque de Holanda: Terceiro colóquio da UERJ*. Rio de Janeiro: Imago, 1922.

SANTIAGO, Silviano (org.). *Intérpretes do Brasil*. Rio de Janeiro: Nova Aguilar, 2000, 3 v.

REFERÊNCIAS BIBLIOGRÁFICAS 345

SANTOS, Joel Rufino dos; MELLO, Maurício Martins de; SODRÉ, Nelson Werneck et al. *História nova do Brasil*. São Paulo: Brasiliense, 1964. v.IV.

SANTOS, José Maria dos. *A política geral do Brasil*. São Paulo: J. Magalhães, 1930.

_____. *Bernardino de Campos e o Partido Republicano Paulista*: subsídio para a história da República. Rio de Janeiro: José Olympio, 1960.

_____. *Os republicanos paulistas e a Abolição*. São Paulo: Livraria Martins, 1943.

SEVCENKO, Nicolau. *Literatura como missão*: tensões sociais e criação cultural na Primeira República. São Paulo: Brasiliense, 1983.

_____. *Orfeu estático na metrópole de São Paulo*: sociedade e cultura nos frementes anos 20. São Paulo: Companhia das Letras, 1992.

SILVA JARDIM. *A pátria em perigo* (Bragança e Orleans). Santos: Typ. da Província, 1888.

SILVA JÚNIOR, João dos Reis. Mudanças estruturais no capitalismo e a política educacional do governo Fernando Henrique Cardoso. *Educação & Sociedade*, Campinas, set. 2002.

SILVA, Hélio. *1932: a guerra paulista*. Rio de Janeiro: Civilização Brasileira, 1967.

SILVA, José Eloy Pessoa da. *Memórias sobre a escravatura e projeto de colonização dos europeus e pretos da África no Império do Brasil*. Rio de Janeiro: Plancher, 1826.

SINGER, Paul. *Desenvolvimento econômico e evolução urbana*. São Paulo: Cia. Editora Nacional e Editora da USP, 1968.

SMITH, Herbert Huntington. *Brazil, The Amazonas and the Coast*. Nova York: Charles Scribner's Sons, 1879.

SOARES, José de Souza. *O militarismo na República*. São Paulo: Ed. Monteiro Lobato, 1925.

SODRÉ, Nelson Werneck. *Formação da sociedade brasileira*. Rio de Janeiro: José Olympio, 1944.

_____. *Formação histórica do Brasil*. São Paulo: Brasiliense, 1962.

_____. *Panorama do Segundo Império*. São Paulo: Cia. Editora Nacional, 1935.

SOUZA, Otávio Tarquínio de. *Bernardo Pereira de Vasconcelos*: história dos fundadores do Império do Brasil. Rio de Janeiro: José Olympio, 1957. v.V.

_____. *Diogo Antônio Feijó*: história dos fundadores do Império do Brasil. Rio de Janeiro: José Olympio, 1957. v.VII.

SOUZA, Otávio Tarquínio de. *Evaristo da Veiga*: história dos fundadores do Império do Brasil. Rio de Janeiro: José Olympio, 1957. v.VI.

_____. *Fatos e personagens em torno de um regime*: história dos fundadores do Império do Brasil. Rio de Janeiro: José Olympio, 1957. v.IX.

_____. *José Bonifácio 1763-1838*. Rio de Janeiro: José Olympio, 1945.

_____. *O pensamento vivo de José Bonifácio*. São Paulo: Livraria Martins Editora, 1944.

STEIN, J. Stanley. A historiografia do Brasil 1808-1889. *Revista de História*. v.XXIX, n.50, jul.-set. 1964.

_____. *Grandeza e decadência do café*. São Paulo: Brasiliense, 1961.

_____. *The Brazilian Cotton Manufacture*: Textile Enterprise in an Underveloped Area. Cambridge, Mass.: Cambridge University Press, 1957.

STENDHAL, *De l'Amour*. Paris: Gallimard, 1932. (1.ed.: 1822).

SUETÔNIO. *O antigo Regimen*: homens e cousas da capital federal. Rio de Janeiro: Cunha e Irmão, 1896.

TAPIÉ, Victor Lucien. *Barroque et Classicisme*. Paris: [s.n.], 1957.

TAUNAY, Afonso. *História do café no Brasil*. No Brasil Imperial (1822-1872). Rio de Janeiro: Departamento Nacional do Café, 1939. t.3, v.V.

_____. *Império e República*. São Paulo: Melhoramentos, 1933.

TAVARES BASTOS. *Os males do presente e as esperanças do futuro*. Rio de Janeiro: Cia. Editora Nacional, 1939.

TAWNEY, Richard Henry. *Religion and the Rise of Capitalism*. Londres: John Murray, 1936.

The Ticos: Culture and Social Change in Costa Rica. *Journal of Latin American History*, 32, 2, maio 2002.

TIMANDRO. Libelo do povo. In: MAGALHÃES JR., Raimundo. *Panfletários do Segundo Reinado*. São Paulo: Cia Editora Nacional, 1956.

TOLLENARE. Notas dominicais. *Revista do Instituto Arqueológico e Geográfico de Pernambuco*, n. 61, Recife, 1906.

TORRES, João Camilo de Oliveira. *A democracia coroada*: teoria política do Império do Brasil. Rio de Janeiro: José Olympio, 1957.

_____. *O positivismo no Brasil*. Petrópolis: Vozes, 1943.

VAN TIEGHEN, Paul. *Le Romantisme dans la litterature européenne*. Paris: Albin Michel, 1948.

VIANA, Hélio. Correspondência de José Bonifácio, 1800-1820. In: *Estudos sobre José Bonifácio de Andrada e Silva*. Santos, 1963.

REFERÊNCIAS BIBLIOGRÁFICAS

VIANNA, Francisco José de Oliveira. *O idealismo na evolução política do Império e da República*. São Paulo: Biblioteca d'O Estado de São Paulo, 1922.

_____. *O ocaso do Império*. São Paulo: Melhoramentos, 1925.

VIDAL, Annete. *Henri Barbusse, Soldat de la Paix*. Paris: Éditeurs Français Réunis, 1953.

VILLEROY, A. Ximeno de. *Benjamin Constant e a política republicana*. Rio de Janeiro: [s.n.], 1928.

VISCONDE DE OURO PRETO. *Advento da ditadura militar no Brasil*. Paris: Imprimerie F. Pichon, 1851.

WAGLEY, Charles. *A revolução brasileira*. Salvador: Livraria Progresso Editora, 1959.

WALSH, Robert. *Notices of Brazil in 1828, 1829*. Londres: Frederick Westley and A. H. Davis, 1820. 2v. v.2.

WEGNER, Robert. *A conquista do Oeste*: a fronteira na obra de Sérgio Buarque de Holanda. Belo Horizonte: UFMG, 2000.

WIENER, Philip P. Some Problems and Methods in the History of Ideas. *Journal of the History of Ideas*, oct.-dec. 1961.

WILLIAMS, Robert G. *Export Agriculture and the Crisis in Central America*. Chapel Hill: University of North Carolina Press, 1986.

ZALUAR, Emílio. *Peregrinação pela província de São Paulo*. São Paulo: Livraria Martins Editora, 1953.

Periódicos:

A Gazeta de Campinas

A Província de S. Paulo

Correio Paulistano

Jururuba das Farroupilhas

Nova Luz Brasileira

O Ytuano

SOBRE O LIVRO

Formato: 14 x 21 cm
Mancha: 23 x 40,9 paicas
Tipologia: Goudy Old Style 11/13
Papel: Off-white 80 g/m² (miolo)
Cartão Supremo 250 g/m² (capa)
1ª edição: 2015

EQUIPE DE REALIZAÇÃO

Capa
Estúdio Bogari

Imagem de capa
Praefectura Paranambucae pars Borealis, una cum Praefectura de
Itâmaracâ [Amsterdã, 1647], de Georg Marggraf

Imagem de quarta capa
Batalha do Avaí [1872-1877], de Pedro Américo

Edição de texto
Silvia Massimini Felix (Copidesque)
Tomoe Moroizumi (Revisão)

Editoração eletrônica
Eduardo Seiji Seki (Diagramação)

Assistência editorial
Jennifer Rangel de França

GRÁFICA PAYM
Tel. [11] 4392-3344
paym@graficapaym.com.br